高等院校经管类“十四五”规划教材

税务稽查学（第三版）

主编　唐登山

WUHAN UNIVERSITY PRESS
武汉大学出版社

图书在版编目(CIP)数据

税务稽查学/唐登山主编.—3版.—武汉：武汉大学出版社,2023.12
高等院校经管类“十四五”规划教材
ISBN 978-7-307-24240-1

Ⅰ.税…　Ⅱ.唐…　Ⅲ.税务稽查—高等学校—教材　Ⅳ.F810.423

中国国家版本馆CIP数据核字(2023)第254159号

责任编辑:唐　伟　　责任校对:李孟潇　　版式设计:马　佳

出版发行：**武汉大学出版社**　(430072　武昌　珞珈山)
(电子邮箱：cbs22@whu.edu.cn　网址：www.wdp.com.cn)
印刷:武汉中科兴业印务有限公司
开本:787×1092　1/16　印张:17.25　字数:419千字　插页:1
版次:2010年10月第1版　2019年4月第2版
2023年12月第3版　2023年12月第3版第1次印刷
ISBN 978-7-307-24240-1　定价:58.00元

目　　录

第一章　税务稽查学概述

第一节　概　　述

一、税务稽查现象及其法律法规的产生

税收是政府为了满足社会公共需要，凭借政治权力，强制、无偿地取得财政收入的一种形式。政府取得财政收入的方式是多样的，一般认为有5种："利、税、债、币、费"。(1)"利"。"利"是"国有资产利润上缴"的简称，政府凭借国有资产的所有者身份获得资产利润，是市场经济的公认的游戏规则。因为在市场经济中，任何资产都有"机会成本"，都应该获得相应的回报。(2)"税"。"税"是"税收"的简称，政府凭借公权力，维护社会经济秩序、提供公共商品(或劳务)，理所当然要对经济活动人口征税。(3)"债"。"债"是"公债"的简称，政府作为市场经济的主体，以"有借有还"的方式向其他经济主体借贷资金。(4)"币"。"币"是"(超经济需要)货币发行"的简称，如果政府控制的货币发行超过了经济社会所需的限度，就会导致通货膨胀，甚至可能产生"高额通货膨胀"。有的文献也把"(高额)通货膨胀"叫作"铸币税"①。(5)"费"。"费"是"政府收费(或政府基金)"的简称，"费"与"税"的差别在于，"费"一般来说，缴费者与政府所提供服务之间是"有偿"关系，而"税"通常情况下并不具有"有偿"关系。

纳税人整体缴纳税款和政府(整体)提供的公共服务之间属于一种"交换"关系，具有"有偿性"。但是作为个体的纳税人，其所缴税款和所享受的公共服务二者之间并不存在精准意义上的类似市场机制发生作用领域那样的"等价交换"，因此，部分纳税人会产生"机会主义"行为，甚至会违反税法、不遵从税法，逃避缴纳税款。由此，在社会分工中需要有对纳税人(含扣缴义务人，下同)是否遵从税法的行为进行审查的部门和人员，这就是税务稽查存在的理由。

税务稽查行为需要相应的法律法规进行规范。依法治税是现代社会对税收征收管理的要求。我国从1993年开始推行"新税制"，奠定了今天税制结构的框架。与此同时，税收征收管理的法律法规也为了适应"新税制"而出台。1992年9月4日，我国第七届全国人民代表大会常务委员会第二十七次会议通过了《中华人民共和国税收征收管理法》(以下简

---

① 一般在国家(或中国古代的王朝)处于"危难"状态下(比如，突如其来的战争)，政府的收支出现大量"缺口"，开动印钞机成了不得已而为之的选择。但是，(高额)通货膨胀成了政府与民间抢夺经济资源的筹码，受苦的就只能是普通百姓，而政府却凭借独占的铸币权利而获得"铸币税"。

称《税收征收管理法》)，随后几经修订，当前版本是 2015 年 4 月 24 日修正版。除了《税收征收管理法》之外，还需要对《税收征收管理法》的细节进行规定。中华人民共和国国务院于 2002 年 9 月 7 日颁布《中华人民共和国税收征收管理法实施细则》(以下简称《税收征收管理法实施细则》)，随后也几次修订，当前版本是 2016 年 1 月 13 日修正版。我国税务部门的税务稽查行为适用《税收征收管理法》和《税收征收管理法实施细则》。

二、税务稽查的定义

税务稽查是税务机关依法对纳税人、扣缴义务人履行纳税义务、扣缴义务情况所进行的税务检查和处理工作的总称。

税务稽查的基本任务是：依照国家税收法律、法规，查处税收违法行为，保障税收收入，维护税收秩序，促进依法纳税，保证税法的实施。

税务稽查必须以事实为根据，以税收法律、法规、规章为准绳，依靠人民群众，加强与司法机关及其他有关部门的联系和配合。

税务稽查工作应当按照确定稽查对象、实施稽查、审理、执行等程序分工负责，互相配合，互相制约，以保证准确有效地执行税收法律、法规。

从上述定义中可以看出，税务稽查与注册会计师审计有相似之处：都是对被稽查(或被审计)单位的行为是否合法合规进行“鉴证”的行为。但二者是相似而不相同的。

三、税务机关税务稽查与注册会计师审计(审阅等)的关系

(一)共性

税务稽查是税务机关依法对纳税人、扣缴义务人履行纳税义务、扣缴义务情况所进行的税务检查和处理工作的总称。注册会计师审计是指注册会计师接受客户委托，对客户财务报表进行独立检查并发表意见。税务稽查和注册会计师审计(阅)具有很多相似之处，我们仅列举比较重要的方面说明如下：

1. 目标相近。二者都是“鉴证”业务，前者是评价被检查方是否遵循税收的法律法规，后者是评价被审单位是否按照适用的会计规则和相关会计制度的规定编制财务报表以及其报表是否在所有重大方面公允反映被审单位的财务状况、经营成果和现金流量。换言之，二者都是评价被查(审)单位是否遵循了相应的规则。区别在于，前者所依据的规则是税法，后者所依据的规则是会计准则和会计制度。

2. 手段相近。二者都需要按照必要的程序，获取具有说服力的证据，以形成被查(审)单位是否遵循各自领域内的准则(或规范)的结论。因此，在进行税务稽查时可以借鉴注册会计师审计(阅)方面的技术手段，“让证据说法”。“眼耳鼻舌身”全方位“感知”：观察、阅读(文件)、监盘、询问、函证、分析(性程序)等，都是我们可以考虑的获取证据的手段。

(二)差异

税务稽查和注册会计师审计(阅)具有很多不同之处，我们仅列举比较重要的方面说

明如下：

1. 被查方行为的目标函数不同。纳税人、扣缴义务人应对涉税问题主要是想减轻自己(或关系人)的税收负担，甚至于采用违法犯罪的手段“偷税漏税”①。而注册会计师审计的对象(之一)多为上市公司，上市公司相比较非上市公司，其优势是可以利用资本市场筹措到业务发展所需要的资金，而资本市场能够提供资金的人(自然人或法人)与上市公司可以是非“特定对象”；换言之，上市公司必须在资本市场上“亮眼”地表现，才能获得资本市场上非“特定对象”的青睐，于是上市公司的(财务会计)行为的主要目标函数是要证明本上市公司非常“优秀”，这就可能存在“外强中干”的“示强”心态。而税务稽查活动中的被查方可能会存在“中强外干”的“示弱”心态。

2. 导致所从事的稽查或审计(阅)工作的需求不同。前者是属于税收“征—管—查”中的一部分环节，是属于税务机关的“内部”事务，是辖区税务机关的职责所在，而且不存在有偿服务或无偿服务之分；后者是属于社会大众(投资人或潜在投资人、债权人、政府等)审视被审计(阅)单位是否“违规”(违会计准则之规)而引发的必要工作，该工作对于会计师事务所来说是可选的，是一种有偿服务。

3. 查方与被查方的关系不尽相同。注册会计师及其事务所与被审单位是一种独立的市场主体之间的民事关系或合约关系，是否接受注册会计师及其事务所的审计(阅)是可以商谈的。而税务稽查则不同，查与被查方的“身份”代表的是“征方”与“纳方”的关系，只要税务稽查人员在稽查过程中不违规，被查方是不可以选择稽查方的，在稽查方违规的情况下，被查方可根据《中华人民共和国赔偿法》等法律文本保护自己的合法权益。

4. 关注的侧重点不同。前者侧重点在于对纳税人(被查方)的涉税方面进行检查，对于其他方面的关注只是为了达到税务稽查的目的；后者侧重于对被查方的财务报表进行检查，所关注的面比前者要广泛得多，纳税人的涉税问题只是其中的一部分。

5. 两者的检查“路径”不尽相同。税务稽查是对涉税项目进行检查，一般按税种进行，如增值税稽查、消费税稽查、企业所得税稽查等，其中商品劳务流转税多与取得收入有关，故商品劳务流转税的稽查多从纳税人的“销售与收款循环”入手②；企业所得税不仅与取得收入有关，而且与营业(销售)成本、费用类账户有关，故企业所得税的稽查才与注册会计师审计的“路径”类似，即不仅涉及“销售与收款循环审计”还涉及“采购与付款循环审计”“存货与仓储循环审计”“筹资与投资循环审计”等“路径”。而注册会计师审计则是大体上需要从企业的“产、供、销”等多环节实施审计。

6. 两者的取证权限不同。根据《中华人民共和国税收征管法》，税务机关有权检查纳税人(扣缴义务人)的会计信息资料、有权到纳税人(扣缴义务人)的生产经营场所实施检查、有权检查纳税人(扣缴义务人)的存款账户、有权到车站(码头、机场、邮政企业及其分支机构)检查与纳税人(扣缴义务人)相关的信息资料、有权责成纳税人(扣缴义务人)提

---

① 现在比较精准的说法是“逃避缴纳税款罪”。因为“偷税漏税”的“偷税”似乎表明：先存在一笔税款，然后纳税人再去“偷”，在文字表述上缺乏精准性。看来“逃避缴纳税款”更准确。

② 当然，由于我国增值税用当期销项税额减去当期进项税额，因此增值税稽查不仅涉及“销售与收款循环”，还涉及“采购与付款循环”。

供相关信息资料、有权询问纳税人(扣缴义务人)，纳税人、扣缴义务人必须接受税务机关依法进行的税务检查，如实反映情况，提供有关资料，不得拒绝、隐瞒。而注册会计师在获取证据时很大程度上有赖于被审计单位及相关单位的配合和协助，对被审计单位及相关单位没有行政强制力。

7. 两者对发现问题的处理方式不同。税务机关对从事生产、经营的纳税人以前纳税期的纳税情况依法进行税务检查时，发现纳税人有逃避纳税义务行为，并有明显的转移、隐匿其应纳税的商品、货物以及其他财产或者应纳税的收入的迹象的，可以按照批准权限采取税收保全措施或者强制执行措施；对违反国家规定的，可向有关主管机关提出处理、处罚意见。注册会计师对审计过程中发现需要调整和披露的事项只能提请被审计单位调整和披露，没有行政强制力，如果被审计单位拒绝调整和披露，注册会计师视情况出具保留意见或否定意见的审计报告。如果审计单位受到被审计单位或客观环境的限制，注册会计师视情况出具保留意见或无法表示意见的审计报告。①

第二节 税务稽查案件办理程序规定②

所谓程序规定，是指从事某项工作应需经历的业务流程及应遵循的规则和程序。税务稽查是一项技术性、利害关系较强的工作，因此需要有规范的工作规程加以强调。所谓技术性强，是指税务稽查工作对工作人员的技术要求较高，工作人员除了最基本的应懂得税收法律法规外，还应具有类似于注册会计师那样的“审计”能力。所谓利害关系强，是指税务稽查涉及税收征纳双方的利益关系，尤其是纳税方的利益关系。

税务稽查大致分为四个工作环节：稽查选案环节、稽查实施环节、稽查审理环节、稽查执行环节。其中第一环节涉及“谁”会被选为被稽查对象，第二环节涉及具体的案头稽查和(或)现场稽查，第三环节涉及对第二环节的结论进行再评估，第四环节涉及如何处理纳税人的涉税违法或犯罪行为。

一、稽查选案环节的规定

稽查局应当在年度终了前制订下一年度的稽查工作计划，经所属税务局领导批准后实施，并报上一级稽查局备案。

税务稽查对象一般应当通过以下方法产生：①采用计算机选案分析系统进行筛选；②根据稽查计划按征管户数的一定比例筛选或随机抽样选择；③根据公民举报、有关部门转办、上级交办、情报交换的资料确定。

二、稽查实施环节的规定

稽查实施环节包括两阶段：准备阶段和具体实施阶段。现分述如下：

---

① 中国注册会计师协会：《审计》，中国财经出版传媒集团 中国财政经济出版社 2022 年版，第 6 页。

② 新的《税务稽查案件办理程序规定》，已经 2021 年 6 月 18 日国家税务总局 2021 年度第 2 次局务会议审议通过。

（一）稽查实施的准备阶段

该阶段包括如下方面的准备：

1. 法律准备。税务稽查是一项政策性很强的工作，税收法律及其他相关的经济法律是税务稽查工作的根本法律依据，不了解和熟悉法律就不能做好该项工作。被稽查对象复杂、涉及的行业广泛、纳税人违法表现多种多样的现状更要求稽查人员有较高的执法水平和能力。可以说，稽查前的法律准备对最终稽查结果有决定性的影响。在该阶段税务机关应根据具体稽查对象查找并明确相关的适用法律，以保证稽查工作顺利进行。

2. 资料准备。按照我国现行的税收管理体制和要求，纳税人申报纳税时必须同时向其税务主管部门报送各类财务报表和纳税申报资料，因而，税务机关向纳税人实施稽查前已经掌握纳税人被稽查期的财务报表。为了提高税务稽查的效率和效果，税务稽查机关和稽查人员在准备阶段可以分析相关的会计报表，找出疑点，确定实施稽查的目标。

3. 技术准备。全面分析纳税人的情况，拟定稽查的提纲和重点，是准备阶段一项重要的任务。每个被稽查对象的具体情况不同，做技术准备时除了分析纳税人的财务报表、纳税申报资料外还要分析纳税人生产经营的特点和现状，确定稽查的目标和重点。

4. 送达税务稽查通知书。按照有关法律的规定，税务机关进行税务稽查时必须以法律允许的形式提前告知纳税人，下达税务稽查通知书是税务机关实施稽查的必经程序。当然，以电话通知的形式告知纳税人税务稽查的时间也是实践中经常采取的一种方法。

（二）具体实施阶段

该阶段是稽查人员实际行使稽查权力的工作阶段。按照《中华人民共和国税收征收管理法》的规定，这个阶段的主要工作内容包括：

1. 出示有关法律证件，明确稽查人员的执法身份；

2. 在法律允许的范围内进行实物稽查，包括检查会计凭证、会计账簿、会计报表、银行对账单和各类发票的存根和未使用发票、纳税人签订的各类合同、库存现金、各种银行支票的存根、库存产品和材料、经营场所等；

3. 根据需要采取法律允许的手段记录、录音、录像、照相和复制纳税人的有关资料包括财务资料；

4. 向被稽查对象解释有关的政策法律；

5. 按照法律规定编制稽查工作底稿并保存稽查底稿；

6. 按照法律规定向其他部门提出行政协助的要求，并完成行政协助事宜；

7. 依法实施税收保全措施；

8. 制作《稽查报告》交审理环节，完成稽查实施过程。

三、稽查审理环节的规定

该环节的工作包括以下内容：

1. 受理实施环节的稽查报告；

2. 审理实施环节的稽查报告；

3. 对不合规定的稽查报告提出补充意见，返回稽查环节，限时补充稽查；

4. 采取适当的方式处理应审理的案件；

5. 制作《审理报告》《税务处理决定书》，连同《稽查报告》呈报局长批准；

6. 将批准的《税务处理决定书》转交执行环节执行，制作其他有关的法律文书，登录数据资料库；

7. 对达到刑事立案标准的，经局长批准填制《税务案件移送书》移送司法部门处理；

8. 各种稽查资料由审理环节统一整理立卷归档。

四、稽查执行环节的规定

该环节的工作包括以下内容：

1. 接受税务审理环节转来的《税务处理决定书》；

2. 送达《税务处理决定书》；

3. 要求被查对象按期缴纳税款和滞纳金或税收罚款；

4. 对既不履行纳税义务又不申请税务行政复议和诉讼的被查对象及时采取税收强制措施；

5. 执行完毕后，制作《执行报告》，经批准后，报送有关部门。

第三节　常 用 文 书

一、税务稽查文书的概念

税务稽查文书是税务机关依法对纳税人、扣缴义务人履行纳税义务、扣缴义务及其他纳税义务情况进行检查和处理活动中所形成的文件、资料及其他书面文字的总称。

规范的税务稽查文书，有利于提高稽查人员的执法水平，增强法制观念，避免执法程序上的不规范和执法的随意性，并减少由此而产生的税务行政复议的变更和税务行政败诉的发生，保证了执法的公正、正确。

二、常用文书

税务相关文书是指税务机关在实施税收管理过程中印制的具有统一标准的文件格式。① 税务稽查文书可以按税务稽查环节分为选案环节的文书、实施环节的文书、审理环节的文书、执行环节的文书，也可按文书送达对象分为内部传递文书、对外执法文书。以下列举部分常见文书：

(一)税务稽查任务书

税务稽查任务书是税务上级机关对下级机关下达税务稽查任务时的书面文件，其格式如下：

---

① 有兴趣的读者可浏览国家税务总局网站，点击“下载中心”即可搜索到相关信息。

税务稽查任务书

- 编号：
- ____________：
- 根据稽查工作计划，请在________期间对附件所列纳税人共________户实施稽查。

- 税务机关(章)
- 年 月 日
- 附件： 份
- 说明：
- 1. 本通知适用于上级机关对下级机关下达稽查任务时使用。
- 2. 本通知一式两份，一份下达稽查任务机关留存，一份交执行稽查任务机关。
- 3. 本通知为16开竖式。

(二)税务稽查通知书

税务稽查通知书是税务机关对拟被稽查对象下达的准备实施稽查环节的文书，其格式如下：

____________税务局(稽查局)

税务检查通知书

________税检通一〔 〕 号

____________：

根据《中华人民共和国税收征收管理法》第五十四条规定，决定派______________等______人，自________年____月____日起对你(单位)________年____月____日至________年____月____日期间(如检查发现此期间以外明显的税收违法嫌疑或线索不受此限)涉税情况进行检查。届时请依法接受检查，如实反映情况，提供有关资料。

税务机关(签章)
年 月 日

告知：税务机关派出的人员进行税务检查时，应当出示税务检查证和税务检查通知书，并有责任为被检查人保守秘密；未出示税务检查证和税务检查通知书的，被检查人有权拒绝检查。

______税务局(稽查局)

税务检查通知书

______税检通二〔　〕号

______：

根据《中华人民共和国税收征收管理法》第五十七条规定，现派______等____人，前往你处对______进行调查取证，请予支持，并依法如实提供有关资料及证明材料。

税务机关(签章)

年　月　日

告知：税务机关派出的人员进行税务检查时，应当出示税务检查证和税务检查通知书，并有责任为被检查人保守秘密。未出示税务检查证和税务检查通知书的，被调查人有权拒绝为税务机关提供有关资料及证明材料；有权拒绝协助税务机关调查取证。

(三)询问(调查)通知书和笔录

询问(调查)笔录是指在实施询问程序时对所询问的信息进行的记录，其格式如下：

______税务局(稽查局)

询问通知书

______税询〔　〕号

______：

根据《中华人民共和国税收征收管理法》第五十四条第(四)项规定，请______于______年__月__日__时到______就涉税事宜接受询问。

联系人员：

联系电话：

税务机关地址：

税务机关(签章)

年　月　日

______________税务局(稽查局)

询问(调查)笔录

(第　　次)

共　　页第　　页

时　间：________________________地　点：________________________

询问(调查)人：____________________________记录人：____________________

被询问(调查)人姓名：______________性别：________年龄：______________

证件种类：____________________________证件号码：__________________________

工作单位：____________________职务：____________联系电话：____________

住址：____

问：____

答：____

____

____

____

询问(调查)人签字：　　　　　　　　　　记录人签字：

被询问(调查)人签字并押印：　　　　　　　　　年　　月　　日

(四)调取账簿资料通知书和清单

调取账簿资料清单是指税务稽查过程中根据工作需要对被查单位的账簿资料实施调取时形成的文书，其具体格式如下：

______________税务局(稽查局)

调取账簿资料通知书

________税调〔　〕　号

______________：

根据《中华人民共和国税收征收管理法实施细则》第八十六条规定，经____________税务局(分局)局长批准，决定调取你(单位)____年____月____日至____年____月____日的账簿、记账凭证、报表和其他有关资料到税务机关进行检查，请于____年____月____日前送到____________________税务局(稽查局)。

联系人员：

联系电话：

税务机关地址：

税务机关(签章)

年　　月　　日

调取账簿资料清单

被查对象名称：　　　　　　　　　　　　　　　　　　共　页第　页

序号	账簿资料名称	资料所属时期	单位	数量	页(号)数	备注

税务检查人员签字： 企业经办人签字： 税务机关(签章) 调取时间：　　年　月　日	税务检查人员签字： 企业经办人签字： 纳税人(签章) 退还时间：　　年　月　日

(五)协查函

协查函是不同的税务机关为了完成稽查工作所做的协助稽查工作而进行的往来函件，其格式如下：

×××税务局

协　查　函

(　　)税　　字第　　号

______：

现将　　　　等(单位或个人)　　　　转去，请你单位协助查证下列问题：

1.

2.

3.

结果请函复。

附件　　份

税务机关(章)

年　月　日

函复地址：　　　　单位：　　　　邮编：　　　　电话：

说明：

1. 本通知一式两份，一份存档，一份函寄对方机关。
2. 本通知为16开竖式。

(六)检查存款(储蓄)账户许可证

检查存款(储蓄)账户许可证是指稽查人员需要对被查单位的银行存款(储蓄)账户进行检查时向银行金融机构出示的证明文书，其格式如下：

__________税务局(稽查局)

检查存款账户许可证明

________税许〔　〕号

__________：

根据《中华人民共和国税收征收管理法》第五十四条第(六)项规定，经________税务局(分局)局长批准，我局税务人员________等___人(税务检查证号码分别为：__________)前去你处查询____________________的情况，请予支持协助。

税务机关(签章)

年　月　日

(七)检查证明

检查证明是指对金融、军工、尖端科学等保密单位和跨管辖行政区域纳税人的税务检查时出示的文书，其格式如下：

×××税务局

税务检查专用证明(存根)

(　　)税证字第　　号

前往单位：____________________

检查人员：__________　检查证号：__________

批准人：__________

年　月　日

(加盖税务机关印)

×××税务局

税务检查专用证明

(　　)税证字第　　号

____________：

兹有我局税务人员________等________人(检查证号分别为：________)前去你处检查________的________情况。

请你处予以接洽。

税务机关(章)

年　　月　　日

说明：1. 本证明适用于对金融、军工、部队、尖端科学等保密单位和跨管辖行政区域纳税人的税务检查。

2. 本证明规格为16开竖式。

(八)稽查底稿①

稽查底稿是指税务稽查人员在税务稽查过程中形成的税务稽查工作记录和获取的资料。其格式如下：

×××税务局

税务稽查底稿

税　　　类问题：

账簿名称	凭证序号	记账时间	对应科目	问题摘要	金额		备注
					借方	贷方	

① 税务稽查底稿，又称税务稽查工作底稿，类似于注册会计师的审计工作底稿，是税务稽查人员在执行税务稽查工作中形成的记录的一种文件方式。这种文件方式便于"痕迹"管理，可了解税务稽查人员所做的稽查工作是如何开展的。详细的税务稽查工作底稿，参阅孙瑞标主编的《税务稽查审计型检查工作底稿指引》(中国税务出版社2011年版)。

续表

检查人： 被检查人： 检查时间： 说明：

说明：本底稿规格为 16 开竖式。

（九）稽查结论

稽查结论是指对稽查实施环节所形成的意见。其格式如下：

税务局（稽查局）

税务稽查结论

________税结〔 〕 号

____________：

经对你（单位）______年____月____日至______年____月____日期间____________情况的检查，未发现税收违法问题。

税务机关（签章）

年 月 日

（十）税收保全措施决定书、通知书和解除冻结决定书、通知书

税收保全措施决定书、通知书和解除冻结决定书、通知书是指发现纳税人有逃避税款的可能时，所采取的措施。其格式如下：

税务局(稽查局)

税收保全措施决定书

(冻结存款适用)

________税保冻〔　〕号

____________：

根据《中华人民共和国税收征收管理法》______________规定，经________税务局(分局)局长批准，决定从____年____月____日起冻结你(单位)在____________的存款(大写)________(¥______)元。请于______年____月____日前缴纳应纳税款；逾期未缴的，将依照《中华人民共和国税收征收管理法》规定采取强制执行措施。

如对本决定不服，可自收到本决定之日起六十日内依法向________________申请行政复议，或者自收到本决定之日起三个月内依法向人民法院起诉。

冻结账户的账号：

税务机关(签章)

年　　月　　日

__________**税务局(稽查局)**

冻结存款通知书

________税冻通〔　〕号

____________：

根据《中华人民共和国税收征收管理法》____________规定，经________________税务局(分局)局长批准，请从______年____月____日________时起冻结____________在你处的存款账户____________________________号的存款(大写)________________(¥________)元。

税务机关(签章)

年　　月　　日

以下由银行(或其他金融机构)填写

存款账户余额：

签收人：

签收时间：　　　　年　月　日　时　分

签收单位(签章)

年　　月　　日

____________税务局(稽查局)

解除税收保全措施决定书

(冻结存款适用)

________税解保冻〔 〕 号

____________:

鉴于你(单位)的税款____________________,根据《中华人民共和国税收征收管理法》第三十八条规定,我局决定解除______年______月____日《税收保全措施决定书(冻结存款适用)》(____税保冻〔 〕号)对你(单位)存款账户__________________号存款的冻结。

税务机关(签章)

年 月 日

____________税务局(稽查局)

解除冻结存款通知书

________税解冻通〔 〕 号

____________:

鉴于________________的税款_________________,决定从______年____月____日起解除______年____月____日发出的《冻结存款通知书》(____税冻通〔 〕号)对其存款账户________________号存款的冻结。

税务机关(签章)

年 月 日

【本章小结】

本章主要阐述税务稽查学的基本概念、税务稽查案件办理程序规定、常用文书等内容。学习本章时，最重要的是掌握税务稽查的概念、税务稽查的四个环节，了解税务稽查中的常用文书。

【关键术语】

税务稽查　注册会计师审计　税务稽查案件办理程序规定　常用文书

【思考题】

1. 税务稽查与注册会计师审计有何异同？
2. 税务稽查案件办理有哪些程序规定？

第二章　税务稽查选案法

第一节　概　　述

选案技术是指税务机关依据税收法律法规、税务稽查的内在要求和税收征纳的客观实际，有计划、按程序地选择、确定稽查对象的技能和诀窍。① 在实务中，有多种选案技术。由于计算机使用已经日益普及，因此利用计算机进行选案是必要的。

以下着重介绍几种利用计算机进行辅助选案的技术——聚类分析法和 Logistic 回归分析法。

聚类分析法和 Logistic 回归分析法有共性也有区别。共性在于：二者都是数值分类法。数值分类一般有两种情况：一是研究对象不存在事前分类的情况，而将数据进行结构性分类，是一种无师分类；二是已知研究对象的分类情况，需将某些未知个体正确地归属于其中某一类，是一种有师分类。前者属于聚类分析的内容，而后者则属判别分析(Discriminant Analysis)的内容。② 区别在于：聚类分析法是一种无师分类，Logistic 回归分析法是一种有师分类。

如何将聚类分析法和 Logistic 回归分析法运用于税务稽查选案呢？由于税务机关拥有大量的纳税人的相关数据，如纳税人的各税种申报表、会计报表(主要是资产负债表、损益表等)，因此可以通过构建相应的计量经济学模型，通过计算机来分析选案。一般来讲，可以运用计算机进行这两种运算：第一，通过计算机和相关的计量模型将同行业的纳税人进行分类，对于偏离平均数水平的纳税人应给予高度的关注。在环境相近的情况下，偏离平均数水平的纳税人有最大的偷漏税嫌疑。因此，通过聚类分析法可以大体区分出大类和小类③，对于属于小类中的纳税人，应作为税务稽查的首选。第二，如果税务局的数据库中拥有过去的稽查所产生的历史数据资料，我们可以通过 Logistic 回归分析法这种有师分类法来识别：在什么情况下，纳税人最有可能偷逃税款。

下面我们分别加以介绍。

---

① 沈立中：《税务检查技术》，中国税务出版社 1999 年版，第 1 页。

② 张文璋：《实用统计分析方法与 SPSS 应用》，人大经济论坛，http：//www. pinggu. org/html/2008-4/20/308336. html。

③ 此处的大类和小类是指纳税人的数量，而非其他数字特征值。比如 1 万家企业，可以区分为 8000 家的大类和 2000 家的小类，或者其他分类情况。

第二节　聚类分析法

一、聚类分析的概念

聚类分析是研究"物以类聚"的一种多元统计分析方法。聚类分析的基本思想是根据对象间的相关程度进行类别的聚合。在进行聚类分析之前，这些类别是隐蔽的，能分为多少种类别事先也是不知道的。聚类分析的原则是同一类中的个体有较大的相似性，不同类中的个体差异很大。为此，可以运用一定的方法将相似程度较大的数据或单位划为一类，划类时关系密切的聚合为一小类，关系疏远的聚合为一大类，直到把所有的数据或单位聚合为唯一的类别。这种分类就是最常用最基本的一种聚类分析方法——系统聚类分析(或称为分层聚类分析)的内涵。

运用聚类分析解决税务稽查选案就是将比较相似的纳税人归于一类，不相似的则不归于一类。在通常情况下，可把遵纪守法的纳税人归于一类，被怀疑有偷漏税嫌疑的归于另一类。

二、聚类分析的一般步骤

系统聚类法的具体聚类过程是：聚类开始时，样本中的各个样品(或变量)自成一类；通过计算样品(或变量)间的相似性测度，把其中最相似的两个样品(或变量)进行合并，合并后，类的数目就减少一个；重新计算类与类之间的相似性测度，再选择其中最相似的两类进行合并……这种计算、合并的过程重复进行，直至所有的样品(或变量)归为一类。整个聚类过程可以用聚类图(树图)形象地描绘出来。

三、聚类分析法在税务稽查选案中的应用

(一)建立纳税人信息数据库

考虑到不同行业的纳税人的可比性较同一行业的纳税人的可比性差，因此可以将同一行业的不同纳税人建立在一个数据库中，不同行业的纳税人建在不同的数据库中。我们把样本数据按二维形式(见表2-1)排列，其中指标可以选择纳税人的财务指标，如增值税负担率①、消费税负担率②、企业所得税负担率③、资产规模、资本结构④、销售利润率⑤、

① 增值税税收负担率=申报的应纳增值税税额/申报的应纳增值税的销售收入×100%。

② 消费税税收负担率=申报的应纳消费税税额/申报的应纳消费税的销售收入×100%。

③ 企业所得税税收负担率=申报的应纳所得税税额/申报的销售收入×100%。

④ 这里的资本结构可变相表达为资产负债率，即=负债÷资产×100%。

⑤ 销售利润率=(净利润÷销售收入)×100%。

总资产周转率①等。上述财务指标分别从税收负担、偿债能力、盈利能力和资产管理能力等不同的角度来反映纳税人的基本信息。我们的目标就是要对纳税人单位聚类。

表 2-1　聚类分析样本数据表

纳税人＼指标	指标 1 X_1	指标 2 X_2	…	指标 p X_p
单位 1	X_{11}	X_{12}	…	X_{1p}
单位 2	X_{21}	X_{22}	…	X_{2p}
…	…	…	…	…
单位 p	X_{n1}	X_{n2}	…	X_{np}

（二）标准化原始数据

在聚类分析过程中，需要对各个原始数据进行一些相互比较运算，而各个原始数据往往由于计量单位不同而影响这种比较和运算。因此，需要对原始数据进行必要的变换处理，以消除不同量纲对数据值大小的影响。

设原始数据构成如下数据矩阵：

$$X=\begin{bmatrix} X_{11} & X_{12} & \cdots & X_{1p} \\ X_{21} & X_{22} & \cdots & X_{2p} \\ \vdots & \vdots & \vdots & \vdots \\ X_{n1} & X_{n2} & \cdots & X_{np} \end{bmatrix} \tag{2-1}$$

其中：n 为纳税人单位排序，p 为原始指标个数，X_{ij} 表示第 i 个纳税人单位在第 j 个财务指标上的数据值。

所谓标准化原始数据，就是把原始数据转换为标准 Z 分数（Z score）变换方法。其变换公式为：

$$X'_{ij}=\frac{X_{ij}-\overline{X}_j}{S_j}\ (i=1,\ 2,\ \cdots,\ n,\ j=1,\ 2,\ \cdots,\ p) \tag{2-2}$$

其中：X'_{ij}表示标准化数据、$\overline{X}_j=\frac{1}{n}\sum_{i=1}^{n}X_{ij}$ 表示财务指标 j 的均值，S_j 表示财务指标 j 的标准差，$S_j=\sqrt{\frac{1}{n-1}\sum_{i=1}^{n}(X_{ij}-\overline{X}_j)^2}$，故，标准化后的数据库变换为如下数据库：

① 总资产周转率可以用“总资产与收入比”来表示，即=总资产÷销售收入×100%。

$$X' = \begin{bmatrix} \frac{X_{11} - \overline{X}_1}{S_1} & \frac{X_{12} - \overline{X}_2}{S_2} & \cdots & \frac{X_{1p} - \overline{X}_p}{S_p} \\ \frac{X_{21} - \overline{X}_1}{S_1} & \frac{X_{22} - \overline{X}_2}{S_2} & \cdots & \frac{X_{2p} - \overline{X}_p}{S_p} \\ \vdots & \vdots & \vdots & \vdots \\ \frac{X_{n1} - \overline{X}_1}{S_1} & \frac{X_{n2} - \overline{X}_2}{S_2} & \cdots & \frac{X_{np} - \overline{X}_p}{S_p} \end{bmatrix} \tag{2-3}$$

或

$$X' = \begin{bmatrix} X'_{11} & X'_{12} & \cdots & X'_{1p} \\ X'_{21} & X'_{22} & \cdots & X'_{2p} \\ \vdots & \vdots & \vdots & \vdots \\ X'_{n1} & X'_{n2} & \cdots & X'_{np} \end{bmatrix} \tag{2-4}$$

（三）计算聚类统计量

聚类统计量是根据变换以后的数据计算得到的一个新数据。它用于表明各纳税人单位的关系密切程度。常用的统计量有距离和相似系数两大类。这里仅以欧氏距离(Euclidean Distance)为例进行探讨，其他聚类统计量请查阅有关数据资料。

$$d_{ik} = \sqrt{\sum_{j=1}^{p} (X'_{ij} - X'_{kj})^2} \tag{2-5}$$

将所有行之间的欧氏距离都算出，同样可以得到一个 $n \times n$ 的欧氏距离矩阵①：

$$D = \begin{bmatrix} d_{11} & d_{12} & \cdots & d_{1p} \\ d_{21} & d_{22} & \cdots & d_{2p} \\ \vdots & \vdots & \vdots & \vdots \\ d_{n1} & d_{n2} & \cdots & d_{np} \end{bmatrix} \tag{2-6}$$

其中 $d_{ij}(i = 1, 2, \cdots, n; j = 1, 2, \cdots, n)$ 表示式(2-6)中第 i 行和第 j 行的欧氏距离。

（四）选择聚类方法

根据聚类统计量，运用一定的聚类方法，将关系密切的纳税人单位聚为一类，将关系不密切的纳税人单位加以区分。

SPSS 软件默认的聚类方法是组间连接法。所谓组间连接法，是指“合并两类的结果使所有的两两样品之间的平均距离最小。样品对的两个单位分别属于不同的类”。②

---

① 该矩阵为实对称矩阵。

② 张文璋：《实用统计分析方法与 SPSS 应用》，人大经济论坛，www. pinggu. org/html/2008-4/20/308336. html。

（五）输出聚类结果

利用 SPSS 软件，选择树形图或冰柱图，把纳税人分为两类或三类。这样就能对纳税人进行初步判断。

第三节 Logistic 回归分析法

一、Logistic 回归基本概念

在回归分析模型中，当因变量的取值只有 2 个或 2 种可能结果（通常编码为“0”与“1”两个数值），便可以考虑运用 Logistic 回归分析方法。

当因变量 y 的值取 0 或 1 时，设结果 $y=1$ 的概率为 p，$y=0$ 的概率则为 $1-p$。假设 x_1，x_2，…，x_m 表示为结果 y 的 m 个影响因素。用 Logistic 回归公式表示 2 个事件 $y=1$ 和 $y=0$ 发生的概率比值，取其自然对数为：

$$\ln \frac{p}{1-p} = \beta_0 + \beta_1 x_1 + \beta_2 x_2 + \cdots + \beta_m x_m + \varepsilon \tag{2-7}$$

式(2-7) 中，β_0 为方程的常数项，β_0，β_1，β_2，…，β_m 是模型的回归系数。

由式(2-7)，可得：

$$p = \frac{e^{\beta_0+\beta_1x_1+\cdots+\beta_mx_m+\varepsilon}}{1+e^{\beta_0+\beta_1x_1+\cdots+\beta_mx_m+\varepsilon}} \tag{2-8}$$

从上面的 Logistic 回归方程可见，拟合方程所解答出的回归系数，即可算出结果为“1”（假定“1”代表“诚信纳税人”，则“0”代表“不诚信纳税人”）的概率(p) 值。①

二、Logistic 回归运用于增值税稽查选案的实例分析

（一）初步建立数据库

根据过去的经验，初步建立具有“诚信纳税人”和“不诚信纳税人”的数据库。将“诚信纳税人”设定为“1”，将“不诚信纳税人”设定为“0”。与此同时，选定相应的财务指标，如“资本结构”“资产收益率”“资产周转率”。这些财务指标用 X_1，X_2，…，X_m 等表示（见表 2-2），且自变量之间要考虑共线性的问题②。

① 陈仕鸿、张英明：《二分类回归分析在税务稽查中的应用》，《华南金融电脑》2009 年第 6 期，第 48~49 页。

② 共线性问题可以通过将高维的财务指标体系“降维”，可借鉴计量经济学中的“主成分分析法”加以解决。

表 2-2 供 Logistic 回归分析的数据库

诚信(1)或不诚信(0)	自变量(X_1)	自变量(X_2)	…	自变量(X_m)
1	X_{11}	X_{12}	…	X_{1m}
1	X_{21}	X_{22}	…	X_{2m}
…	…	…	…	…
1	…	…	…	…
0	…	…	…	…
0	…	…	…	…
…	…	…	…	…
0	X_{n1}	X_{n2}	…	X_{nm}

(二)建立 Logistic 回归模型

建立 Logistic 回归模型：

$$\ln\frac{p}{1-p}=\beta_0+\beta_1 x_1+\beta_2 x_2+\cdots+\beta_m x_m+\varepsilon$$

其中，p 表示“诚信纳税人”的概率，$1-p$ 表示“不诚信纳税人”的概率。

(三)使用 SPSS 软件进行 Logistic 回归分析

使用 SPSS 软件进行 Logistic 回归分析，可求出各个 β_m，即回归系数。然后再将待检测的纳税人的实际数据代入 Logistic 回归模型，将该纳税人的 p 值与原来的回归方程的 p 值进行比较，从而初步判断该纳税人的“诚信”程度。

第四节 其他方法

当然，稽查选案还有其他方法。如通过举报人举报所得到的信息进行选案，通过上级税务机关的指示或者其他税务机关的信息共享所得到的信息进行选案。也有学者尝试用遗传算法优化 BP 神经网络法进行纳税评估和选案。①

① 蔡伟鸿、郭陈熹：《遗传算法优化 BP 神经网络在纳税评估中的应用》，《汕头大学学报(自然科学版)》2008 年第 2 期，第 62~68 页。

【本章小结】

本章介绍税务稽查的第一个环节——稽查选案。随着计算机使用的普及，通过计算机选案具有可行性。本章重点介绍利用计算机技术和计量经济学的方法(聚类分析法和Logistic回归分析法)来进行选案。其中，聚类分析法是在不知道谁诚信谁不诚信的背景下将纳税人按照一定的指标进行分类，来发现异类的方法。Logistic回归分析法是在知晓谁诚信谁不诚信的历史背景下判断纳税人不诚信的概率的一种计量经济学方法。

【关键术语】

选案技术　聚类分析法　Logistic回归分析法

【思考题】

1. 什么叫选案?
2. 什么叫聚类分析法？在税务选案中如何运用?
3. 什么叫Logistic回归分析法？在税务选案中如何运用?

第三章　稽查证据及获取

第一节　税务稽查证据①

一、税务稽查证据的概念及特征

税务稽查证据是指税务稽查人员为了得出稽查结论、形成稽查意见而使用的所有信息。税务稽查证据包括构成纳税申报表基础的会计记录所含有的信息和其他的信息。

(一)涉税会计记录中含有的信息

编制各个税种的纳税申报表(以及确保据以填报纳税申报表的会计资料的真实合法性)是被查单位管理层的责任。各个税种的纳税申报表的形成需要涉税会计记录的支撑。比如，增值税一般纳税人的增值税纳税申报表，需要有在一定纳税期间的销售(或“视同销售”“销售退回、折让和折扣”等)与采购(或“进项税额转出”等)方面的会计记录。企业所得税纳税申报表需要企业在一定纳税期间的计算“企业应纳税所得额”所需要的会计记录的支撑。涉税会计记录主要包括原始凭证、记账凭证、总分类账和明细分类账、未在记账凭证中反映的对财务报表的其他调整，以及支持成本分配、计算、调节和披露的手工计算表和电子数据表。上述涉税会计记录是编制财务报表(和纳税申报表)的基础，构成税务稽查人员执行税务稽查活动所需获取的税务稽查证据的重要部分。这些会计记录通常是电子数据，因而要求税务稽查人员对内部控制予以充分关注，以获取这些记录的真实性、准确性和完整性。进一步说，电子形式的会计记录可能只能在特定时间获取，如果不存在备份文件，特定期间之后有可能无法再获取这些记录。

涉税会计记录取决于相关交易的性质，它既包括被稽查单位内部生成的手工或电子形式的凭证，也包括从与被稽查单位进行交易的其他企业收到的凭证。除此之外，涉税会计记录还可能包括：

1. 销售发运单和发票、顾客对账单以及顾客的汇款通知单；
2. 附有验货单的订购单、购货发票和对账单；
3. 考勤卡和其他工时记录、工薪单、个别支付记录和人事档案；
4. 支票存根、电子转移支付记录(EFTs)、银行存款单和银行对账单；

---

① “税务稽查证据”的原理和注册会计师审计的“审计证据”类似，有兴趣的读者可参考CPA《审计》教材的“审计证据”章节。

5. 合同记录，例如，租赁合同和分期付款销售协议；
6. 记账凭证；
7. 分类账账户调节表。

将这些涉税会计记录作为税务稽查证据时，其来源和被稽查单位内部控制的相关强度（对内部生成的证据而言）都会影响税务稽查人员对这些原始凭证的信赖程度。

（二）其他的信息

会计记录中含有的信息本身并不足以提供充分的稽查证据作为对财务报表（含纳税申报表）发表稽查意见的基础，税务稽查人员还应当获取用作稽查证据的其他信息。可用作稽查证据的其他信息包括税务稽查人员从被稽查单位内部或外部获取的会计记录以外的信息，如被稽查单位会议记录、内部控制手册、询证函的回函、分析师的报告、与竞争者的比较数据等；通过询问、观察和检查等稽查程序获取的信息，如通过检查存货获取存货存在性的证据等；以及自身编制或获取的可以通过合理推断得出结论的信息，如稽查人员编制的各种计算表、分析表等。

财务报表（和纳税申报表）依据的会计记录中包含的信息和其他信息共同构成了稽查证据，两者缺一不可。税务稽查凭证据“说话”。收集和评价被稽查单位证据是税务稽查人员得出稽查结论、支撑稽查意见的基础。税务稽查人员应当获取充分、适当的稽查证据，已得出合理的稽查结论，作为形成稽查意见的基础。

二、税务稽查证据的特性

税务稽查人员应当保持职业怀疑态度，运用职业判断，评价稽查证据的充分性和适当性。

（一）稽查证据的充分性

稽查证据的充分性是对稽查证据数量的衡量，主要与税务稽查人员确定的样本量有关。例如，对某个稽查项目实施某一选定的稽查程序，从200个样本中获得的证据要比从100个样本中获得的证据更充分。

（二）稽查证据的适当性

1. 稽查证据的适当性的含义。稽查证据的适当性是对稽查证据质量的衡量，即稽查证据在支持各类交易、账户余额、列报的相关认定，或发现其中存在错报方面具有相关性和可靠性。相关性和可靠性是稽查证据适当性的核心内容，只有相关且可靠的稽查证据才是高质量的。

2. 稽查证据的相关性。稽查证据要有证明力，必须与税务稽查人员的稽查目标相关。例如，稽查人员在稽查过程中怀疑被查单位销售产品却没有给顾客开具发票，需要确认销售以及销售收入的完整性。稽查人员应当从发货单中选取样本，追查与每张发货单相应的销售发票副本、销售明细账和总账，以确定销售行为的完整性。如果稽查人员从销售明细账和总账中选取样本，并追查至与每张发票相应的发货单，则获得的证据与完整性目标就不相关。

稽查证据是否相关必须结合具体稽查目标来考虑。在确定稽查证据的相关性时，稽查人员应当考虑：

(1)特定的稽查程序可能只为某些认定提供相关的稽查证据，而与其他认定无关。例如，检查期后应收账款收回的记录和文件可以提供有关存在和计价的稽查证据，但是不一定与期末截止是否适当相关。

(2)针对同一项认定可以从不同来源获取稽查证据或获取不同性质的稽查证据。例如，稽查人员可以分析应收账款的账龄和应收账款的期后收款情况，以获取与坏账准备计价有关的稽查证据。

(3)只与特定认定相关的稽查证据并不能替代与其他认定相关的稽查证据。例如，有关存货实物存在的稽查证据并不能够替代与存货计价相关的稽查证据。

3. 稽查证据的可靠性。稽查证据的可靠性是指证据的可信程度。例如，稽查人员亲自检查存货所获得的证据，就比被查单位管理层提供给稽查人员的存货数据更可靠。

稽查证据的可靠性受其来源和性质的影响，并取决于获取稽查证据的具体环境。稽查人员在判断稽查证据的可靠性时，通常会考虑下列原则：

(1)从外部独立来源获取的稽查证据比从其他来源获取的稽查证据更可靠。从外部独立来源获取的稽查证据未经被查单位有关职员之手，从而减少了伪造、更改凭证或业务记录的可能性，因而其证明力最强。此类证据如银行询证函回函、应收账款询证函回函、保险公司等机构出具的证明等。相反，从其他来源获取的稽查证据，由于证据提供者与被查单位存在经济或行政关系等原因，其可靠性应受到质疑。此类证据如被查单位内部的会计记录、会议记录等。

(2)内部控制有效时内部生成的稽查证据比内部控制薄弱时内部生成的稽查证据更可靠。如果被查单位有着健全的内部控制且在日常管理中得到一贯的执行，会计记录的可信赖程度将会增加。如果被查单位的内部控制薄弱，甚至不存在任何内部控制，被查单位内部凭证记录的可靠性就大为降低。例如，如果与销售业务相关的内部控制有效，稽查人员就能从销售发票和发货单中取得比内部控制不健全时更加可靠的稽查证据。

(3)直接获取的稽查证据比间接获取或推论得出的稽查证据更可靠。例如，稽查人员观察某项内部控制的运行得到的证据比询问被查单位某项内部控制的运行得到的证据更可靠。间接获取的证据有被涂改及伪造的可能性，降低了可信赖程度。推论得出的稽查证据，其主观性较强，人为因素较多，可信赖程度也受到影响。

(4)以文件、记录形式(无论是纸质、电子或其他介质)存在的稽查证据比口头形式的稽查证据更可靠。例如，会议的同步书面记录比对讨论事项事后的口头表述更可靠。口头证据本身并不足以证明事实的真相，仅仅提供一些重要线索，为进一步调查确认所用。如稽查人员在对应收账款进行账龄分析后，可以向应收账款负责人询问逾期应收账款收回的可能性。如果该负责人的意见与稽查人员自行估计的坏账损失基本一致，则这一口头证据就可成为证实稽查人员对有关坏账损失的判断的重要证据。但在一般情况下，口头证据往往需要得到其他相应证据的支持。

(5)从原件获取的稽查证据比从传真件或复印件获取的稽查证据更可靠。稽查人员可审查原件是否有被涂改或伪造的迹象，排除伪证，提高证据的可信赖程度。而传真件或复印件容易是变造或伪造的结果，可靠性较低。

稽查人员在按照上述原则评价稽查证据的可靠性时，还应当注意可能出现的重要例外情况。例如，稽查证据虽然是从独立的外部来源获得，但如果该证据是由不知情者或不具备资格者提供，稽查证据也可能是不可靠的。同样，如果稽查人员不具备评价证据的专业能力，那么即使是直接获取的证据，也可能不可靠。

4. 充分性和适当性之间的关系。充分性和适当性是稽查证据的两个重要特征，两者缺一不可，只有充分且适当的稽查证据才是有证明力的。

稽查人员需要获取的稽查证据的数量也受稽查证据质量的影响。稽查证据质量越高，需要的稽查证据数量可能越少。也就是说，稽查证据的适当性会影响到稽查证据的充分性。例如，被查单位内部控制健全时生成的稽查证据更可靠，稽查人员只需获取适量的稽查证据，就可以为发表稽查意见提供合理的基础。

需要注意的是，尽管稽查证据的充分性和适当性相关，但如果稽查证据的质量存在缺陷，那么稽查人员仅靠获取更多的稽查证据可能无法弥补其质量上的缺陷。例如，稽查人员应当获取与销售收入完整性相关的证据，实际获取到的却是有关销售收入真实性的证据，稽查证据与完整性目标不相关，即使获取的证据再多，也证明不了收入的完整性。同样地，如果稽查人员获取的证据不可靠，那么证据数量再多也难以起到证明作用。

三、税务稽查证据的种类①

比照我国《行政诉讼法》的规定，税务稽查证据依据不同形式可分为七类：

1. 书证。即作为稽查证据的文书，是指以其内容、文字、符号、图画等来表达一定的思想并用以证明稽查案件事实的一切材料。其特征是它通过其表达或反映的思想内容来证明案件的事实。税务稽查中常见的书证有稽查工作底稿、询问笔录、会计报表、会计账簿及凭证、工商营业执照、税务登记证、纳税申报表、完税凭证、处罚决定书、缴纳罚款单据、经营合同、雇员劳动合同及聘书、董事会决议、政府职能部门批文等。对于书证，一般应提取原件，并附清单。如不能提取原件或收集原件确实有困难，可以收集与原件核对无误的复印件，但必须注明出处。

2. 物证。即作为稽查证据的物品，是指以其存在的外形、规格、质量、特征等形式来证明稽查案件事实的物品。其基本特征是以物品的自然状态来证明案件事实，不带有任何主观内容。税务稽查中常见的物证有应税产品、货物等。对物证一般采取勘验检查的方法收集，原则上也应提取原物，同时要制作提取过程笔录并附清单，由双方签字、盖章、加注日期。如原物为数量较多的种类物时，可提取其中的一部分。

3. 视听资料。是指利用录音、录像计算机储存等手段所反映出的音响、影像或其他信息证明稽查案件事实的资料。税务稽查中常见的视听资料有会计核算软件、当事人陈述的录音录像等。视听资料是随着现代科学技术的进步而发展起来的一种独立的证据种类。

① 本节资料部分来源于郭焰：《税务稽查证据相关问题研究》，《湖南税务高等专科学校学报》2004年11月第6期。

其特征是以其音响、影像或其他信息等内容来证明案件的事实，其内容的显示需要借助于科学仪器，并且它一般是以动态的内容来起证明作用的，因而它既有别于书证，又有别于物证。

4. 证人证言。是指当事人以外的第三人就其知道的稽查案件事实以口头或书面的方式向税务机关做出的陈述。税务稽查中常见的证人证言有询问笔录。

5. 当事人的陈述。是指当事人就稽查案件事实向税务稽查机关做出的叙述和承认。作为稽查证据的当事人陈述只限于当事人对案件事实的陈述，它包括承认、反驳和支持叙述三方面的内容。当事人的陈述是一种应用广泛并且有较强证明力的证据形式。但由于当事人与案件有直接的利害关系，因此，当事人的陈述可能存在一定的片面性和虚假性。税务稽查中常见的当事人的陈述有询问笔录、案件事实说明、认定意见等。

6. 鉴定结论。是指税务机关依法委托或指定的鉴定人，运用其专门知识和专门技能对稽查案件中某些专门性问题进行分析、鉴别和判断，从而得出的能够证明稽查案件事实的书面结论。

7. 现场笔录。现场笔录是指税务机关及其检查人员为执行检查工作，在稽查证据难以保全或者事后难以取证的情况下，对某些事项当场所作的能够证明案件事实的记录，又称为当场记录。现场笔录应由执行职务的检查人员、当事人、见证人等有关人员签名或盖章。

第二节 证 据 获 取①

一、税务稽查取证的基本要求

根据证据的本质和特点，按照税务稽查工作的内在规律，税务稽查取证应遵循以下要求：

1. 取证应符合法律规定。这是对证据收集的基本要求，包含四层意思：一是形式合法，即所收集的证据必须具备法定形式。《行政诉讼法》对证据的形式做了明确规定，如：当事人陈述、证人证言必须以书面形式加以固定。在制作询问调查笔录时，必须注明制作笔录的时间、地点，当事人阅读无误后签名或盖章并摁上手印，并有调查人员和记录人的签名。在复印、复制有关账目、凭证时，必须注明原件保存单位和出处，必须有复制复印的时间，由原件保管人、当事人签注“与原件核对无误”的字样，并按规定要求盖章签字，同时要注意复制复印的内容是否完整、全面。在询问调查过程中，要注意被询问人员的陈述和申辩，并完整地记录下来，全面反映被询问人员的陈述申辩情况。在取得有关单位、部门的证明材料时，必须加盖单位公章，不能使用单位内设部门的印章或其他业务用章。二是主体合法，即证据必须由法定人员提供和收集，如：税案证据的收集主体必须是具备检查资格的检查人员。三是程序合法，即证据必须依照法定程序和方法收集，如：需要制

① 本节资料来源于郭焰：《税务稽查证据相关问题研究》，《湖南税务高等专科学校学报》2004年第6期和中国注册会计师协会主编《审计》的“审计证据”和“审计工作底稿”部分。

作当事人陈述、证人笔录的，询问调查人员应出示税务检查证，告知询问的有关事项，应至少有两名调查人员在场，不得对纳税人或证人引供、诱供和逼供。四是取证期限合法，取证的合法期限应该是在税务机关下达《税务检查通知书》之后，并在纳税人提出行政复议或行政诉讼之前。这是因为《行政复议法》和《行政诉讼法》等法律都规定在行政当事人提出复议或诉讼以后，调查机关无权自行向纳税人和其他证人取证，否则取得的证据无效。

2. 取证应客观真实。证据的本质是事实。所谓客观地收集证据，就是要从实际出发，尊重客观事实，符合事物的本来面目。税务稽查人员在取证时既不能主观臆断、随意取舍，也不能先入为主，而应实事求是，凡是能够真实反映涉税案件事实的证据材料，无论是否符合检查人员的主观意愿都应收集。

3. 取证应充分完整。所谓充分完整，是指收集的证据对案件的事实具有充足的证明力，并且这些证据能形成相互联系、相互印证的完整的证据体系，构成认定案件事实的充分根据和理由。税案证据不是孤立存在的，它们往往表现为一个相互联系的有机整体。因此，检查人员在获取证据时，应做到全面、充分、完整，尽量收集直接证据和原始证据，形成一个完整的证据链条。

4. 取证应迅速及时。收集证据的时间性很强。税务检查人员在检查中一旦发现违法事实后，应立即取得相应证据。如果不能及时准确收集有效证据，事过境迁，作为证据的事实材料，可能会随时间的推移发生变化甚至损毁、灭失，从而失去证明作用；有时可能会给违法者留下破坏、转移、伪造证据的机会。

5. 认真查证证据。税务稽查人员应对收集的各种证据进行认真的查证，去伪存真，确保稽查证据合法、完整，以充分证明案件事实的真实情况。

(1)对书证的查证主要做到：书证制作人身份是否合法、制作手续是否完备；书证所记载的内容表述的含义是什么、其内容是否是有关人员的真实意思表示；书证有无伪造、变造的痕迹。

(2)对物证的查证主要做到：物证的来源是否合法；物证的外部特征与稽查案件事实是否有关联性。

(3)对视听资料的查证主要做到：制作该视听资料的设备及技术有否直接影响到视听资料的准确性；该视听资料形成的时间地点及周围的环境有否影响到视听资料的准确性；视听资料的内容是否被删节、剪辑、编纂而失去真实性；视听资料制作过程是否符合收集和调查的程序。

(4)对证人证言的查证主要做到：证人的作证能力如何；证人的品格、操行对其证言是否产生影响；证人与稽查案件当事人或稽查案件本身是否有利害关系；证人证言与案件事实有何种关联、与其他稽查证据有无矛盾之处、与被确认的稽查案件事实之间是否相互吻合，有无矛盾之处。

(5)对当事人的陈述的查证主要做到：当事人是在什么情况下陈述的，其陈述的动机和目的是什么；当事人陈述的具体内容是否与稽查案情相符；当事人陈述的具体内容与本案其他稽查证据所反映的情况是否一致。

(6)对鉴定结论的查证主要做到：鉴定人的条件是否具备；鉴定结论所依据的送鉴材

料是否真实、充分；鉴定的设备是否先进、方法是否科学；鉴定结论的依据是否科学；结合全案其他证据综合查证。

(7)对勘验笔录、现场笔录的查证主要做到：制作主体是否合法；制作人的业务水平与工作态度如何；制作当时有无见证人、当事人在场；现场笔录有无执行职务的检查人员、当事人、见证人等有关人员签名或盖章。

二、税务稽查取证的常用方法

1. 询问。询问是任何案件中都经常使用的证据收集措施和方法。无论刑事案件还是民事案件，无论经济纠纷还是行政诉讼案件，收集证据的其他措施和方法都可以不用，唯独询问是必不可少的。因此，有人称询问是收集证据的"常规武器"，反映出检查人员的"基本功"。

《税收征管法》第五十四条规定，税务机关在实施税务稽查时，有权向当事人、见证人及其他有关知情人了解与税务稽查案件有关的问题和情况。税务机关在询问前应向被询问人发出《询问通知》；询问应有专人记录、制作《税务稽查询问笔录》，并告知当事人不如实提供情况应承担的法律责任，询问人、记录人、被询问人均签署日期并签名；稽查人员询问时，必须有两人以上参加，并出示税务稽查证件。

2. 检查。根据《税收征管法》第五十四条规定，税务机关在实施税务稽查时，有权对税务稽查案件所涉及的对象的相关会计资料、生产经营场地、货物存放地点、存款账户及储蓄存款等进行检查。第五十八条规定，在检查过程中，依照法定程序和手续，可调取被查对象的会计资料；对与案件有关的情况和资料，可以记录、录音、录像、照相和复制。

检查人员在审阅会计记录和其他书面文件时，应注意其是否真实、合法，具体来讲：

(1)审阅原始凭证时，应注意其有无涂改或伪造现象；记载的经济业务是否合理合法；是否有业务负责人的签字等。

(2)审阅会计账簿时，应注意是否符合《企业会计准则》及国家其他有关财务会计法规的规定，包括审阅被稽查单位据以入账的原始凭证是否整齐完备；账簿有关内容与原始凭证的记载是否一致；会计分录的编制或账户的运用是否恰当；货币收支的金额有无不正常现象；成本核算是否符合国家有关财务会计制度的规定；稽查目标要求的其他内容。

(3)在审阅会计报表时，应注意会计报表的编制是否符合《企业会计准则》及国家其他有关财务会计法规的规定；会计报表的附注是否对应予揭示的重大问题作了充分的披露。

检查人员在复核会计记录及其他书面文件时，应注意检查各种书面文件是否一致，具体来说：

(1)原始凭证上记载的数量、单价、金额及其合计数是否正确。

(2)日记账上的记录是否与相应的原始凭证记录一致。

(3)日记账与会计凭证上的记录是否与总分类账及有关的明细分类账相符。

(4)总分类账的账户余额是否与所属明细分类账的账户余额合计数相符。

(5)总分类账各账户的借方余额合计与贷方余额合计是否相等。

(6)总分类账各账户的余额或发生额合计是否与会计报表上相应项目的金额相等。

(7)会计报表上各有关项目的数字计算是否正确，各报表之间的有关数字是否一致。

如果涉及前期的数字，是否与前期会计报表上的有关数字相符。

(8)外来账单与本单位有关账目的记录是否相符。

现场监盘是检查人员现场监督被稽查单位各种实物资产及现金、有价证券等的盘点，并进行适当的抽查。

一般而言，实物资产的盘点应由被稽查单位进行，检查人员只进行现场监督；对于贵重的物资，检查人员还可抽查复点。采用监督盘点的方法是为了确定被稽查单位实物形态的资产是否真实存在并且与账面数量相符，查明有无短缺、毁损及贪污、盗窃等问题存在。但前已述及，监盘法有其局限性，它只能对实物资产是否确实存在提供有力的稽查证据，但却不能保证被稽查单位对资产拥有所有权，并且也不能对该资产的价值提供稽查证据。因此，检查人员在监盘之外，应对实物资产的计价和所有权另行稽查。

3. 扣押、查封。根据《税收征管法》第三十八条规定，税务机关可依法定程序、法定权限对案件当事人采取“扣押、查封纳税人的价值相当于应纳税款的商品、货物或其他财产”的税收保全措施，这是取得物证的主要方法。

4. 鉴定。税务稽查案件中的鉴定是指税务机关针对有疑点的证据，聘请专门的机构或者人员利用其专业技术和科学技术设备，进行检测，并作出鉴定结论的活动。税务稽查案件中遇到需要鉴定解决的问题主要有会计鉴定、文书书法鉴定等。

5. 函证。函证，是指税务稽查人员直接从第三方(被询证者)获取书面答复以作为审计证据的过程，书面答复可以采用纸质、电子或其他介质等形式。当针对的是与特定账户余额及其项目相关的认定时，函证常常是相关的程序。但是，函证不必仅仅局限于账户余额。例如，税务稽查人员可能要求对被稽查单位与第三方之间的协议和交易条款进行函证。税务稽查人员可能在询证函中询问协议是否做过修改，如果做过修改，要求被询证者提供相关的详细信息。此外，函证程序还可以用于获取不存在某些情况的审计证据，如不存在可能影响被稽查单位收入确认的“背后协议”。

【本章小结】

本章介绍税务稽查证据及其证据的获取等内容。学习本章时，最重要的是了解税务稽查的证据类型，并在实际工作中如何灵活采取证据获取的方法进行税务稽查。

【关键术语】

稽查证据　证据获取

【思考题】

1. 在稽查过程中各种证据有何特征？
2. 如何灵活运用稽查程序获取有关证据？

第四章 稽查路径

第一节 概 述

税务稽查涉及检查纳税人的管理层所做出的认定。比如，增值税的销项税额与产品销售收入的“完整性”认定有关，如果产品销售收入的“完整性”存在问题，则纳税人会漏缴增值税；增值税的进项税额与采购的“存在”或“发生”认定有关，如采购交易的“发生”存在问题，纳税人同样会少缴增值税；纳税人的期间费用的计提是否“存在”或“发生”，对企业所得税的影响也是至关重要的。因此，在进行税务稽查过程中，需要了解纳税人的有关认定，并联系到相关的税务稽查问题，进而选择有效的稽查路径。

一、纳税人管理层的认定

所谓认定，是指纳税人对纳税申报表以及与此相关的财务资料所作的断言或声明。纳税人的认定与稽查目标密切相关，因此稽查人员的基本职责就在于确定纳税人对其纳税申报表以及与此相关的财务资料所作的认定是否恰当。

纳税人对纳税申报表及其相关的财务资料各组成要素均做出了认定，稽查人员的稽查工作就是要确定纳税人的认定是否恰当。

(一)与各类交易和事项相关的认定①

稽查人员对所稽查期间的各类交易和事项运用的认定通常分为下列类别：

1. 发生：记录的交易和事项已发生，且与被查单位有关；
2. 完整性：所有应当记录的交易和事项均已记录；
3. 准确性：与交易和事项有关的金额及其他数据已恰当记录；
4. 截止：交易和事项已记录于正确的会计期间；
5. 分类：交易和事项已记录于恰当的账户。

---

① 之所以有(一)(二)(三)这样的划分，从思维逻辑上理解，纳税人的认定包括企业实际上发生的经济活动与会计所记录的俗称的“账实相符”情况。所谓“账实相符”，一般而言，是“账”符合“实”而不是相反。因此考察的中心可以分为：以“实”(各类交易和事项)为中心找证据，以“账”为中心找证据，以“表”为中心找证据。这里的“表”暗含着指会计上的3大报表以及各税种的纳税申报表。

（二）与期末账户余额相关的认定

稽查人员对期末账户余额运用的认定通常分为下列类别：

1. 存在：记录的资产、负债和所有者权益、应交税费等是存在的；

2. 权利和义务：记录的资产由被查单位拥有或控制，记录的负债是被查单位应当履行的偿还义务；

3. 完整性：所有应当记录的资产、负债和所有者权益均已记录；

4. 计价和分摊：资产、负债和所有者权益以恰当的金额包括在财务报表中，与之相关的计价或分摊调整已恰当记录。

（三）与列报相关的认定

稽查人员对列报运用的认定通常分为下列类别：

1. 发生以及权利和义务：披露的交易、事项和其他情况已发生，且与被查单位有关；

2. 完整性：所有应当包括在财务报表中的披露均已包括；

3. 分类和可理解性：财务信息已被恰当地列报和描述，且披露内容表述清楚；

4. 准确性和计价：财务信息和其他信息已公允披露，且金额恰当。

二、具体稽查目标

稽查人员了解了认定，就很容易确定每个与税收相关的项目的具体稽查目标，并以此作为实施进一步稽查的基础。

（一）与各类交易和事项相关的稽查目标

1. 发生：由发生认定推导的稽查目标是确认已记录的交易是真实的。例如，如果没有发生采购交易，但在付款日记账中记录了一笔采购，则违反了该目标。

发生认定所要解决的问题是纳税人是否把那些不曾发生的交易或事项列入财务信息中，它主要与财务信息中的高估有关。在增值税进项税额的稽查、企业所得税的主营业务成本以及费用等的稽查中，均应防止纳税人高估此类认定。

2. 完整性：由完整性认定推导的稽查目标是确认已发生的交易确实已经记录。例如，如果发生了销售交易，但没有在销售明细账和总账中记录，则违反了该目标。

发生和完整性两者强调的是相反的关注点。发生目标针对潜在的高估，而完整性目标则针对漏记交易（低估）。

3. 准确性：由准确性认定推导的稽查目标是确认已记录的交易是按正确金额反映的。例如，如果在销售交易中，发出商品的数量与账单上的数量不符，或是开账单时使用了错误的销售价格，或是账单中的乘积或加总有误，或是在销售明细账中记录了错误的金额，则违反了该目标。

准确性与发生、完整性之间存在区别。例如，若已记录的采购交易是不应当记录的（如流入的商品是代购商品），则即使发票金额是准确计算的，仍违反了发生目标。再如，若已入账的销售交易是对正确发出商品的记录，但金额计算错误，则违反了准确性目标，但没有违反发生目标。在完整性与准确性之间也存在同样的关系。

4. 截止：由截止认定推导出的稽查目标是确定接近于资产负债表日的交易记录于恰当的会计期间。例如，如果本期交易延迟到下期，或下期交易提前到本期，均违反了截止目标。

5. 分类：由分类认定推导的稽查目标是确认被查单位记录的交易经过适当分类。例如，将出售经营性固定资产所得的收入记录为营业收入，则导致交易分类的错误，违反了分类的目标。

(二) 与期末账户余额相关的稽查目标

1. 存在：由存在认定推导的稽查目标是确认已记录的金额确实存在。例如，如果不存在向某单位进行的存货采购，但在材料采购明细账中却列入了对该供应商的材料采购，则违反了存在性目标。

2. 权利和义务：由权利和义务认定推导的稽查目标是确认资产或权益归属于被查单位，负债属于被查单位的义务。例如，如果将子公司的资产减值准备的计提归属于母公司，则违反了权利目标；将不属于被查单位的债务记入账内，违反了义务目标。

3. 完整性：由完整性认定推导的稽查目标是确认已存在的金额均已记录。例如，如果发生了对某单位的销售业务交易，但在销售明细账中没有记录这笔销售，则违反了完整性目标。

4. 计价和分摊：资产、负债和所有者权益以恰当的金额包括在财务报表中，与之相关的计价或分摊调整已恰当记录。

(三) 与列报相关的稽查目标

各类交易和账户余额的认定正确只是为列报正确打下了必要的基础，财务报表还可能因被查单位误解有关列报的认定或舞弊等而产生错报。另外，还可能因被查单位没有遵守一些专门的披露要求而导致财务报表错误。因此，即使稽查人员稽查了各类交易和账户余额的认定，实现了各类交易和账户余额的具体稽查目标，也不意味着获取了足以对纳税申报及其相关的财务报表发表稽查意见的充分、适当的稽查证据。因此，稽查人员还应当对各类交易、账户余额及相关事项在纳税申报表及其相关财务报表中列报的正确性实施稽查：

1. 发生以及权利和义务：将没有发生的交易、事项，或与被查单位无关的交易和事项包括在纳税申报表及其相关的财务报表中，则违反了该目标。例如，复核董事会会议记录中是否记载融资租入固定资产，询问该固定资产是经营性租入还是融资性租入，即是对列报的发生、权利认定的运用。如果融资租入的固定资产，则其后续期间的计量方式同经营性租赁固定资产是不同的，应加以详细说明，否则会影响企业所得税的计算问题。

2. 完整性：如果应当披露的事项没有包括在财务报表中，则违反该目标。例如，检查关联方和关联交易，以验证其在财务报表中是否得到充分披露，即是对列报的完整性认定的运用。

3. 分类和可理解性：财务信息已被恰当地列报和描述，且披露内容表述清楚。例如，检查金融资产的主要类别是否已披露，各类金融资产的公允价值是否正确披露，即是对列报的分类和可理解性认定的运用。

4. 准确性和计价：财务信息和其他信息已公允披露，且金额恰当。例如，检查财务报表附注是否分别对原材料、在产品和产成品等存货成本核算方法做了恰当说明，对金融工具的计价方式做了恰当说明，即对是列报的准确性和计价认定的运用。

三、纳税人管理层认定、具体稽查目标和稽查方向的关系

如上所述，纳税人管理层的认定有“存在”或“发生”“权利与义务”“完整性”“计价和分摊”“分类”“截止”等。在具体实施稽查过程中，某些认定对稽查的方向特别敏感，而有些却对稽查的方向不敏感。

对稽查方向敏感的认定。对稽查方向敏感的认定一般包括两类，即：第一类，“存在”或“发生”；第二类，“完整性”。例如，在增值税的进项税额的稽查中，稽查人员感兴趣的是与进项税额相关的采购交易是否“发生”或“存在”，对其“完整性”不感兴趣，如果稽查人员按照形成会计记录的方向(即“证”→“账”→“表”方向)去查，则会形成“稽查失败”①。反之，在增值税的销项税额的稽查中，稽查人员感兴趣的是与销项税额相关的销售交易是否“完整性”，对其“发生”或“存在”不感兴趣，如果稽查人员按照“逆”会计记录形成的方向(即“表”→“账”→“证”方向)去查，也会形成“稽查失败”。

对稽查方向不敏感的认定。除了上述的两类认定(“存在”或“发生”“完整性”)以外，其余的认定对稽查方向不敏感。例如，对“计价和分摊”认定，稽查人员既可以顺着会计记录的方向，用发运凭证、发票上的数量和价格与总账、明细账上的数量和价格进行核对，也可以逆着会计记录的方向，用总账、明细账上的数量和价格与发运凭证、发票上的数量和价格进行核对，这都不会影响稽查的效率和效果。关于“截止”认定的稽查路径，与“计价和分摊”认定的稽查路径类似。因此，稽查人员既可以顺着形成会计记录的方向查，也可以逆着形成会计记录的方向查。前者叫“顺查”，后者叫“逆查”。下面分别加以说明。

第二节 顺 查

一、顺查的定义

顺着会计资料的形成路径进行检查，叫作税务稽查的顺查法，即沿着“证→账→表”的方向进行检查。

二、顺查适用范围

大致来讲，税务稽查的顺查法所适用的范围包括以下：与收入增加、支出(或费用、

① “稽查失败”是借鉴“审计失败”的语言而作。“审计失败”是指由于实施了错误的审计方向，致使不能达成注册会计师的审计目标。

损失等)减少相关的交易、账户余额、列报等信息。稽查时，着重考察其认定"完整性"的，而对其"存在"或"发生"不予考察。

(一)流转税领域

1. 与收入增加相关的项目

工业企业的销售收入直接对应着增值税的销项税额，因此在稽查过程中，应着重考察产品销售收入科目的"完整性"。在增值税的稽查过程中，对于第三产业的各行业，由于增值税与劳务提供所形成的收入息息相关，因此，也应对第三产业的劳务提供所形成的收入项的"完整性"保持高度的警惕。

2. 与支出(或费用、损失等)减少相关的项目

企业在发生进货退回或折让时，相应减少当期进项税额，相当于变相地增加当期销项税额，因此在增值税稽查过程中，应对企业发生的进货退回或折让的"完整性"保持高度警惕。

(二)企业所得税领域

企业所得税的税基大致由收入项和支出(或成本、费用、损失、税金等)构成。企业的收入类项目是企业会计利润、应税所得和企业所得税的"增加项"，因此在企业所得税的稽查过程中，应对企业的收入项的"完整性"保持高度警惕，与此相反，对收入项的"存在"或"发生"可不予考察。

以上各类项目，在进行税务稽查时，均应按照"顺查法"进行，否则就会出现"稽查失败"。

第三节　逆　　查

一、逆查的定义

逆着会计资料的形成路径进行检查，叫作税务稽查的逆查法，即沿着"表→账→证"的方向进行检查。

二、逆查适用范围

大致来讲，税务稽查的顺查法所适用的范围包括以下：与收入减少、支出(或费用、损失等)增加相关的交易、账户余额、列报等信息。稽查时，着重考察其认定的"存在"或"发生"，而对其"完整性"不予考察。

(一)流转税领域

1. 与收入减少相关的项目

工业企业的产品销售的折扣销售、退回与折让，与收入减少相关。企业在发生销货退回或折让时，相应减少当期销项税额，相当于变相地增加当期进项税额，因此在增值税稽

查过程中，应对企业发生的销货退回或折让的“存在”或“发生”保持高度警惕。

2. 与支出(或费用、损失等)增加相关的项目

工业企业的采购支出，由于它直接对应着增值税的进项税额，因此需要考察其“存在”或“发生”认定的真实性。

(二)企业所得税领域

企业的支出(或成本、费用、损失、税金等)类项目是企业会计利润、应税所得和企业所得税的“减少项”，因此在企业所得税的稽查过程中，应对企业的支出(或成本、费用、损失、税金等)项的“存在”或“发生”保持高度警惕，与此相反，对支出(或成本、费用、损失、税金等)项的“完整性”可不予考察。

以上各类项目，在进行税务稽查时，均应按照“逆查法”进行，否则也会出现“稽查失败”。

【本章小结】

本章介绍税务稽查的路径选择。学习本章时，要明确纳税人的认定可具体分解为哪些方面，哪些方面的认定对稽查路径敏感、而哪些对稽查路径不敏感；顺查法和逆查法分别适用于哪些方面的认定。

【关键术语】

纳税人认定　稽查路径　顺查　逆查

【思考题】

1. 在什么认定情况下，需要考虑稽查路径问题?
2. 顺查法适用于哪些交易、事项、账户余额和列报？请举例说明。
3. 逆查法适用于哪些交易、事项、账户余额和列报？请举例说明。

第五章　稽查工作底稿

第一节　稽查工作底稿概述

一、稽查工作底稿的含义

注册会计师在从事审计工作中有“审计工作底稿”。所谓“审计工作底稿”，是指注册会计师对制定的审计计划、实施的审计程序、获取的相关审计证据，以及得出的审计结论作出的记录。审计工作底稿是审计证据的载体，是注册会计师在审计过程中形成的审计工作记录和获取的资料。它形成于审计过程，也反映整个审计过程。

类似地，在税务稽查过程中也可以存在稽查工作底稿。稽查工作底稿，是指稽查人员对制订的稽查计划、实施的稽查程序、获取的相关稽查证据，以及得出的稽查结论作出的记录。稽查工作底稿是稽查证据的载体，是稽查人员在稽查过程中形成的稽查工作记录和获取的资料。它形成于稽查过程，也反映整个稽查过程。

二、稽查工作底稿的编制目的

稽查工作底稿在计划和执行稽查工作中发挥着关键作用。它提供了稽查工作实际执行情况的记录，并形成稽查报告的基础。稽查工作底稿实现了两个方面的功能：

1. 通过列示涉税风险点和评估、检查程序，指导稽查人员“干什么、怎么干”，为稽查人员提供了统一规范的作业标准，有助于提升稽查人员的核心业务能力；

2. 通过稽查流程控制和专用表格填制，考评稽查人员“干没干、干得怎么样”，为事后监督提供客观翔实的复查依据，有助于规范稽查人员的执法行为。

三、稽查工作底稿的编制要求

稽查人员编制的稽查工作底稿，应当使未曾接触该项稽查工作的有经验的专业人士清楚地了解：

1. 按照稽查准则和相关法律法规的规定实施的稽查程序的性质、时间安排和范围；

2. 实施稽查程序的结果和获取的稽查证据；

3. 稽查中遇到的重大事项和得出的结论，以及在得出结论时作出的重大职业判断。

第二节　稽查工作底稿的格式

一、稽查工作底稿样式举例

以下从孙瑞标主编的《税务稽查审计型检查工作底稿指引》①中节选几个税务稽查工作底稿的样式，给读者以直观的认识。

A0　风险评估程序表

被查单位：　　编制人：　　日期：　　索引号：A0

检查期间：　　复核人：　　日期：　　页　次：

风险评估程序	是否检查	检查人	完成时限	工作底稿索引号
一、了解被查单位外部信息				
索取评估部门资料				A1-1
查询纳税人征管信息				A1-2
查阅网络、报刊等媒体对被检查单位及其行业的相关报道				A1-3
调取国际税收情报交换信息及其他第三方信息				A1-4
二、了解被检查单位内部信息				
1. 内部环境信息				
索取被查单位的资料清单				A2-1
查阅股东大会、董事会、监事会及其他决策层会议记录				A2-2
查阅被查单位内部审计报告				A2-3
现场观察被查单位记录				A2-4
询问管理层调查表				A2-5
询问公司法务、内审等人员记录				A2-6
询问财务部门调查表				A2-7
询问销售部门调查表				A2-8
询问采购部门调查表				A2-9
询问生产部门调查表				A2-10
2. 内部财务信息				

① 孙瑞标：《税务稽查审计型检查工作底稿指引》，中国税务出版社 2011 年版。

续表

风险评估程序	是否检查	检查人	完成时限	工作底稿索引号
资产负债表分析工作底稿				A3-1
利润表分析工作底稿				A3-2
财务指标分析工作底稿				A3-3
结构分析工作底稿				A3-4
趋势分析工作底稿				A3-5
纳税评估常用指标分析工作底稿				A3-6
3. 纳税申报信息				
企业所得税申报表分析工作底稿				A4-1
增值税申报表分析工作底稿				A4-2
三、总结及计划				
风险评估会议纪要				A5-1
制订下一阶段检查计划				A5-2

检查人员签字：　　　　　　　　　　　　　　　　　　　　　　　　日期：

查询纳税人征管信息

被查单位：　　　　编制人：　　　　日期：　　　　索引号：A1-2
检查期间：　　　　复核人：　　　　日期：　　　　页　次：

一般指引：检查人员应从中国税收征管信息系统(CTAIS)“通用查询”或辽宁省国税综合数据平台“综合关联查询”等查询模块调取被查单位税收征管信息，掌握基本情况，为制订检查方案提供参考		
查询项目	查询内容	
纳税人基本信息	具体指引：主要填列“纳税户基本信息栏”和“纳税户统计分析指标栏”以及税务登记信息的“税务登记表”“税务登记变更信息”和“状态变更信息”等相关内容，以获取纳税人税务登记的主要信息	
	底稿索引	
税种登记信息	具体指引：主要填列“税种登记及理事变更信息”的相关内容，以获取纳税人税种登记信息	
	底稿索引	
税务认定信息	具体指引：主要填列“税务认定信息”和“一般纳税人信息及理事变更情况”的相关内容，以获取税收“减、免、抵、退”、一般纳税人认定与年审等税务认定信息	
	底稿索引	

续表

查询项目	查询内容	
申报征收信息	具体指引：主要填列“申报信息”和“征收信息”的相关内容，以获取纳税人的纳税申报与征收信息	
	底稿索引	
发票使用信息	具体指引：主要填列“发票信息”的相关内容，以获取纳税人的发票“领、用、存”、票种核定及历史变更、超限量购买发票审批、防伪税控核定及历史变更、发票开具明细等发票使用信息。主要内容包括：核定票种、最大持票限量、保管方式、购票方式、开票方式、开票限额、检查期间购买发票情况等项内容	
	底稿索引	
稽查违法违章信息	具体指引：主要填列“稽查信息”中的“已结案稽查案件信息”以及“违章信息”中的“已结为法违章案件信息”的相关内容，以获取纳税人的稽查违法、违章信息	
	底稿索引	
情况说明	具体指引：根据具体情况，对查询情况作必要说明	
	底稿索引	

检查人员签字：　　　　　　　　　　　　　　　　　　　　日期：

询问管理层调查表

被查单位：　　　　编制人：　　　　日期：　　　　索引号：A2-5
检查期间：　　　　复核人：　　　　日期：　　　　页　次：

内　　容	是	否	备注(如回答是，简要概述或提供相关资料)
1. 关于行业状况、法律环境与监管环境以及其他外部因素			
1.1 行业状况			
公司经营是否存在较强的季节性？			
公司是否存在较长的经营周期？			
公司的产品技术更新换代是否很快？			
公司检查期间的供应链是否发生重大变化？			
公司检查期间的供应价格是否发生重大变化？			
对行业状况的简要分析评价：			
1.2 法律环境及监管环境			
有重大影响的法律法规及监管活动主要有：			
对开展业务产生重大影响的货币政策：			

续表

内　　容	是	否	备注(如回答是，简要概述或提供相关资料)
对开展业务产生重大影响的财政政策：			
对开展业务产生重大影响的税收政策：			
对开展业务产生重大影响的贸易政策：			
公司所处行业和所从事经营活动的环保要求是否很高？			
公司是否采取了环保措施？			
对法律环境及监管环境的简要分析评论：			
……			
2. 被检查单位的性质			
2.1 列示所有权结构：			
2.2 列示治理结构(包括董事会的构成情况)：			
董事会内部是否有独立董事？			
治理结构中是否设有审计委员会或监事会？			
审计委员会或监事会是否按照相关规定规范运作？			
公司治理层是否能够独立于管理层对公司的事务作出客观判断？			
管理当局报酬是否有很大一部分取决于财务状况和经营成果？			
2.3 列示组织结构：			
公司是否有复杂的组织结构、大量分散的经营实体，如何监控？			
内部是否有审计部门？如有，是否有效？			
2.4 经营活动：			
列示主营业务的性质：			
公司检查期间的关键客户是否发生变化？			
公司的重要供应商检查期间是否发生变化？			
公司关联交易是否频繁，利润是否主要来源于关联交易？			
2.5 投资活动：			
在过去几年中，公司是否收购其他行业的企业？			
公司的重要组成部分或重要投资单位是否准备被出售？			
公司检查期间是否进行重大证券投资、委托贷款？			
公司检查期间是否处置重大证券投资、委托贷款？			

续表

内　　容	是	否	备注(如回答是，简要概述或提供相关资料)
公司检查期间是否进行重大投资活动?			
公司检查期间是否处置重大固定资产、无形资产?			
2.6 筹资活动			
公司是否存在对外担保责任?			
公司债务结构是否合理或与公司经营相适应?			
公司检查期间是否有重大的固定资产租赁?			
公司是否向关联方融资?			
……			
3. 公司的生产经营相关情况			
公司是否存在关于新的生产技术、新产品、新工艺研究与开发活动?			
是否存在公司为他方提供担保的情况?是否履行过担保责任?			
是否存在他方为本公司提供担保的情况?			
公司是否利用衍生金融工具进行融资?			
公司是否发生联盟、合营、外包情况?			
公司是否实施并购活动或重大资产处置?(分两行列示)			
公司的重要组成部分或重要投资单位近期是否要被出售?			
公司是否使用服务机构(如，委托某机构统一销售、统一采购等)?			
……			
4. 公司在其他方面是否存在可能导致涉税风险的如下事项或情况			
严重违反有关法律法规或政策;			
异常原因导致停工、停产;			
有关法律法规或政策的变化可能造成重大不利影响;			
因自然灾害等不可抗力因素遭受严重损失;			
……			
说明：此表与 B1-5 固定资产内部控制了解及测试表 B1-6 人事管理内部控制了解及测试表 B1-7 关联和非常规交易内部控制了解及测试表 的“了解和分析”部分一并填写。			

检查人员签字：　　　　　　　　　　　　　　　　　　日期：

风险评估会议纪要

被查单位：　　　　　　编制人：　　　　日期：　　　　　索引号：A5-1
检查期间：　　　　　　复核人：　　　　日期：　　　　　页　次：

一般指引：完成风险评估程序至少需要组织3次会议讨论并形成会议纪要：1是在"了解被查单位外部信息"后进行讨论，提高了解被查单位内部环境信息工作针对性；2是在了解"内部环境信息"之后进行讨论，分析纳税人涉税风险点；3是通过"内部财务信息"分析进一步量化涉税风险点后，对整个评估阶段进行讨论，并制订进一步检查计划
日期：
参加人员：
讨论内容：
通过评估确认可能存在的涉税风险点：
应对方案：
对可能存在的涉税风险点采取的应对措施：

检查人员签字：　　　　　　　　　　　　　　　　　　　　　　　　日期：

控制测试程序表

被查单位：　　　　　　编制人：　　　　日期：　　　　　索引号：B0
检查期间：　　　　　　复核人：　　　　日期：　　　　　页　次：

一般指引：在风险评估的基础上，通过穿行测试等方法，对被查纳税人内部控制制度的有效性及执行情况进行测试，进而从内控层面排查评估涉税风险点；另外，结合实质性程序发现的个别涉税问题，进行相关控制测试，最终由点到面发现全部同类涉税问题。检查期间如果内部控制制度发生重大变化，需要对变化前后分别进行测试

续表

控制测试程序	是否检查	检查人	完成时间	工作底稿索引号
一、了解、测试及评价				
销售环节内部控制了解及测试表				
采购与付款环节内部控制了解及测试表				
生产环节内部控制了解及测试表				
投资与筹资环节内部控制了解及测试表				
固定资产内部控制了解及测试表				
人事管理内部控制了解及测试表				
关联和非常规交易内部控制了解及测试表				
货币资金内部控制了解及测试表				
二、总结及计划				
控制测试会议纪要				
制订实质性程序计划				

检查人员签字：　　　　　　　　　　　　　　　　日期：

主营业务收入①

被查单位：　　　　编制人：　　　　日期：　　　　索引号：C1-1

检查期间：　　　　复核人：　　　　日期：　　　　页　次：

基本风险点描述与确认			
基本风险点描述		是否适用被查单位	
		适用	不适用
1-1	查核销售货物收入实现的时间是否按税法规定时限申报纳税：(1)采用托收承付方式销售货物的，是否按税法规定在办妥托收手续时确认收入；(2)采用预收款方式销售货物的，是否按税法规定在发出商品时确认收入；(3)销售货物需要安装和检验的，是否在购买方接受商品以及安装和检验完毕时确认收入。如果安装程序比较简单，是否在发出商品时确认收入；(4)采用支付手续费方式委托代销的销售货物，是否在收到代销清单时确认收入；(5)以分期收款方式销售货物的，是否按照合同约定的收款日期确认收入的实现；(6)采取产品分成方式取得收入的，是否按照企业取得产品的日期确认收入，收入的金额是否按照产品的公允价值确定；(7)其他销售方式销售货物的，是否按权责发生制为原则确认收入		

① 本稽查工作底稿用于“销售与收款循环”中对“主营业务收入”科目的实质性程序。

续表

基本风险点描述		是否适用被查单位	
		适用	不适用
1-2	人为滞后销售入账时间，延迟实现税款，主要包括： (1)发出商品时不作销售收入处理，不申报纳税；(2)采用交款提货销售方式销售时，货款已收到，提货单和发票已交给买方，买方尚未提货情况下，是否不作销售收入处理；(3)推迟代销商品的结算，造成应缴税金延后；(4)发出代销商品超过180天仍未收到代销清单及货款的，是否在发出代销商品满180天的当天视同销售处理缴纳税款		
1-3	查核销售货物收入计税额是否按税法规定申报纳税： (1)采用售后回购方式销售货物的，销售的货物是否按售价确认收入；(2)销售货物涉及商业折扣的，是否按照扣除商业折扣后的金额确定销售收入金额；(3)销售货物涉及现金折扣的，是否按扣除现金折扣钱的金额确定销售货物收入金额；(4)已经确认销售收入的售出货物发生销售折让和销售退回，是否在发生当期冲减当期销售收入；(5)采取产品分成方式以非货币形式取得收入，是否按公允价值确定收入额		
2	销货退回业务方面是否存在以下问题： (1)销货退回不真实或不符合规定，人为减少应计税销售收入；(2)销售货物直接冲减生产成本或库存商品；(3)以退货名义支付费用		
3	将收取的销售款项，先支付费用(如购货方的回扣、推销奖、营业费用、委托代销商品的代销手续费用等用销货款直接进货)，再将余款计入销售收入		
4	纳税人销售货物或(应税劳务)的价格是否明显低于同行业其他企业同期的销售价格，或某一笔交易的货物(应税劳务)销售价格明显低于同期该货物的平均销售价格		
5	税率适用方面(增值税和消费税)： (1)兼营不同税率的货物或应税劳务，未分币核算不同税率的货物或应税劳务的销售额，是否从高适用税率；(2)兼营不同税率的货物或应税劳务，是否将高税率货物的销售额混入低税率货物的销售额进行核算；(3)销售不同税率货物或应税劳务，并兼营应属一并征收增值税的非应税劳务，未分别核算或不能准确核算不同税率货物或者应税劳务和一并征收增值税的非应税劳务销售额，是否从高适用税率		

续表

基本风险点描述		是否适用被查单位	
		适用	不适用
6	以旧换新、还本销售方面： (1)采取还本销售方式销售货物，是否按减除还本支出后的销售额计税；(2)采用以旧换新方式销售货物，是否按实际收取的销售款项计税(金银首饰除外)		
7	受托加工制造大型机械设备、船舶、飞机以及从事建筑、安装、装配工程业务或者提供其他劳务等，持续时间超过12个月的，是否按照纳税年度内完工进度或者完成的工作量确认收入的实现(主义增值税与所得税计税依据区别)		
…			
	基本风险点检查参考程序		
	程序描述	附表索引	备注
1-1	将本期的主营业务收入与上期的主营业务收入进行比较，分析产品销售的结构和价格变动是否正常，并分析异常变动的原因		结合评估
1-2	比较本期各月主营业务收入的波动情况，分析其变动趋势是否正常，并查明异常现象和重大波动的原因	C1-1-3-2	结合评估
1-3	计算本期重要产品的毛利率，分析比较本期与上期各类产品毛利率变化情况，注意收入与成本配比的问题，并查清重大波动和异常情况；必要时，应获取或查询同行业同类产品的平均毛利率的情况，并作分析比较。如与同行业平均毛利率存在重大或异常的差异，应重点关注收入的真实性		结合评估
1-4	计算重要客户的销售额及其产品毛利率，分析比较本期与上期有无异常变化；同时关注重要客户之间的销售产品的单价是否存在重大差异，如有，应查明原因，并考虑异常情况存在的合理性和真实性		结合内控
1-5	计算向前5名客户销售的收入总额以及占全部销售收入的比例，审查与上年是否有重大变化	C1-1-3-4	结合评估
1-6	根据普通发票或增值税发票申报表，测算企业全年的收入，与其实际入账收入金额核对，并检查是否存在虚开发票或销售而未开票的情况		

续表

	程序描述	附表索引	备注
1-7	查明主营业务收入的确认原则、方法，注意是否符合税法的收入实现条件，注意检查有无特殊的销售行为，如委托代销、分期收款销售、商品需要安装和检验的销售、附有退回条件的销售、售后租回、售后回购、以旧换新等	C1-1-3-3	
1-8	根据摘要内容和凭证字号，审查相关合同类资料，对照“销货发票”“出库单”等单据上记载的发出商品的时间，资金往来的相关记录，结合原始凭证资料，分析“主营业务收入”“主营业务成本”等账户借方发生额和红字冲销额，查证收入项目、内容、单价、数量、金额等是否准确	C1-1-3-5	结合内控
1-9	根据所附的发货证明、收货证明，确认其发出日期；根据所附的托收回单、送款单等确定其收款依据，判断是否延期办理托收手续、入账时间是否正确，有无存在不及时结转销售的问题	C1-1-3-6	
1-10	向销售部门了解销售情况和结算形式，调查询问有关业务人员和保管人员，以取得证据。如发现存在问题或疑点，再根据有关凭证进行深入核对，进一步查证，特别要注意检查核算期末前几天的销售情况		结合内控
1-11	检查仓库实物账，并与货物出运凭证核对，确认货物的出库和出运时间，判断是否存在已销售未入账或滞后入账的情况	C1-1-3-7、C1-1-3-8	结合内控
1-12	对长期挂账不作处理的账项进行重点核实，检查是否存在收入记入往来账，不及时确认收入的情况(应付款项账龄分析中体现)		
1-13	对季末、年末收入发生骤减的企业，采取盘存法核实企业存货进销存的实际情况，结合货币资金增减的时间，并通过审阅合同或协议，按照结算方式查实有无未及时确认收入的问题		
1-14	取得被查单位有关销售折扣和折让的有关文件资料，查明折扣与折让的具体规定，与实际执行情况核对，择要抽查较大折扣与折让发生额，是否经授权批准，确认其合法性、真实性	C1-1-3-5	

续表

	程序描述	附表索引	备注
2	(1)核查销货退回冲减销售收入时，有无合法凭据，在购货方尚未付款并未做账务处理的情况下，全部退货的，增值税专用发票各联次是否全部收回作废；已付款或购货方已作账务处理的情况下，是否取得了购买方税务机关出具的《开具红字增值税专用发票通知单》。(2)结合“生产成本”和“库存商品”科目，核实退回的货物是否冲减了本期的销售成本并办理了入库手续。如果纳税人无合法依据冲减主营业务收入，且无货物退货入库记录的，就可能存在虚构销货退回的业务。(3)检查资金流，核实货物流和资金流是否一致和同步，在财务上是否构成完整的核算过程，如果不存在，则可能存在虚构和销货退回的业务	C1-1-3-6	
3	(1)审核销售收入日报表和“主营业务收入”明细账以及销售收入原始凭据和货物出(入)库单，核实实际销售收入；(2)对于将费用凭证和销货记账原始凭证混在一起记账的，应对上述原始凭据进行仔细审核，核实是否存在坐支销货款的问题；(3)对有委托代销业务的，应审核代销合同、代销清单，查阅销售价格是否异常，核实是否存在坐支代理销售款的问题	C1-1-3-1	
4-1	(1)采用比较分析法，将纳税人的货物(应税劳务)销售价格、销售毛利率与本企业和其他同业企业的同期销售价格、销售毛利率进行对比，核实销售价格和销售利润率是否明显偏低；(2)采用询问、调查等方法，了解纳税人经营战略、发展规划和销售政策，了解与价格明显偏低的销售对象是否存在关联关系，审核纳税人货物销售价格偏低的理由是否正当，如无正当理由，应予以补缴税款		
4-2	统计本期新增的销售额大的客户，关注其是否与被查单位存在关联方关系。获取产品价格目录，抽查售价是否符合价格政策，并注意销售给关联方或关系密切的重要客户的产品价格是否合理，有无低价或高价结算，转移收入的现象	C1-1-3-4	
5-1	(1)审核工商登记资料，对企业有关人员进行询问，掌握其实际经营范围；(2)对难以判断属性和用途的货物，应查阅有关书籍、咨询权威机构、观察企业生产过程，对“原材料”“生产成本”账户进行检查，必要时请有关部门进行技术鉴定，到购货方进行调查，了解货物的生产工艺及使用的原材料，掌握货物的属性和用途，判断其适用税率；(3)审核“主营业务收入”明细账和“应缴增值税”明细账以及有关凭证，核实是否将应适用高税率的货物适用了低税率		

续表

	程序描述	附表索引	备注
5-2	(1)采用比较分析法，计算不同税率货物的销售额占总销售额的比例，并与上期或以往年度的比例对比。如果低税率货物的销售收入比例明显上升，高税率货物的销售比例明显下降，应分析不同税率货物的销售价格和销售数量是否发生变化，如果变化不大，则该纳税人可能存在高税率货物按低税率申报纳税的问题；(2)采用实地观察法，调查了解实际生产经营货物的具体品种、货物的性能、用途、配料、工艺流程等，结合税收政策的相关规定，审查其申报的税率是否正确；(3)检查不同税率的货物或应税劳务的财务核算情况，重点检查存货核算的凭证资料、原始附件，审核是否将高税率的货物并入低税率的货物中核算；(4)检查“主营业务收入”“其他业务收入”明细账设置情况，核实是否按规定分别核算和准确核算不同税率的货物或应税劳务的销售额；(5)对照审核“主营业务收入”“其他业务收入”“应缴税费”明细账和纳税申报表，核实是否按规定计提、申报不同税率的货物或应税劳务的销项税额		结合评估
6	(1)核查收入类明细账和原始凭据，核实有无某种货物销售价格明显低于正常时期的销售价格，若有异常且无正当理由的，是否采取以旧换新方式，按实际收取的款项计算销售额造成的；(2)结合“销售费用”“主营业务成本”等账户，核实有无还本支出核算；是否存在还本支出冲减销售收入的问题		
7	(1)通过纳税人提供的劳务经济合同，核实劳务的内容、形式、时间、金额，结合“主营业务收入”“其他业务收入”“预收账款”等账户贷方发生额，与企业所得税纳税申报表进行核对，核实是否存在合同中约定的各明细账项目未确认收入的情况；(2)结合“工程施工”“劳务成本”等账户，通过劳务收入与劳务成本配比性的检查，对长期挂往来科目预收性质的劳务收入逐项核实，并通过审阅劳务合同或协议，按照结算方式审查劳务收入，是否存在应确认未确认的劳务收入；(3)持续时间超过 12 个月的，重点审查纳税年度结束时当期劳务收入总额、完工进度，运用测量的意完成工作量，确定已经提供的劳务占应提供劳务总量的比例，已经发生的成本占估计总成本的比例等，确认计入劳务收入金额的准确性	C1-1-3-9	
…			

检查结论	检查说明
评估测试风险点是否涉及本科目：是(　)否(　)；若是，是否进行检查：是(　)否(　)	
本表列示基本风险点是否全部进行了检查：是(　)否(　)	
除以上风险点外，是否检查出其他风险点：是(　)否(　)	

检查人员签字：　　　　　　　　　　　　　　　　日期：　　年　　月　　日

应缴税费——应缴增值税(消费税)

被查单位：　　　　编制人：　　　日期：　　　索引号：C7-1

检查期间：　　　　复核人：　　　日期：　　　页　次：

基本风险点描述与确认			
基本风险点描述		是否适用被查单位	
		适用	不适用
1	购进固定资产和工程物资(除中部、东北试点地区和2009年1月1日后购入外)等抵扣进项税额购进环节是否存在以下问题： (1)购进固定资产和工程物资(除中部、东北试点地区和2009年1月1日后购入外)抵扣进项税额；(2)扩大农产品收购凭证的使用范围，将其他费用计入买价，多抵扣进项税额；(3)错用扣税率，低税高扣；(4)采购途中的非合理损耗未按规定转出进项税额(2009年1月1日后按新条例执行)		
2	存货方面是否存在如下问题(2009年1月1日后按新条例执行)： (1)发生退货或取得折让未按规定做进项税额转出，多抵扣税额；(2)用于非应税项目、非正常损失的货物未按规定做进项税额转出，多抵扣税额；(3)用于免税项目的进项税额未按规定转出，多抵扣税额；(4)以存挤销，将因管理不善等原因造成的材料短缺挤入正常法出数，少缴增值税；(5)盘亏材料未按规定的程序和方法及时处理账务，造成相应的进项税额未转出，或盘亏相抵后做进项税额转出，少缴增值税		
3	运输费用方面是否存在以下问题： (1)扩大计税抵扣基数、错用扣税率。 (2)非应税项目的运费支出计算进项税额抵扣：①是否有购进固定资产(除中部、东北试点地区以外)、销售免税货物等所发生的运费及采用邮寄方式购买和销售货物支付的邮寄费和其他杂费等，计算进项税额抵扣；②有无应由在建工程(另有规定者除外)等非生产项目负担的运费		
4	增值税专用发票是否存在以下问题： (1)未按规定填开增值税专用发票；(2)接受虚开的增值税专用发票		
5	海关完税凭证的核查(是否取得虚假的海关完税凭证抵扣税款)		
6	运输发票的核查(是否取得虚假的运输发票抵扣税款)		
7	农产品收购发票的核查		
8	废旧物资销售发票和收购发票是否符合规定		

续表

基本风险点描述		是否适用被查单位	
		适用	不适用
9	其他方面(是否存在以下涉税问题)： (1)将应税项目的销售收入记入减免税项目；(2)将减免税项目的进项税额记入应税项目；(3)减免税项目领用应税项目材料，进项税额未转入减免税项目(重点核查是否存在减免税项目领用应税项目材料，进项税额未转入减免税项目中；应税项目、免税项目在生产成本中的物耗成本分配标准(比如产量、单位生产工人工资等)是否合理，分配比例是否正确；在结转物耗成本时，进项税额是否通比例结转)；(4)将征税其间的销售收入记入免税其间；(5)将免税其间的进项税记入征税期间；(6)残疾人资料不真实或不符合规定，获得增值税即征即退税收优惠；(7)产品生产工艺(流程)、配方比例和产品用途等不真实或不符合规定，获得增值税免征、减征、先征后退和即征即退的税收优惠		
…			
	基本风险点检查参考程序		
	程序描述	附表索引	备注
1	(1)查核发票开具的内容判断是否属库存商品核算的范围，有无将固定资产作为原材料入账；(2)实地查看有无新增固定资产，与“固定资产”账户借方发生额进行核对，是否存在新增固定资产化整为零，作为备品条件购进和入账，有无将在改建、扩建过程中耗用的生产性货物未做进项税额转出；(3)审核购入免税农产品的买价是否真实，有无将一些进货费用，如收购人员的差旅费、奖金、雇用人员的手续费以及运杂费等采购费用计入买价计算进项税额进行扣税；(4)结合“原材料”“库存商品”及其对应账户的账务处理，查看原始凭证所列示的内容，结合产地和其他企业购进价格，核实买价是否正确，有无擅自扩大收购凭证的使用范围或错用扣除税率的问题；(5)结合“待处理财产损溢”账户，核查材料采购过程中发生短缺与毁损时，是否按规定处理		
2	结合“原材料”“周转材料”“库存商品”等会计账户，看其贷方的对应账户是否是生产成本、制造费用和销售费用，核查“材料分配单”“领料单”，查看去向，审查有无非应税项目领料直接进入成本、费用的情况；有无用于集体福利、非正常损失或个人消费未按规定转出进项税额等		

续表

	程序描述	附表索引	备注
3	核查发生的大额运费，要调取销售合同以及销售价格、货款结算等方面资料进行核对，并询问销售、仓库管理等人员，确定真实的销售过程和结算情况，是否存在舍近求远、加大运输费用等问题。结合其他运输企业的运费、装卸费收取情况，审查运费、装卸费支出的原始凭证和运费、装卸费支出的价格确定方式，结合重要性进行协查，核实是否利用虚假业务增加费用		
4-1	虚开增值税专用发票的检查应从“票流”“货流”“资金流”3方面着手：(1)核实货物购销的真实性；审查纳税人经营项目、经营方式、生产经营规模、生产能力、盈利能力、货物流向等，分析是否存在虚开增值税专用发票的嫌疑；检查有关原始凭证，如购销合同、材料入库单、验收单、成品出库单、提货单、托运单等，核对企业的资金流向何票据流向。重点调取仓库保管员留存的发货联，看提货人与所开发票的受票人是否一致。(2)调查资金流向的真实性：掌握企业银行账号和涉案人员入法定代表人、厂长、出纳、主要业务人员和其他相关人员的个人银行存款账号或卡号，通过银行协查核实资金的实际流向情况。如果资金回流到受票企业，则该企业可能存在虚开发票的问题。(3)协查发票开具的真实性		
4-2	(1)确认受票企业与销货方是否有真实交易，购进的货物与取得的增值税专用发票上的内容是否一致。主要核查企业的购货合同、货物运输凭据、货物验收单和入库单以及领用(发出)记录，审核其与销货方是否有真实货物交易，以及其实际采购货物与增值税专用发票注明的销售方名称、货物数量、金额及税额等全部内容是否相符。(2)结合“应付账款”账户，一是检查开票单位与收款单位是否一致；二是要检查其发生额是否与其经营规模或销售情况相匹配；三是要结合销售开票情况，核实有无大宗货物来自非产地的情况		
5-1	(1)审查代码。审查海关完税凭证上代码是否按照进口关区、填制日期、缴税情况等规律填开。(2)审查印章。审查海关完税凭证上的海关印章有无使用防伪印油、有无荧光反射。(3)审查货物名称、数量及单位。结合《海关商品名称单位码表》，审查海关完税凭证上注明的货物名称是否符合标准名称、“数量”是否为阿拉伯数字标准表述、“单位”是否为标准国际计量单位、不同产品使用的计量单位是否基本与进口货物报关单上的书写形式一致		

续表

	程序描述	附表索引	备注
5-2	审查进口业务是否真实：一是审核进口货物合同，包括合同真实性的审查和合同所包含的货物真实性的审查。二是审核纳税人提供的代理进口人的税务登记。伪造海关完税凭证案件，多为代理进口，且代理人均为外省纳税人的居多。三是审查代理进口协议、合同及报关单。四是审查货款的支付情况。如：资金是否付往代理人的账户，是否通过银行付款来判断其业务的真实性		
6	(1)审查发票开票单位是否合法、内容填写是否规范；(2)查实运输发票是否由地税局认可的纳税人开具或地税局代开，填开的项目是否齐全，运费和其他杂费有无分别注明；(3)审查购销合同、存货科目等和原始货运单据。核实有关的购销业务与原始货运单据上注明的发货人、收货人、起运地、到达地、运输方式、货物名称、货物数量等项目是否一致；(4)运费价格是否合理		
7	(1)审查开具收购发票的货物：是否将收购的非初级农产品和其他不允许开具收购发票抵扣税款的货物开具收购发票抵扣了进项税额，是否超范围开具；(2)审查收购发票的开具对象：是否存在假借农业生产者的名义，将向非农业生产者收购初级农产品。核查的主要内容是：农产品的产地与收购地是否相符；有无不如实填开出售人姓名、住址或身份证号码；有无利用农业生产者的个人身份证多次填开收购发票；有无借用他人身份证或编造虚假身份证虚开收购凭证的现象。必要时，对有重点嫌疑的农产品收入业务，到出售人所在地进行调查，以确定收购业务是否真实		
8	主要审查适用扣除率是否正确，有无低税高扣。废旧物资销售发票检查方法与前述农产品销售普通发票的检查相似，可参照其具体的检查方法		
9	参照上述程序		
…			
	检查结论	检查说明	
评估测试风险点是否涉及本科目：是(　)否(　)；若是，是否进行检查：是(　)否(　)			
本表列示基本风险点是否全部进行了检查：是(　)否(　)			
除以上风险点外，是否检查出其他风险点：是(　)否(　)			

检查人员签字：　　　　　　　　　　　　　　　　　　日期：　　年　月　日

纳税遵从评价

被查单位：　　　　编制人：　　　　日期：　　　　索引号：D

检查期间：　　　　复核人：　　　　日期：　　　　页　次：

<table>
<tr><td colspan="4">根据××国税局的工作安排，我局审计型检查组依法于××年××月××日至××年××月××日对你单位××年××月××日至××年××月××日国税机关管辖的税种申报缴纳情况实施了审计型检查。按照审计型检查工作要求，对你单位纳税遵从情况评价如下：</td></tr>
<tr><td colspan="4">总体评价</td></tr>
<tr><td colspan="2">类型</td><td>标准</td><td>结果</td></tr>
<tr><td colspan="2">自律遵从</td><td>内部控制高效合理，财务核算水平高、自我约束强，能够自觉依法履行纳税义务，未发现较大涉税问题</td><td></td></tr>
<tr><td colspan="2">他律遵从</td><td>内部控制较好，能够自觉缴纳应缴税款，但由于财务人员对税法理解存在偏差、税收筹划不当等客观原因导致税收流失，且流失率未超过10%</td><td></td></tr>
<tr><td colspan="2">指导遵从</td><td>由于管理层在内控设计方面存在着重大缺陷等客观原因导致税收流失，且流失率未超过10%</td><td></td></tr>
<tr><td colspan="2">强制遵从</td><td>由于治理层(或管理层)主观故意(隐匿收入、虚列成本，骗取税收优惠等)导致重大税收流失，或税收流失率达10%以上</td><td></td></tr>
<tr><td colspan="4">具体评价</td></tr>
<tr><td>序号</td><td>类别</td><td colspan="2">描述</td></tr>
<tr><td rowspan="3">1</td><td>风险事项</td><td colspan="2"></td></tr>
<tr><td>相关法规</td><td colspan="2"></td></tr>
<tr><td>完善建议</td><td colspan="2"></td></tr>
<tr><td rowspan="3">2</td><td>风险事项</td><td colspan="2"></td></tr>
<tr><td>相关法规</td><td colspan="2"></td></tr>
<tr><td>完善建议</td><td colspan="2"></td></tr>
<tr><td rowspan="3">3</td><td>风险事项</td><td colspan="2"></td></tr>
<tr><td>相关法规</td><td colspan="2"></td></tr>
<tr><td>完善建议</td><td colspan="2"></td></tr>
<tr><td rowspan="3">…</td><td>风险事项</td><td colspan="2"></td></tr>
<tr><td>相关法规</td><td colspan="2"></td></tr>
<tr><td>完善建议</td><td colspan="2"></td></tr>
<tr><td colspan="3">领导审批意见

年　月　日</td><td>税务机关(盖章)

年　月　日</td></tr>
</table>

检查人员签字：　　　　　　　　　　　　日期：

二、稽查工作底稿的要素

通常，稽查工作底稿包括下列全部或部分要素：

1. 稽查工作底稿的标题；
2. 稽查过程记录；
3. 稽查结论；
4. 稽查标识及其说明；
5. 索引号及编号；
6. 编制者姓名及编制日期；
7. 复核者姓名及复核日期；
8. 其他应说明事项。

【本章小结】

本章介绍税务稽查工作底稿的定义、作用及样式举例。学习本章时，要明确稽查工作底稿的作用，对稽查工作底稿的样式有感性认识。

【关键术语】

稽查工作底稿　底稿格式

【思考题】

1. 稽查工作底稿有什么作用？
2. 稽查工作底稿有哪些样式？请举例说明。

第六章　销售与收款循环稽查

从本章起至第九章，我们将以企业纳税申报表稽查为例，介绍主要业务循环税务稽查的具体内容，以及对这些业务循环中重要的纳税申报表项目进行稽查测试。

纳税申报表税务稽查的组织方式大致分为两种：一是对纳税申报表的每个填写项目单独进行稽查，称为项目法(Item Approach)；二是将纳税申报表分成几个业务循环进行稽查，即把紧密联系的各类交易和账户余额归入同一循环中，按业务循环组织实施稽查，称为循环法(Cycle Approach)。一般而言，项目法与各个税种纳税申报表格式相吻合，具有操作方便的特点，但它将紧密联系的相关账户(如存货和营业成本)人为地予以分割，容易造成整个稽查工作脱节和重复，不利于稽查效率的提高；而循环法则更符合被稽查单位的业务流程和内部控制设计的实际情况，不仅可加深税务稽查人员对被查单位经济业务的理解，而且由于将特定业务循环所涉及的纳税申报表项目分配给一个或数个税务稽查人员，增强了税务稽查人员分工的合理性，有助于提高税务稽查工作的效率与效果。

控制测试是在了解被审计单位内部控制基础上进行的，与被审计单位的业务流程关系密切，因此，对控制测试通常应采用循环法实施。一般而言，在纳税申报表税务稽查中可将被稽查单位的所有交易和账户余额划分为多个业务循环。由于各被稽查单位的业务性质和规模不同，其业务循环的划分也有所不同。即使是同一被审计单位，不同注册会计师也可能有不同的循环划分方法。在本教材中，我们将交易和账户余额划分为销售与收款循环、采购与付款循环、生产与存货循环、人力资源与工薪循环、投资与筹资循环，并举例阐述各业务循环的稽查。

值得注意的是，本教材第六章至第九章所述各业务循环以经营活动及商业模式较为简单的一般制造业企业为背景。

对交易和账户余额的实质性程序，既可采用账户法实施，也可采用循环法实施。但由于控制测试通常按循环法实施，为有利于实质性程序与控制测试的衔接，提倡采用循环法。按照各纳税申报表项目与业务循环的相关程度，基本可以建立起各业务循环与其所涉及的主要纳税申报表项目(特殊行业的财务报表项目不涉及)之间的对应关系，如表 6-1 所示。

表 6-1　业务循环与主要纳税申报表项目对照表

业务循环	增值税(一般纳税人)纳税申报表项目	企业所得税纳税申报表项目
销售与收款循环	应税货物销售额、销项税额、货物及加工修理修配劳务、不动产和无形资产	营业收入(一般企业收入明细表、金融企业收入明细表、事业单位和民间非营利组织收入明细表)、纳税调整项目明细表
采购与付款循环	申报抵扣的进项税额、海关进口增值税专用缴款书	营业支出(一般企业成本支出明细表、金融企业支出明细表、事业单位和民间非营利组织支出明细表)、期间费用明细表、纳税调整项目明细表
生产与存货循环		营业成本、纳税调整项目明细表
人力资源与工薪循环	应付职工薪酬	营业成本、销售费用、管理费用、纳税调整项目明细表
投资与筹资循环	增值税视同销售相关项目、利息收入等	收入明细表、支出明细表、纳税调整项目明细表等

在纳税申报表稽查中将被稽查单位的所有交易和账户余额划分为多个业务循环，并不意味着各业务循环之间互不关联。事实上，各业务循环之间存在一定联系，如投资与筹资循环同采购与付款循环紧密联系，生产与存货循环则同其他所有业务循环均紧密联系。各业务循环之间的流转关系如图 6-1 所示。

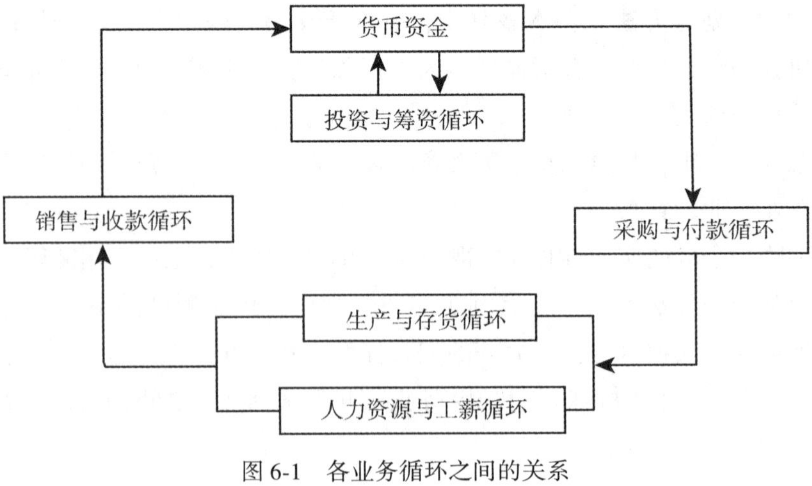

图 6-1　各业务循环之间的关系

第一节 销售与收款循环的特点

一、不同行业类型的收入来源

纳税人的收入主要来自出售商品、提供服务等，由于所处行业不同，企业具体的收入来源有所不同。表 6-2 列示了一些常见的行业的主要收入来源，供参考。

表 6-2 不同行业类型的主要收入来源

行业类型	收入来源
贸易业	作为零售商向普通大众(最终消费者)零售商品；作为批发商向零售商供应商品
一般制造业	通过采购原材料将其用于生产流程制造产品成卖给客户取得收入
专业服务业	律师、会计师、商业咨询师等主要通过提供专业服务取得服务费收入；医疗服务机构通过提供医疗服务取得收入，包括给住院病人提供病房和医护设备，为病人提供精细护理、手术和药品等取得收入
金融服务业	向客户提供金融服务取得手续费；向客户发放贷款取得利息收入；通过协助客户对其资金进行投资取得相关理财费用
建筑业	通过提供建筑服务完成建筑合同取得收入

从表 6-2 可见，一个企业所处的行业和经营性质决定了该企业的收入来源，以及为获取收入而相应产生的各项费用支出。税务稽查人员需要对被查单位的相关行业活动和经营性质有比较全面的了解，才能因地制宜地执行被查单位收入、支出的税务稽查工作。

二、主要凭证和会计记录

在内部控制制度比较健全的企业，处理销售与收款业务通常需要使用很多凭证和会计记录。典型的销售与收款循环所涉及的主要凭证和会计记录有以下几种：

(一)客户订购单

客户订购单即客户提出的书面购货要求。企业可以通过销售人员或其他途径，如采用电话、信函和向现有的及潜在的客户发送订购单等方式接受订货，取得客户订购单。

(二)销售单

销售单是列示客户所订商品的名称、规格、数量以及其他与客户订购单有关资料的表格，作为销售方内部处理客户订购单的依据。

(三)发运凭证

发运凭证即在发运货物时编制的，用以反映发出商品的规格、数量和其他有关内容的凭据。发运凭证的其中一联寄送给客户，其余联(一联或数联)由企业保留。这种凭证可用作向客户开票收款的依据。

(四)销售发票

销售发票是一种用来表明已销售商品的规格、数量、销售金额、运费和保险费的价格、开票日期、付款条件等内容的凭证。销售发票的其中一联寄送给客户，其余联由企业保留。销售发票也是在会计账簿中登记销售交易的基本凭证。

(五)商品价目表

商品价目表是列示已经授权批准的、可供销售的各种商品的价格清单。它是用来证明商品价格的证据。

(六)贷项通知单

贷项通知单是一种用来表示由于销售退回或经批准的折让而引起的应收销售款减少的凭证。这种凭证的格式通常与销售发票的格式相同，只不过它不是用来说明应收账款的增加，而是用来说明应收账款的减少。它跟增值税的红字专用发票有关系。

(七)应收账款账龄分析表

通常，应收账款账龄分析表按月编制，反映月末应收账款总额的账龄区间，并详细反映每个客户月末应收账款金额和账龄。它也是常见的计提应收账款坏账准备的重要依据之一。

(八)应收账款明细账

应收账款明细账是用来记录每个客户各项赊销、还款、销售退回及折让交易的明细账。

(九)主营业务收入明细账

主营业务收入明细账是一种用来记录销售交易的明细账。它通常记载和反映不同类别的销售总额。

(十)折扣与折让明细账

折扣与折让明细账是一种用来核算企业销售商品时，按销售合同规定为了及早收回货款而给予客户的销售折扣和因商品品种、质量等原因而给予客户的销售折让情况的明细账。当然，企业也可以不设置折扣与折让明细账，而将该类业务记录于主营业务收入明细账。

注意：1. 税法只承认折扣销售，并且强调在同一张专用发票上反映出来。否则不承认。2. 税法不承认销售折扣，即销售折扣不得从销售额中减除。3. 税法承认销售折让，可能通过红字专用发票进行处理。

（十一）汇款通知书

汇款通知书是一种与销售发票一起寄给客户，由客户在付款时再寄回销售单位的凭证。这种凭证注明客户的姓名、销售发票号码、销售单位开户银行账号以及金额等内容。

（十二）现金日记账和银行存款日记账

现金日记账和银行存款日记账是由出纳人员用来记录应收账款和收回或现销收入以及其他各种现金、银行存款收入和支出的日记账。

银行存款日记账的格式与现金日记账的格式相同。

（十三）坏账审批表

坏账审批表是一种用来批准将某些应收款项注销为坏账的，仅在企业内部使用的凭证。

（十四）客户对账单

客户对账单是一种定期寄送给客户的用于购销双方定期核对账目的凭证。客户月末对账单上应注明应收账款的月初余额、本月各项销售交易的金额、本月已收到的货款、各贷项通知单的数额以及月末余额等内容。

（十五）转账凭证

转账凭证是指记录转账业务的记账凭证，它是根据有关转账业务（即不涉及现金、银行存款收付的各项业务）的原始凭证编制的。

（十六）现金和银行凭证

现金和银行凭证是指用来记录现金和银行存款收入业务的记账凭证。

三、销售与收款循环中的主要业务活动

了解企业在销售与收款循环中的典型活动，对了解该业务循环的稽查非常必要。这里我们简单地考察一下销售与收款循环中的主要业务活动。

（一）接受客户订购单

客户提出订货要求是整个销售与收款循环的起点。从法律上讲，这是购买某种货物的一项申请。

客户的订单只有在符合管理当局的授权标准时，才能被接受。管理当局一般都列出了已批准销售的客户名单。销售单管理部门在决定是否同意接受某客户的订单时，应追查该客户是否被列入这张经批准销售的客户名单。如果该客户未被列入客户名单，则通常需要由销售单管理部门的主管来决定批准销售与否。

很多企业在批准了客户订单之后，下一步就应编制一式多联的销售单。销售单是证明

管理当局有关销售交易的“发生”认定的凭证之一，也是此笔销售的交易轨迹的起点。

(二)批准赊销信用

对于赊销业务，赊销批准是由信用管理部门根据管理当局的赊销政策，以及对每个客户的已授权的信用额度来进行的。信用管理部门的职员在收到销售单管理部门的销售单后，即将销售单与该客户已被授权的赊销信用额度至今尚欠的赊款余额加以比较。执行人工赊销信用检查时，还应合理划分工作职责，以切实避免销售人员为扩大销售而使企业承受不适当的信用风险。

企业应对每个新客户进行信用调查，包括获取信用评审机构对客户信用等级的评定报告。无论批准赊销与否，都要求被授权的信用管理部门人员在销售单上签署意见，然后再将已签署意见的销售单送回销售单管理部门。

设计信用批准控制的目的是为了降低坏账风险，因此，这些控制与应收账款净额的“计价和分摊”认定有关。

(三)按销售单供货

企业管理当局通常要求商品仓库只有在收到经过批准的销售单时才能供货。设立这项控制程序的目的是为了防止仓库在未经授权的情况下擅自发货。因此，已批准销售单的其中一联通常应送达仓库，作为仓库按销售单供货和发货给装运部门的授权依据。

(四)按销售单装运货物

将按经批准的销售单供货与按销售单装运货物职责相分离，有助于避免装运职员在未经授权的情况下装运产品。此外，装运部门职员在装运之前，还必须进行独立验证，以确定从仓库提取的商品都附有经批准的销售单，并且，所提取商品的内容与销售单一致。

装运凭证是指一式多联的、连续编号的提货单，可由电脑或人工编制。按序归档的装运凭证通常由装运部门保管。装运凭证提供了商品确实已装运的证据，因此，它是证实销售交易“存在或发生”认定的另一种形式的凭据。而定期检查以确定在编制的每张装运凭证后均已附有相应的销售发票，则有助于保证销售交易“完整性”认定的正确性。

(五)向客户开具发票

开具发票是指开具并向客户寄送事先连续编号的销售发票。与这项功能所针对的主要问题是：(1)是否对所有装运的货物都开具了发票(“完整性”)；(2)是否只对实际装运的货物开具发票，有无重复开具发票或虚开发票(“发生”)；(3)是否按已授权批准的商品价目表所列价格计价开具发票(“准确性”)。

为了降低开具发票过程中出现遗漏、重复、错误计价或其他差错的风险，应设立以下的控制程序：

1. 负责开具发票的员工在开具每张发票之前，检查是否存在装运凭证和相应的经批准的销售单；

2. 依据已授权批准的商品价目表编制销售发票；

3. 独立检查销售发票计价和计算的正确性；

4. 将装运凭证上的商品总数与相对应的销售发票上的商品总数进行比较。

上述的控制程序有助于确保用于记录销售交易的销售发票的正确性。因此，这些控制与销售交易的“发生”“完整性”以及“准确性”认定有关。销售发票副联通常由开具账单部门保管。

信息系统也可以协助实现上述内部控制，在单证核对一致的情况下生成连续编号的销售发票，并对例外事项进行汇总，以供企业相关人员进行进一步的处理。

(六)记录销售

在手工会计系统中，记录销售的过程包括区分赊销、现销，按销售发票编制转账记账凭证或现金、银行存款收款凭证，再据以登记销售明细账和应收账款明细账或现金、银行存款日记账。

记录销售的控制程序包括以下内容：

1. 只依据附有有效装运凭证和销售单的销售发票记录销售。这些装运凭证和销售单应能证明销售交易的发生及其发生的日期。

2. 控制所有事先连续编号的销售发票。

3. 独立检查已处理销售发票上的销售金额同会计记录金额的一致性。

4. 记录销售的职责与前面说明的处理销售交易的其他功能相分离。

5. 对记录过程中所涉及的有关记录的接触予以限制，以减少未经授权批准的记录的发生。

6. 定期独立检查应收账款的明细账与总账的一致性。

7. 定期向客户寄送对账单，并要求客户将任何例外情况直接向指定的未涉及执行或记录销售交易循环的会计主管报告。

(七)办理和记录现金、银行存款收入

这项功能涉及的是有关货款收回，现金、银行存款的记录以及应收账款减少的活动。在办理和记录现金、银行存款收入时，最关心的是货币资金失窃的可能性。货币资金失窃可能发生在货币资金收入登记入账之前或入账之后。处理货币资金收入时最重要的是保证全部货币资金都必须如数、及时地记入现金、银行存款日记账或应收账款明细账，并如数、及时地将现金存入银行。在这方面，汇款通知单起着重要的作用。

(八)办理和记录销售退回、销售折扣与折让

客户如果对商品不满意，销售企业一般会同意接受退货，或给予一定的销售折让；客户如果提前支付货款，销售企业则可能会给予一定的销售折扣。发生此类事项时，必须经授权批准，并应确保与办理此事有关的部门和职员各司其职，分别控制实物流和会计处理。在这方面，严格使用贷项通知单无疑会起到关键的作用。

（九）提取坏账准备

坏账准备提取的数额必须能够抵补企业以后无法收回的本期销售款。

（十）注销坏账

不管赊销部门的工作如何主动，客户因宣告破产、死亡等原因而不支付货款的事仍时有发生。销售企业若认为某项货款再也无法收回，就必须注销这笔货款。对这些坏账，正确的处理方法应该是获取货款无法收回的确凿证据，经适当审批后及时作会计调整。

第二节　控制测试和交易的实质性测试

一、概述

在展开本节内容的讨论之前，我们先给出了"销售交易的控制目标、内部控制和测试一览表"。

下表分四栏，将与销售交易有关的内部控制目标、关键内部控制以及稽查人员常用的相应的控制测试和交易实质性程序分类列示。下面介绍各栏目的内容及各栏目之间的关系。

第一栏"内部控制目标"，列示了企业建立销售交易内部控制的目标，也就是稽查人员实施相应内部控制测试和交易实质性测试所要达到的稽查目标。这些目标是由"风险评估"章节所建立的基本结构而来的，各种业务的基本目标是相同的，但其基本目标则有所不同；另外，某些控制固然可以实现几个目标，但分别考虑每一个目标，更有助于增加对销售与收款循环稽查全过程的了解。

第二栏"关键内部控制"，列示了与上述各项内部控制目标相对应的一项或数项主要的内部控制。设计销售交易内部控制，应达到"风险评估"章节所述的控制目标。无论其他目标的控制如何有效，只要为实现某一项目标所必需的控制不健全，则与该目标有关的错误出现的可能性就随之增大，并且很可能影响企业整个内部控制的有效性。

第三栏"常用的内部控制测试"，列示了稽查人员针对上述关键内部控制所实施的测试程序。控制测试与内部控制之间有直接联系，稽查人员对每项关键控制至少要执行一项控制测试以核实其效果，因为控制测试如果不用来测试某一具体的内部控制就毫无意义。通常，根据内部控制的性质确定控制测试的性质大多比较容易。例如，内部控制如果是批准赊销后在客户订购单上签字，则控制测试就是检查客户订购单上有无恰当的签字。

第四栏"常用的交易实质性程序"，列示了稽查人员常用的交易实质性测试程序。实质性程序与第一栏所列的控制目标有着直接的联系，它是证明第一栏中具体稽查目标的证据，其目的在于确定交易业务中与该控制目标有关的金额是否有错误。实质性程序虽然与关键控制及控制测试没有必然的关系，但实施实质性程序的性质、时间和范围，在一定程度上取决于关键控制是否存在和控制测试的结果。在确定交易实质性程序时，有些程序不管环境如何，是每一项稽查所共同采用的，而有些则应视内部控制的健全程度和控制测试的结果而定。当然，稽查重要性、以前期间的稽查结果等因素，对实质性程序的确定也有影响。

表 6-3 的列示方法，目的在于帮助稽查人员根据具体情况设计能够实现稽查目标的稽查方案。但它既未包含销售交易所有的内部控制、控制测试和实质性程序，也并不意味着稽查实务中必须按此顺序与方法一成不变。一方面，被稽查单位所处行业不同、规模不一、内部控制制度的健全程度和执行结果不同，以前期间接受稽查的情况也各不相同；另一方面，受稽查时间、稽查费用的限制，稽查人员除了确保稽查质量、稽查效果外，还必须提高稽查效率，尽可能地消除重复的测试程序，保证检查某一凭证时能够一次完成对该凭证的全部稽查测试程序，并按最有效的顺序实施稽查测试。因此，在稽查实务工作中，稽查人员应根据下表所列示的内容，从实际出发，将其转换为更实用、高效的稽查计划。也正是由于被稽查单位的上述特性，决定了下面将要讨论的销售交易的控制测试和交易的实质性程序都只是定性而非定量的，在具体稽查时，稽查人员应当结合被稽查单位情况，运用职业判断和稽查抽样技术来合理确定稽查测试的样本量。

表 6-3　销售交易的控制目标、内部控制和测试一览表

内部控制目标	关键内部控制	常用的内部控制测试	常用的交易实质性程序
所有销售交易均已登记入账(完整性)	发运凭证(或提货单)均经事先编号并已经登记入账； 销售发票均经事先编号，并已登记入账	检查发运凭证连续编号的完整性； 检查销售发票连续编号的完整性	将发运凭证与相关的销售发票和主营业务收入明细账及应收账款明细账中的分录进行核对
销售交易的分类恰当(分类)	采用适当的会计科目表； 内部复核和核查	检查会计科目表是否适当； 检查有关凭证上内部复核和查核的标记	检查证明销售交易分类正确的原始证据
销售交易的记录及时(截止)	采用尽量能在销售发生时开具收款账单和登记入账的控制方法 内部核查	检查尚未开具收款账单的发货和尚未登记入账的销售交易 检查有关凭证上内部核查标记	将销售交易登记入账的日期与发运凭证的日期比较核对
销售交易已经正确地记入明细账，并经正确汇总(准确性、计价和分摊)	每期定期给客户寄送对账单； 由独立人员对应收账款明细账作内部核查； 将应收账款明细账余额合计数与其总账余额进行比较	观察对账单是否已经寄出； 检查内部核查标记； 检查将应收账款明细账余额合计数与其总账余额进行比较的标记	将主营业务收入明细账加总，追查其至总账的过账

二、销售交易的内部控制和控制测试

稽查人员通常利用在了解被稽查单位控制中所获取的资料来评价内部控制风险。下面结合表 6-3 讨论一下销售交易有关的关键内部控制和相应的控制测试。

（一）适当的职责分离

适当的职责分离有助于防止各种有意的或无意的错误。例如，主营业务收入账如果系由记录应收账款之外的职员独立登记，并由另一位不负责账簿记录的职员定期调节总账和明细账，就构成了一项自动交互牵制；规定负责主营业务收入和应收账款记账的职员不得经手货币资金，也是防止舞弊的一项重要控制。另外，销售人员通常有一种乐观地对待销售数量的自然倾向，而不问它是否将以巨额坏账损失为代价，赊销的审批在一定程度上可以抑制这种倾向。因此，赊销批准职能与销售职能的分离，也是一种理想的控制。

财政部于 2002 年 12 月 23 日发布的财会〔2002〕21 号《内部会计控制规范——销售与收款（试行）》中规定，单位应当将办理销售、发货、收款三项业务的部门（或岗位）分别设立；单位在销售合同订立前，应当指定专门人员就销售价格、信用政策、发货及收款方式等具体事项与客户进行谈判。谈判人员至少应有两人以上，并与订立合同的人员相分离；编制销售发票通知单的人员与开具销售发票的人员应相互分离；销售人员应当避免接触销售现款；单位应收票据的取得和贴现必须经由保管票据以外的主管人员的书面批准。这些都是对单位提出的、有关销售与收款业务相关职责适当分离的基本要求，以确保办理销售与收款业务的不相容岗位相互分离、制约和监督。

稽查人员通常通过观察有关人员的活动，以及与这些人员进行讨论，来实施职责分离的控制测试。

（二）正确的授权审批

对于授权审批问题，稽查人员应当关注以下三个关键点上的审批程序：其一，在销售发生之前，赊销已经正确审批；其二，非经正当审批，不得发出货物；其三，销售价格、销售条件、运费、折扣等必须经过审批；其四，审批人应当根据销售与收款授权批准制度的规定，在授权范围内进行审批，不得超越审批权限。对于超过单位既定销售政策和信用政策规定范围的特殊销售交易，单位应当进行集体决策。前两项控制的目的在于防止企业财产因向虚构的或者无力支付货款的客户发货而蒙受损失；价格审批控制的目的在于保证销售交易按照企业定价政策规定的价格开票收款；对授权审批范围设定权限的目的则在于防止因审批人决策失误而造成严重损失。

通过检查凭证在上述四个关键点上是否经过审批，可以很容易地测试出授权审批方面的内部控制的效果。

（三）充分的凭证和记录

每个企业交易的产生、处理和记录等制度都有其特点，因此，也许很难评价其各项控制是否足以发挥最大的作用。然而，只有具备充分的记录手续，才有可能实现其他各项控制目标。例如，有的企业在收到客户订购单后，就立即编制一份预先编号的一式多联的销售单，分别用于批准赊销、审批发货、记录发货数量以及向客户开具账单等。在这种制度下，只要定期清点销售发票，漏开账单的情形几乎就不太会发生。相反的情况是，有的企业只在发货以后才开具账单，如果没有其他控制措施，这种制度下漏开账单的情况就很可能会发生。

(四)凭证的预先编号

对凭证预先进行编号，旨在防止销售以后忘记向客户开具账单或登记入账，也可防止重复开具账单或重复记账。当然，如果对凭证的编号不作清点，预先编号就会失去其控制意义。由收款员对每笔销售开具账单后，将发运凭证按顺序归档，而由另一位职员定期检查全部凭证的编号，并调查凭证缺号的原因，就是实施这项控制的一种方法。

对这种控制常用的一种控制测试程序是清点各种凭证。比如从主营业务收入明细账中选出销售发票的存根，看其编号是否连续，有无不正常的缺号发票和重号发票。这种测试程序可同时提供有关真实性和完整性目标的证据。

(五)按月寄出对账单

由不负责现金出纳和销售及应收账款记账的人员按月向客户寄发对账单，能促使客户在发现应付账款余额不正确后及时做出说明，因而这是一项有用的控制。为了使这项控制更加有效，最好将账户余额中出现的所有核对不符的账项，指定一位不掌管货币资金、也不记载主营业务收入和应收账款账目的主管人员处理。

稽查人员观察指定人员寄送对账单和检查客户复函档案，对于测试被稽查单位是否按月向客户寄出对账单，是十分有效的控制测试。

(六)内部核查程序

由内部稽查人员或其他独立人员核查销售交易的处理和记录，是实现内部控制目标所不可缺少的一项控制措施。稽查人员可以采用检查内部稽查人员的报告，或其他独立人员在他们核查的凭证上的签字等方法实施控制测试。

表 6-4　内部核查程序

内部控制目标	内部核查程序举例
登记入账的销售交易是真实的	检查销售发票的连续性并检查所附的佐证凭证
销售交易均经过适当审批	了解客户的信用情况，确定是否符合企业的赊销政策
所有销售交易均已登记入账	检查发运凭证的连续性，并将其与主营业务收入明细账核对
登记入账的销售交易均经过正确计价	将销售发票上的数量与发运凭证上的记录进行比较核对

续表

内部控制目标	内部核查程序举例
登记入账的销售交易的分类恰当	将登记入账的销售交易的原始凭证与会计科目表比较核对
销售交易的记录及时	检查开票员所保管的未开票发运凭证，确定是否包括所有应开票的发运凭证在内
销售交易已经正确地记入明细账并经过正确汇总	从发运凭证追查至主营业务收入明细账和总账

财政部发布的《内部会计控制规范——销售与收款(试行)》中，不仅明确了单位应当建立对销售与收款内部控制的监督检查制度，单位监督检查机构或人员应通过实施控制测试和实质性程序检查销售与收款业务内部控制制度是否健全，各项规定是否得到有效执行，而且明确了销售与收款业务内部控制监督检查的主要内容，包括：

1. 销售与收款业务相关岗位及人员的设置情况。重点检查是否存在销售与收款业务不相容职务混岗的现象。

2. 销售与收款业务授权批准制度的执行情况。重点检查授权批准手续是否健全，是否存在越权审批行为。

3. 销售的管理情况。重点检查信用政策、销售政策的执行是否符合规定。

4. 收款的管理情况。重点检查单位销售收入是否及时入账，应收账款的催收是否有效，坏账核销和应收票据的管理是否符合规定。

5. 销售退回的管理情况。重点检查销售退回手续是否齐全，退回货物是否及时入库。

在确定了被稽查单位的内部控制中可能存在的薄弱环节，并且对其控制风险做出评价后，稽查人员应当判断继续实施控制测试的成本是否会低于因此而减少对交易、账户余额的实质性程序所需的成本。如果被稽查单位的相关内部控制不存在，或被稽查单位的相关内部控制未得到有效执行，则稽查人员不应再继续实施控制测试，而应直接实施实质性程序。

这说明，作为进一步稽查程序的类型之一，控制测试并非在任何情况下都需要实施。但当存在下列情形之一时，稽查人员应当实施控制测试：(1)在评估认定层次重大错报风险时，预期控制的运行是有效的；(2)仅实施实质性程序不足以提供认定层次充分、适当的稽查证据。

三、针对销售交易的实质性程序

我们按照上表中所列的顺序详细介绍常用的交易实质性程序，这些实质性程序在稽查中常常被疏忽，而事实上它们恰恰需要稽查人员给予重视并根据它们做出稽查决策。

(一)已发生的销售交易均已登记入账

销售交易的税务稽查一般偏重于检查低估收入的问题，因此，需对完整性目标进行交易实质性测试。

从发货部门的档案中选取部分发运凭证，并追查至有关的销售发票副本和主营业务收入明细账，是测试未开票的发货的一种有效程序。为使这一程序成为一项有意义的测试，稽查人员必须能够确信全部发运凭证均已归档，这一点可以通过检查凭证的编号顺序来查明。

测试完整性目标时，起点是发运凭证，即从发运凭证中选取样本，追查至销售发票存根和主营业务收入明细账，以测试是否存在遗漏事项。

在测试其他目标时，方向一般无关紧要。例如，测试交易业务计价的准确性时，可以由销售发票追查发运凭证，也可以反向追查。

(二)登记入账的销售交易均经正确计价

销售交易计价的准确性包括：按订货数量发货，按发货数量准确地开具账单以及将账单上的数额准确地记入会计账簿。对这三个方面，每次稽查中一般都要作实质性测试，以确保其准确无误。

典型的实质性测试包括复算会计记录中的数据。通常的做法是，以主营业务收入明细账中的会计分录为起点，将所选择的交易业务的合计数与应收账款明细账和销售发票存根进行比较核对。销售发票存根上所列的单价，通常还要与经过批准的商品价目表进行比较核对，其金额小计和合计数也要进行复算。发票中列出的商品的规格、数量和客户代号等，则应与发运凭证进行比较核对。另外，往往还要审核客户订购单和销售单中国的同类数据。

将计价准确性目标中的控制测试和实质性测试作一比较，便可作为例证来说明有效的内部控制如何节约了稽查时间。很明显，计价目标的控制测试几乎不花多少时间，因为只需审核一下签字或者其他内部核查的证据即可。内部控制如果有效，实质性测试的样本量便可以减少，稽查成本也因控制测试的成本较低而将大为降低。

(三)登记入账的销售交易分类恰当

如果销售分为现销和赊销两种，应注意不要在现销时借记应收账款，也不要在收回应收账款时贷记主营业务收入，同样不要将营业资产的销售(例如固定资产销售)混作正常销售。对那些采用不止一种销售分类的企业，例如需要编制分部报表的企业来说，正确的分类是极为重要的。

销售分类恰当的测试一般可与计价测试一并进行。稽查人员可以通过审核原始凭证确定具体交易业务的类别是否恰当，并以此与账簿的实际记录作比较。

(四)销售交易的记录及时

发货后应尽快开具账单并登记入账，以防止无意漏记销售交易，确保它们记入正确的会计期间。在执行计价实质性测试程序的同时，一般要将所选取的提货单或其他发运凭证的日期与相应的销售发票存根、主营业务收入明细账和应收账款明细账上的日期作比较。如有重要差异，就可能存在销售截止期限上的错误。

（五）销售交易已正确地记入明细账并正确地汇总

应收账款明细账的记录若不正确，将影响被稽查单位收回应收账款的能力，因此，将全部赊销业务正确地记入应收账款明细账极为重要。同理，为保证会计报表准确，主营业务收入明细账必须正确地加总并过入总账。在多数稽查中，通常都要加总主营业务收入明细账数，并将加总数和一些具体内容分别追查至主营业务收入总账和应收账款明细账或现金、银行存款日记账，以检查在销售过程中是否存在有意或无意的错报问题。不过这一测试的样本量要受内部控制的影响。从主营业务收入明细账追查至应收账款明细账，一般与为实现其他稽查目标所作的测试一并进行；而将主营业务收入明细账加总，并追查、核对加总数至其总账，则应作为单独的一项测试程序来执行。

第三节　营业收入稽查

一、营业收入的稽查目标

营业收入项目核算企业在销售商品、提供劳务等主营业务活动中所产生的收入，以及企业确认的除主营业务活动以外的其他经营活动实现的收入，包括出租固定资产、出租无形资产、出租包装物和商品、销售材料、用材料进行非货币性交换（非货币性资产交换具有商业实质且公允价值能够可靠计量）或债务重组等实现的收入。其稽查目标一般包括：确定营业收入记录是否完整；确定与营业收入有关的金额及其他数据是否已恰当记录，包括对销售退回、销售折扣与折让的处理是否恰当；确定营业收入是否已记录于正确的会计期间；确定营业收入的内容是否正确；确定营业收入的披露是否恰当。

二、营业收入的实质性程序

（一）主营业务收入的实质性程序

主营业务收入的实质性程序一般包括以下内容：

1. 取得或编制主营业务收入明细表，复核加计正确，并与总账数和明细账合计数核对相符；同时，结合其他业务收入科目数额，与报表数核对相符。

2. 查明主营业务收入的确认原则、方法，注意是否符合企业会计准则和会计制度规定的收入实现条件，前后期是否一致。特别关注周期性、偶然性的收入是否符合既定的收入确认原则和方法。按照《企业会计准则第 14 号——收入》的要求，企业商品销售收入，应在下列条件均能满足时予以确认：（1）企业已将商品所有权上的主要风险和报酬转移给购货方；（2）企业既没有保留通常与所有权相联系的继续管理权，也没有对已售出的商品实施有效控制；（3）收入的金额能够可靠地计量；（4）相关的经济利益很可能流入企业；（5）相关的已发生或将发生的成本能够可靠地计量。因此，对主营业务收入的实质性程序，主要应测试企业是否依据上述五个条件确认产品销售收入。具体来说，有如下几点：

（1）采用交款提货销售方式，应于货款已收到或取得收取货款的权利，同时已将发票账单和提货单交给购货单位时确认收入的实现。对此，稽查人员应着重检查被稽查单位是否收到货款或取得收取货款的权利，发票账单和提货单是否已交付购货单位。应注意有无扣压结算凭证，将当期收入转入下期入账，或者虚记收入、开假发票、虚列购货单位，将当期未实现的收入虚转为收入记账，在下期予以冲销的现象。

（2）采用预收账款销售方式，应于商品已发出时，确认收入的实现。对此，稽查人员应着重检查被稽查单位是否收到了货款，商品是否已经发出。应注意是否存在对已收货款并已将商品发出的交易不入账、转为下期收入，或开具虚假出库凭证、虚增收入等现象。

（3）采用托收承付结算方式，应于商品已发出，劳务已经提供，并已将发票账单提交银行、办妥收款手续时确认收入的实现。对此，稽查人员应着重检查被稽查单位是否发货，托收手续是否办妥，货物发运凭证是否真实，托收承付结算回单是否正确。

（4）委托其他单位代销商品的，如果代销单位采用视同买断方式，应于代销商品已经销售并收到代销单位代销清单时，按企业与代销单位确定的协议价确认收入的实现。对此，应注意查明有无商品未销售、编制虚假代销清单、虚增本期收入的现象；如果代销单位采用收取手续费方式，应在代销单位将商品销售、企业已收到代销单位代销清单时确认收入的实现。

（5）销售合同或协议明确销售价款的收取采用递延方式，实质上具有融资性质的，应当按照应收的合同或协议价款的公允价值确定销售商品收入金额。应收的合同或协议价款与其公允价值之间的差额，应当在合同或协议期间内采用实际利率法进行摊销，计入当期损益。

（6）长期工程合同收入，如果合同的结果能够可靠估计，应当根据完工百分比法确认合同收入。稽查人员应重点检查收入的计算、确认方法是否合乎规定，并核对应计收入与实际收入是否一致，注意查明有无随意确认收入、虚增或虚减本期收入的情况。

（7）委托外贸企业代理出口、实行代理制方式的，应在收到外贸企业代办的发运凭证和银行交款凭证时确认收入。对此，稽查人员应重点检查代办发运凭证和银行交款单是否真实，注意有无内外勾结，出具虚假发运凭证或虚假银行交款凭证的情况。

（8）对外转让土地使用权和销售商品房的，通常应在土地使用权和商品房已经移交并将发票结算账单提交对方时确认收入。对此，稽查人员应重点检查已办理的移交手续是否符合规定要求，发票账单是否已交对方。注意查明被稽查单位有无编造虚假移交手续，采用“分层套写”、开具虚假发票的行为，防止其高价出售、低价入账，从中贪污货款。如果企业事先与买方签订了不可撤销合同，按合同要求开发房地产，则应按建造合同的处理原则处理。

3. 选择运用以下实质性分析程序：

（1）将本期与上期的主营业务收入进行比较，分析产品销售的结构和价格的变动是否正常，并分析异常变动的原因；

（2）比较本期各月各种主营业务收入的波动情况，分析其变动趋势是否正常，是否符合被稽查单位季节性、周期性的经营规律，并查明异常现象和重大波动的原因；

（3）计算本期重要产品的毛利率，分析比较本期与上期同类产品毛利率变化情况，注意收入与成本是否配比，并查清重大波动和异常情况的原因；

(4)计算对重要客户的销售额及产品毛利率，分析比较本期与上期有无异常变化；

(5)将上述分析结果与同行业企业本期相关资料进行对比分析，检查是否存在异常。

4. 根据增值税发票申报表或普通发票，估算全年收入，与实际入账收入金额核对，并检查是否存在虚开发票或已销售但未开发票的情况。

5. 获取产品价格目录，抽查售价是否符合定价政策，并注意销售给关联方或关系密切的重要客户的产品价格是否合理，有无低价或高价结算以转移收入和利润的现象。

6. 抽取本期一定数量的销售发票，检查开票、记账、发货日期是否相符，品名、数量、单价、金额等是否与发运凭证、销售合同或协议、记账凭证等一致。

7. 抽取本期一定数量的记账凭证，检查入账日期、品名、数量、单价、金额等是否与销售发票、发运凭证、销售合同或协议等一致。

8. 实施销售的截止测试。对主营业务收入实施截止测试，其目的主要在于确定被稽查单位主营业务收入的会计记录归属期是否正确；应记入本期或下期的主营业务收入是否被推延至下期或提前至本期。

我国《企业会计准则——基本准则》规定："企业对于已经发生的交易或者事项，应当及时进行会计确认、计量和报告，不得提前或者延后"，并规定"收入只有在经济利益很可能流入从而导致企业资产增加或者负债减少、且经济利益的流入能够可靠计量时才能予以确认"。据此，稽查人员在稽查中应该注意把握三个与主营业务收入确认有着密切关系的日期：一是发票开具日期或者收款日期；二是记账日期；三是发货日期(服务业则是提供劳务的日期)。这里的发票开具日期是指开具增值税专用发票或普通发票的日期；记账日期是指被稽查单位确认主营业务收入实现并将该笔经济业务记入主营业务收入账户的日期；发货日期是指仓库开具出库单并发出库存商品的日期。检查三者是否归属于同一适当会计期间是主营业务收入截止测试的关键所在。

围绕上述三个重要日期：

一是以账簿记录为起点。从资产负债表日前后若干天的账簿记录查至记账凭证，检查发票存根与发运凭证，目的是证实已入账收入是否在同一期间已开具发票并发货，有无多记收入。这种方法的优点是比较直观，容易追查至相关凭证记录，以确定其是否应在本期确认收入，特别是在连续稽查两个以上会计期间时，检查跨期收入十分便捷，可以提高稽查效率。缺点是缺乏全面性和连贯性，只能查多记，无法查漏记，尤其是当本期漏记收入延至下期，而稽查时被稽查单位尚未及时登账时，不易发现应记入而未记入报告期收入的情况。因此，使用这种方法主要是为了防止多计收入。

二是以销售发票为起点。从资产负债表日前后若干天的发票存根查至发运凭证与账簿记录，确定已开具发票的货物是否已发货并于同一会计期间确认收入。具体做法是抽取若干张在资产负债表日前后开具的销售发票的存根，追查至发运凭证和账簿记录，查明有无漏记收入现象。这种方法也有其优缺点，优点是较全面、连贯，容易发现漏记的收入；缺点是较费时费力，有时难以查找相应的发货及账簿记录，而且不易发现多记的收入。使用该方法时应注意两点：①相应的发运凭证是否齐全，特别应注意有无报告期内已作收入而下期初用红字冲回，并且无发货、收货记录，以此来调节前后期利润的情况；②被稽查单位的发票存根是否已全部提供，有无隐瞒。为此，应查看被稽查单位的发票领购簿，尤其应关注普通发票的领购和使用情况。因此，使用这种方法主要是为了防止少计收入。

三是以发运凭证为起点。从资产负债表日前后若干天的发运凭证查至发票开具情况与账簿记录，确定主营业务收入是否已记入恰当的会计期间。该方法的优缺点与方法二类似，具体操作中还应考虑被稽查单位的会计政策才能做出恰如其分的处理。因此，使用这种方法主要也是为了防止少计收入。

上述三条稽查路线在实务中均被广泛采用，它们并不是孤立的，稽查人员可以考虑在同一被稽查单位财务报表稽查中并用这三条路线，甚至可以在同一主营业务收入科目稽查中并用。实际上，由于被稽查单位的具体情况各异，管理层意图各不相同，有的为了想办法完成利润目标、承包指标，更多地享受税收等优惠政策，便于筹资等目的，可能会多计收入；有的则为了以丰补歉、留有余地、推迟缴税时间等目的而少计收入。因此，为提高稽查效率，稽查人员应当凭借专业经验和所掌握的信息、资料做出正确判断，选择其中的一条或两条稽查路线实施更有效的收入截止测试。

9. 结合对资产负债表日应收账款的函证程序，检查有无未经客户认可的巨额销售。

10. 检查销售折扣、销售退回与折让业务是否真实，内容是否完整，相关手续是否符合规定，折扣与折让的计算和会计处理是否正确。

企业在销售交易中，往往会因产品品种不符、质量不符合要求以及结算方面的原因发生销售折扣、销售退回与折让。尽管引起销售折扣、退回与折让的原因不尽相同，其表现形式也不尽一致，但都是对收入的抵减，直接影响收入的确认和计量。因此，稽查人员应重视折扣与折让的稽查。

折扣与折让的实质性程序主要包括：

(1) 获取或编制折扣与折让明细表，复核加计正确，并与明细账合计数核对相符。

(2) 取得被稽查单位有关折扣与折让的具体规定和其他文件资料，并抽查较大的折扣与折让发生额的授权批准情况，与实际执行情况进行核对，检查其是否经授权批准，是否合法、真实。

(3) 检查销售退回的产品是否已验收入库并登记入账，有无形成账外物资情况；销售折让与折扣是否及时足额提交对方，有无虚设中介、转移收入、私设账外“小金库”等情况。

(4) 检查折扣与折让的会计处理是否正确。

11. 检查外币收入折算汇率是否正确。

12. 检查有无特殊的销售行为，如附有销售退回条件的商品销售、委托代销、售后回购、以旧换新、商品需要安装和检验的销售、分期收款销售、出口销售、售后租后等，确定恰当的稽查程序进行审核：

(1) 附有销售退回条件的商品销售，对退货部分能作合理估计的，确定其是否按估计不会退货部分确认收入；对退货部分不能作合理估计的，确定其是否在退货期满时确认收入。

(2) 售后回购，分析特定销售回购的实质，判断其是属于真正的销售交易，还是属于融资行为。

(3) 以旧换新销售，确定销售的商品是否按照商品销售的方式确认收入，回收的商品是否作为购进商品处理。

(4)出口销售，确定其是否按离岸价格、到岸价格或成本加运费价格等不同的成交方式，确认收入的时点和金额。

(5)售后租回，若售后租回形成一项融资租赁，检查是否对售价与资产账面价值之间的差额予以递延，并按该项租赁资产的折旧进度进行分摊，作为折旧费用的调整；若售后租回形成一项经营租赁，检查是否也对售价与资产账面价值之间的差额予以递延，并在租赁期内按照与确认租金费用相一致的方法进行分摊，作为租金费用的调整。但对有确凿证据表明售后租回交易是按照公允价值达成的，检查对售价与资产账面价值之间的差额是否已经计入当期损益。

13. 调查集团内部销售的情况，记录其交易价格、数量和金额，并追查在编制合并财务报表时是否已予以抵消。

14. 调查向关联方销售的情况，记录其交易品种、数量、价格、金额以及占主营业务收入总额的比例。

15. 确定主营业务收入的列报是否恰当。

(二)其他业务收入的实质性程序

其他业务收入的实质性程序一般包括以下内容：

1. 获取或编制其他业务收入明细表：

(1)复核加计正确，并与总账数和明细账合计数核对相符；

(2)注意其他业务收入是否有相应的成本；

(3)检查是否存在技术转让等免税收益，如有，应调减应纳税所得额。

2. 计算本期其他业务收入与其他业务成本的比率，并与上期该比率比较，检查是否有重大波动，如有，应查明原因。

3. 检查其他业务收入内容是否真实、合法，收入确认原则及会计处理是否符合规定，择要抽查原始凭证予以核实。

4. 对异常项目，应追查入账依据及有关法律文件是否充分。

5. 抽查资产负债表日前后一定数量的记账凭证，实施截止测试，追踪到发票、收据等，确定入账时间是否正确，对于重大跨期事项作必要的调整建议。

6. 确定其他业务收入的列报是否恰当。

第四节　应收账款和坏账准备稽查

应收账款指企业因销售商品、提供劳务而形成的债权，即由于企业销售商品、提供劳务等原因，应向购货客户或接受劳务的客户收取的款项或代垫的运杂费，是企业在信用活动中所形成的各种债权性资产。

企业的应收账款是在销售交易或提供劳务过程中产生的。企业的销售如果属于赊销，即销售实现时没有立即收取现款，而是获得了要求客户在一定条件下和一定时间内支付货款的权利，就产生了应收账款。因此，应收账款的稽查应结合销售交易来进行。

坏账是指企业无法收回或收回的可能性极小的应收款项(包括应收票据、应收账款、预付款项、其他应收款和长期应收款等)。由于发生坏账而产生的损失称为坏账损失。

企业通常应采用备抵法按期估计坏账损失，形成坏账准备。与直接转销法相比，备抵法将预计不能收回的应收账款作为坏账损失及时计入费用，能够避免企业虚增利润；在财务报表上列示应收账款的净额，有助于财务报表使用者了解企业真实的财务状况；并且，使得应收账款实际占用资金更接近于实际，消除了虚列的应收款项，比较准确地反映了企业资金周转情况。

在市场经济的社会信用制度尚未完善时期，企业间交易形成款项部分或全部无法收回的情形司空见惯。因此，企业应当定期或者至少于每年年度终了，对应收款项进行全面检查，预计各项应收款项可能发生的坏账，对于没有把握能够收回的应收款项，应当计提坏账准备。正因为如此，坏账准备通常是稽查的重点领域，并且，由于坏账准备与应收账款的联系非常紧密，我们把对坏账准备的稽查与对应收账款的稽查合为一节予以阐述。

一、应收账款的稽查目标

应收账款的稽查目标一般包括：确定应收账款是否存在；确定应收账款是否归被稽查单位所有；确定应收账款及其坏账准备的记录是否完整；确定应收账款是否可收回，坏账准备的计提方法和比例是否恰当，计提是否充分；确定应收账款及其坏账准备期末余额是否正确；确定应收账款及其坏账准备的列报是否恰当。

二、应收账款的实质性程序

(一)取得或编制应收账款明细表

1. 复核加计正确，并与总账数和明细账合计数核对相符；结合坏账准备科目与报表数核对相符。应当注意，应收账款报表数反映企业因销售商品、提供劳务等应向购买单位收取的各种款项，减去已计提的相应的坏账准备后的净额。因此，其报表数应同应收账款总账数和明细账数分别减去与应收账款相应的坏账准备总账数和明细账数后的余额核对相符。

2. 检查应收账款账龄分析是否正确。稽查人员可以通过编制或索取应收账款账龄分析表来分析应收账款的账龄，以便了解应收账款的可收回性。应收账款账龄分析表参考格式如下表所示。

表 6-5　应收账款账龄分析表

年　　月　　日　　　　　货币单位：

客户名称	期末余额	账龄			
		1 年以内	1~2 年	2~3 年	3 年以上
合计					

应收账款的账龄，是指资产负债表中的应收账款从销售实现、产生应收账款之日起，至资产负债表日止所经历的时间。编制应收账款账龄分析表时，可以考虑选择重要的客户及其余额所示，而将不重要的或余额较小的汇总所示。应收账款账龄分析表的合计数减去已计提的相应坏账准备后的净额，应该等于资产负债表中的应收账款项目余额。

3. 检查非记账本位币应收账款的折算汇率及折算是否正确。对于用非记账本位币(通常为外币)结算的应收账款，稽查人员应检查被稽查单位外币应收账款的增减变动是否采用交易发生日的即期汇率将外币金额折算为记账本位币金额，或者采用按照系统合理的方法确定的、与交易发生日即期汇率近似的汇率折算，选择采用汇率的方法前后各期是否一致；期末外币应收账款余额是否采用期末即期汇率折合为记账本位币金额；折算差额的会计处理是否正确。

4. 分析有贷方余额的项目，查明原因，必要时，建议做重分类调整。

5. 结合预收款项等往来项目的明细余额，查明有无同挂的项目或与销售无关的其他款项，如有，应做出记录，必要时提出调整建议。

(二)对应收账款实施实质性分析程序

1. 复核应收账款借方累计发生额与主营业务收入是否配比，如存在不匹配的情况应查明原因；

2. 在明细表上标注重要客户，并编制对重要客户的应收账款增减变动表，与上期比较分析是否发生变动，必要时，收集客户资料分析其变动合理性；

3. 计算应收账款周转率，应收账款周转天数等指标，并与被稽查单位上年指标、同行业同期相关指标对比分析，检查是否存在重大异常。

(三)向债务人函证应收账款

函证是指稽查人员为了获得影响财务报表或相关披露认定的项目的信息，通过直接来自第三方对有关信息和现存状况的声明，获取和评价稽查证据的过程。函证应收账款的目的在于证实应收账款账户余额的真实性、正确性，防止或发现被稽查单位及其有关人员在销售交易中发生的错误或舞弊行为。通过函证应收账款，可以比较有效地证明被询证者(即债务人)的存在和被稽查单位记录的可靠性。

稽查人员应当考虑被稽查单位的经营环境、内部控制的有效性、应收账款账户的性质、被询证者处理询证函的习惯做法及回函的可能性等，以确定应收账款函证的范围、对象、方式和时间。

【本章小结】

本章介绍销售与收款循环及其稽查实务。首先应了解该循环所涉及的证据、业务活动及其内部控制，然后应了解针对涉税项目的相关认定所应采取的常用内部控制测试和常用的交易实质性程序，尤其要掌握营业收入稽查的常见实质性程序。通过本章学习，附带了解应收账款、坏账准备的稽查，为企业所得税的某些项目稽查打下基础。

【关键术语】

销售业务循环　常见内控　常见交易实质性程序

【思考题】

1. 企业在销售业务循环的诸内部控制目标(“存在”或“发生”“完整性”“计价和分摊”“分类”“截止”等)中，针对税收会具有哪种倾向？

2. 针对企业在销售业务中的倾向性，税务稽查应采取哪些应对措施？

第七章　采购与付款循环稽查

第一节　采购与付款循环的特点

本节包括三部分内容：一是不同行业类型的采购和费用支出；二是本循环涉及的主要凭证与会计记录；三是涉及的主要业务活动。

一、不同行业类型的采购和费用支出

企业的采购与付款循环包括购买商品和劳务，以及企业在经营活动中为获取收入而发生的直接或间接的支出。采购业务是企业生产经营活动的起点，企业的支出从性质、数量和发生频率上看是多种多样的。本章主要关注与购买货物和劳务、应付账款的支付有关的控制活动以及重大交易。

不同的企业性质决定企业除了有一些共性的费用支出外，还会发生一些不同类型的支出。表 7-1 列示了不同企业通常会发生的一些支出情况。

表 7-1　不同行业类型的采购和费用

行业类型	典型的采购和费用支出
贸易业	产品的选择和购买、产品的存储和运输、广告促销费用、售后服务费用
一般制造业	生产过程所需的原材料、易耗品、配件的购买与存储支出，市场经营费用，把产成品运达顾客或零售商处发生的运输费用，管理费用
专业服务业	律师、会计师、财务顾问的费用支出包括印刷、通信、差旅费、书籍资料和研究设施的费用
金融服务业	给付储户的存款利息，支付其他银行的资金拆借利息、手续费，现金存放、现金运送和网络银行设施的安全维护费用，客户关系维护费用
建筑业	建材支出，建筑设备和器材的租金或购置费用，支付给分包商的费用；保险支出和安保成本；建筑保证金和许可审批方面的支出；交通费、通信费等。当在外地施工时还会发生建筑工人的食宿费用

二、主要凭证与会计记录

采购与付款业务通常要经过请购—订货—验收—付款这样的程序，同销售与收款业务

一样，在内部控制比较健全的企业，处理采购与付款业务通常也需要使用很多凭证和会计记录。典型的采购与付款循环所涉及的主要凭证和会计记录有以下几种：

(一)采购计划

企业以销售和生产计划为基础，考虑供需关系及市场计划变化等因素，制订采购计划，并经适当的管理层审批后执行。

(二)供应商清单

企业通过文件审核及实地考察等方式对合作的供应商进行认证，将通过认证的供应商信息进行手工或系统维护，并及时进行更新。

(三)请购单

请购单是由商品制造、资产使用等部门的有关人员填写，送交采购部门，申请购买商品、劳务或其他资产的书面凭证。

(四)订购单

订购单是由采购部门填写，向另一企业购买订购单上所指定商品、劳务或其他资产的书面凭证。

(五)验收单

验收单是收到商品、资产时所编制的凭证，列示从供应商处收到的商品、资产的种类和数量等内容。

(六)卖方发票

卖方发票是供应商开具的，交给买方以载明发运的货物或提供的劳务、应付款金额和付款条件等事项的凭证。

(七)付款凭单

付款凭单是采购方企业的应付凭单部门编制的，载明已收到商品、资产或接受劳务的厂商、应付款金额和付款日期的凭证。付款凭单是企业内部记录和支付负债的授权证明文件。

(八)转账凭证

转账凭证是指记录转账业务的记账凭证，它是根据有关转账业务(即不涉及现金、银行存款收付的各项业务)的原始凭证编制的。

(九)付款凭证

付款凭证包括现金付款凭证和银行存款付款凭证，是指用来记录现金和银行存款支出业务的记账凭证。

(十)应付账款明细账

应付账款明细账是指用来记录采购方赊购产生的债务。

(十一)现金日记账和银行存款日记账

银行存款日记账的格式与现金日记账的格式相同。

(十二)供应商对账单

实务中，对采购及应付账款的定期对账通常由供应商发起。供应商对账单是由供应商编制的，用于核对与采购企业往来款项的凭据，通常标明期初余额、本期购买、本期支付给供应商的款项和期末余额等信息。供应商对账单是供应商对有关业务的陈述，如果不考虑买卖双方在收发货物上可能存在的时间差等因素，其期末余额通常应与采购方相应的应付账款期末余额一致。

三、涉及的主要业务活动

在一个企业，如可能的话，应将各项职能活动指派给不同的部门或职员来完成。这样，每个部门或职员都可以独立检查一遍其他部门和职员工作的正确性。下面以采购商品为例，分别阐述采购与付款循环中的主要经济活动及其适当的控制程序和相关的认定。

(一)制订采购计划

基于企业的生产经营计划，生产、仓库等部门定期编制采购计划，给部门负责人等适当的管理人员审批后提交采购部门，具体安排商品及服务采购。

(二)供应商认证及信息维护

企业通常对于合作的供应商事先进行资质等审核，将通过审核的供应商信息录入系统，形成完整的供应商清单，并及时对其信息变更进行更新。采购部门只能向通过审核的供应商进行采购。

(三)请购商品和劳务

生产部门根据采购计划、对需要购买的已列入存货清单的项目填写请购单，其他部门也可以对所需要购买的未列入存货的项目编制请购单。大多数企业对正常经营所需的物资的购买均作一般授权，比如，生产部门在现有库存达到再订购点时就可直接提出采购申请，其他部门也可为正常的维修工作和类似工作直接申请采购有关物品。请购单可由手工或计算机编制。由于企业内不少部门都可以填列请购单，可以分别部门设置请购单的连续编号，每张请购单必须经过对这类支出负预算责任的主管人员签字批准。

请购单是证明有关采购交易的“发生”认定的凭据之一，也是采购交易轨迹的起点。

(四)编制订购单

采购部门在收到请购单后，只能对经过批准的请购单发出订购单。对每张订购单，采购部门应确定最佳的供应来源。对一些大额、重要的采购项目，应采取竞价方式来确定供应商，以保证供货的质量、及时性和成本的低廉。

订购单应正确填写所需要的商品品名、数量、价格、厂商名称和地址等，预先予以编号并经过被授权的采购人员签名。其正联送交供应商，副联则送交企业内部的验收部门、应付凭单部门和编制请购单的部门。随后，应独立检查订购单的处理，以确定是否确实收到商品并正确入账。这项检查与采购交易的“完整性”认定有关。

(五)验收商品

有效的订购单代表企业已授权验收部门接受供应商发运来的商品。验收部门首先应比较所收商品与订购单上的要求是否相符，如商品的品名、说明、数量、到货时间等，然后再盘点商品并检查商品有无损坏。

验收后，验收部门应对已收货的每张订购单编制一式多联、预先编号的验收单，作为验收和检验商品的依据。验收人员将商品送交仓库或其他请购部门时，应取得经过签字的收据，或要求其在验收单的副联上签收，以确立他们对所采购的资产应负的保管责任。验收人员还应将其中的一联验收单送交应付凭单部门。

验收单是支持资产或费用以及与采购有关的负债的“存在或发生”认定的重要凭证。定期独立检查验收单的顺序以确定每笔采购交易都已编制凭单，则与采购交易的“完整性”认定有关。

(六)储存已验收的商品存货

将已验收商品的保管与采购的其他职责相分离，可减少未经授权的采购和盗用商品的风险。存放商品的仓储区应相对独立，限制无关人员接近。这些控制与商品的“存在”认定有关。

(七)编制付款凭单

记录采购交易之前，应付凭单部门应编制付款凭单。这项功能的控制包括：

1. 确定供应商发票的内容与相关的验收单、订购单的一致性。

2. 确定供应商发票计算的正确性。

3. 编制有预先编号的付款凭单，并附上支持性凭证(如订购单、验收单和供应商发票等)。这些支持性凭证的种类，因交易对象的不同而不同。

4. 独立检查付款凭单计算的正确性。

5. 在付款凭单上填入应借记的资产或费用账户名称。

6. 由被授权人员在凭单上签字，以示批准照此凭单要求付款。所有未付凭单的副联应保存在未付凭单档案中，以待日后付款。经适当批准和有预先编号的凭单为记录采购交易提供了依据，因此，这些控制与“存在”“发生”“完整性”“权利和义务”和“计价和分摊”

等认定有关。

(八)确认与记录负债

正确地确认已验收货物和已接受的劳务的债务要求准确、迅速地记录负债。该记录对企业会计报表反映和企业实际现金支出有重大影响。因此，必须特别注意，按正确的数额记载企业确实发生了的采购和接受劳务事项。

应付账款部门一般有责任核查购置的财产，并在应付凭单登记簿或应付账款明细账中加以记录。在收到供应商发票时，应付账款部门应将发票上所记载的品名、规格、价格、数量、条件及运费与订货单上的有关资料核对，如有可能，还应与验收单上的资料进行比较。

应付账款部门的一项重要控制是要求记录现金支出的人员不得经手现金、有价证券和其他资产。恰当的凭证、记录与恰当的记账手续，对业绩的独立考核和应付账款职能而言是必不可少的控制。

在手工系统下，应将已批准的未付款凭单送达会计部门，据以编制有关记账凭证和登记有关账簿。会计主管应监督为采购交易而编制的记账凭证中账户分类的适当性；通过定期核对编制记账凭证的日期与凭单副联的日期，以监督入账的及时性。而独立检查会计人员则应核对所记录的凭单总数与应付凭单部门送来的每日凭单汇总表是否一致，并定期独立检查应付账款总账余额与应付凭单部门未付款凭单档案中的总金额是否一致。

(九)办理付款

通常是由应付凭单部门负责确定未付凭单在到期日付款。企业有多种款项结算方式，以支票结算方式为例，编制和签署支票的有关控制包括：

1. 独立检查已签发支票的总额与所处理的那批付款凭单的总额的一致性；
2. 应由被授权的财务部门的人员负责签署支票；
3. 被授权签署支票的人员应确定每张支票都附有一张已经适当批准的未付款凭单，还应确定支票受款人姓名和金额与凭单内容的一致性；
4. 支票一经签署就应在其凭单和支持性凭证上用加盖印戳或打洞等方式将其注销，以免重复付款；
5. 支票签署人不应签发无记名甚至空白的支票；
6. 支票应预先连续编号，保证支出支票存根的完整性和作废支票处理的恰当性；
7. 应确保只有被授权的人员才能接近未经使用的空白支票。

(十)记录现金、银行存款支出

仍以支票结算方式为例，在手工系统下，会计部门应根据已签发的支票编制付款记账凭证，并据以登记银行存款日记账及其他相关账簿。记录现金、银行存款支出的有关控制包括：

1. 会计主管应独立检查记入银行存款日记账和应付账款明细账的金额的一致性，以及与支票汇总金额的一致性；

2. 通过定期比较银行存款日记账记录的日期与支票副本的日期，独立检查入账的及时性；

3. 独立编制银行余额调节表。

第二节　控制测试和交易的实质性程序

一、概述

下面给出了“采购交易的控制目标、内部控制和测试一览表”（见表 7-2）。

表 7-2　采购交易的控制目标、内部控制和测试一览表

内部控制目标	关键内部控制	常用的内部控制测试	常用的交易实质性程序
所记录的采购都已收到物品或已接受劳务，并符合采购方的最大利益（存在）	请购单、订货单、验收单和卖方发票一应俱全，并附在付款凭单后； 采购按正确的级别批准； 注销凭证以防止重复使用； 对卖方发票、验收单、订货单和请购单作内部核查	查验付款凭单后是否附有单据； 检查核准采购标记； 检查注销凭证的标记； 检查内部核查的标记	复核采购明细账、总账及应付账款明细账，注意是否有大额或不正常的金额； 检查卖方发票、验收单、订货单和请购单的合理性和真实性； 追查存货的采购至存货永续盘存记录； 检查取得的固定资产
所记录的采购交易计价正确（准确性、计价和分摊）	计算和金额的内部核查； 采购价格和折扣的批准	检查内部核查的标记； 审核批准采购价格和折扣的标记	将采购明细账中记录的业务同卖方发票、验收单和其他证明文件比较； 复算包括折扣和运费在内的卖方发票缮写（抄写）的准确性
采购交易的分类正确（分类）	采用适当的会计科目表； 分类的内部核查	检查工作手册和会计科目表； 检查有关凭证上内部核查的标记	参照卖方发票，比较会计科目表上的分类
采购交易按正确的日期记录（截止）	要求已收到商品或接受劳务就记录采购交易； 内部核查	检查工作手册并观察有无未记录的卖方发票存在； 检查内部核查的标记	将验收单和卖方发票上的日期与采购明细账上的日期进行比较

续表

内部控制目标	关键内部控制	常用的内部控制测试	常用的交易实质性程序
采购交易被正确记入应付账款和存货等明细账中，并被正确汇总（准确性、计价和分摊）	应付账款明细账内容的内部核查	检查内部核查的标记	通过加计采购明细账，追查过入采购总账和应付账款、存货明细账的数额是否正确，用以测试过账和汇总的正确性

第一栏“内部控制目标”，列示了企业建立采购交易内部控制的目标，也就是稽查人员实施相应内部控制测试和交易实质性程序所要达到的稽查目标。

第二栏“关键内部控制”，列示了与上述各项内部控制目标相对应的一项或数项主要的内部控制。所设计的采购交易内部控制，应能达到“风险评估”章节所述的控制目标。

第三栏“常用的内部控制测试”，列示了稽查人员针对上述关键内部控制所实施的测试程序。控制测试与内部控制之间有直接联系，对每项关键控制稽查人员至少要执行一项控制测试以核实其效果。

第四栏“常用的交易实质性程序”，列示了稽查人员常用的交易实质性程序。交易实质性程序与第一栏所列的控制目标有直接关系，是证明第一栏中具体稽查目标的证据，目的在于确定交易中与该控制目标有关的金额是否有错误。交易实质性程序虽然与关键的控制及控制测试没有直接的关系，但交易实质性程序实施的范围，在一定程度上取决于关键控制是否存在和控制测试的结果。

同样必须强调指出的是，下表列示方法，目的只在于为稽查人员根据具体稽查情况和稽查条件设计能够实现稽查目标的稽查方案提供参考，在稽查实务工作中，稽查人员应根据下表所列示内容的精神实质，充分考虑被稽查单位的具体情况和稽查质量、稽查成本效益原则，将其转换为更实用、高效的稽查方案。

也正是由于被稽查单位的复杂多样，使得本节有关采购交易的控制测试和交易的实质性程序等内容，都只是从定性而非定量的角度进行阐述。在具体稽查时，稽查人员应当结合被稽查单位情况，运用职业判断和稽查抽样技术来合理确定稽查测试的样本量。

二、采购交易的内部控制、控制测试和交易的实质性程序

我们以每项内部控制为单位，比较详细地讨论了销售交易相关的内部控制和控制测试。鉴于采购交易与销售交易无论在控制目标、关键内部控制方面还是在控制测试与交易实质性程序方面，就原理而言大同小异，并且上面的表格也容易理解，因此，以下仅就采购交易在上述方面的特殊处予以说明。

（一）所记录的采购都确已收到或接受劳务——“存在或发生”

如果稽查人员对被稽查单位在这个目标上的控制的恰当性感到满意，为查找不正确的、不真实存在的交易而执行的测试程序就可大为减少。恰当的控制可以防止那些主要使企业管理层和职员们而非企业本身受益的交易，作为企业的营业支出或资产记入账中。在

有些情况下，不正确的交易是显而易见的。例如，职员未经批准就购置个人用品，或通过在付款凭单登记簿上虚记一笔采购而侵吞公款。但在另外一些情况下，交易的正确与否却很难评判，如支付企业管理人员在俱乐部的个人会费、支付管理人员及其家属的度假费用等。如果发觉企业对这些不正当的、站不住脚的交易的控制不充分，稽查人员在稽查中就须对与这些交易有关的单据进行广泛的检查。

(二)所记录的采购交易估价正确——“计价”

由于许多资产、负债和费用项目的计价有赖于交易在采购明细账上的正确记录，因此，这些报表项目实质性程序的范围，在很大程度上就取决于稽查人员对被稽查单位采购交易内部控制执行效果的评价。如果稽查人员认为其采购交易内部控制执行良好，则稽查人员对这些报表项目基价准确性的实质性程序数量，显然要比采购交易内部控制不健全或形同虚设的企业要少得多。

当被稽查单位对存货采用永续盘存制核算时，如果稽查人员确信其永续盘存记录是准确、及时的，存货项目的实质性程序就可予以简化。被稽查单位对永续盘存手续中的购入环节的内部控制，一般应作为稽查中对购入业务进行控制测试的对象之一，在稽查中起着关键作用。如果这些控制能有效地运行，并且永续盘存记录中又能反映存货的数量和单位成本，则还可以因此减少存货监盘和存货单位成本测试的工作量。

第三节 应付账款稽查

应付账款是企业在正常经营过程中，因购买材料、商品和接受劳务供应等经营活动而应付给供应单位的款项。可见，应付账款是随着企业赊购交易的发生而发生的，稽查人员应结合赊购交易进行应付账款的稽查。

一、应付账款的稽查目标

应付账款的稽查目标一般包括：确定期末应付账款是否存在；确定期末应付账款是否为被稽查单位应履行的偿还义务；确定应付账款的发生及偿还记录是否完整；确定应付账款期末余额是否正确；确定应付账款的披露是否恰当。

二、应付账款的实质性程序

1. 获取或编制应付账款明细表，复核加计正确，并与报表数、总账数和明细账合计数核对相符。

2. 根据被稽查单位实际情况，选择以下方法对应付账款执行实质性分析程序：

(1)将期末应付账款余额与期初余额进行比较，分析波动原因。

(2)分析长期挂账的应付账款，要求被稽查单位做出解释，判断被稽查单位是否缺乏偿债能力或利用应付账款隐瞒利润；并注意其是否可能无须支付，对确实无须支付的应付款的会计处理是否正确，依据是否充分。

(3)计算应付账款与存货的比率，应付账款与流动负债的比率，并与以前年度相关比率对比分析，评价应付账款整体的合理性。

(4)分析存货和营业成本等项目的增减变动，判断应付账款增减变动的合理性。

3. 检查应付账款是否存在借方余额，如有，应查明原因，必要时建议作重分类调整。

4. 函证应付账款。一般情况下，并不必须函证应付账款，这是因为函证不能保证查出未记录的应付账款，况且稽查人员能够取得采购发票等外部凭证来证实应付账款的余额。但如果控制风险较高，某应付账款明细账户金额较大或被稽查单位处于财务困难阶段，则应进行应付账款的函证。

进行函证时，稽查人员应选择较大金额的债权人，以及那些在资产负债表日金额不大、甚至为零，但为企业重要供货人，作为函证对象。函证最好采用积极函证方式，并具体说明应付金额。同应付账款的函证一样，稽查人员必须对函证的过程进行控制，要求债权人直接回函，并根据回函情况编制与分析函证结果汇总表，对未回函的，应考虑是否再次函证。

如果存在未回函的重大项目，稽查人员应采用替代稽查程序。比如，可以检查决算日后应付账款明细账及库存现金和银行存款日记账，核实其是否已支付，同时检查该笔债务的相关凭证资料，核实交易事项的真实性。

5. 检查是否存在未入账的应付账款。为了防止企业低估负债，稽查人员应检查被稽查单位有无故意漏记应付账款行为。

例如，结合存货监盘，检查被稽查单位在资产负债表日是否存在有材料入库凭证但未收到采购发票的经济业务；检查资产负债表日后收到的采购发票，关注采购发票的日期，确认其入账时间是否正确；检查资产负债表日后应付账款明细账贷方发生额的相应凭证、确认其入账时间是否正确；检查资产负债表日后若干天的付款事项，询问被稽查单位内部或外部的知情人员，确定有无未及时入账的应付账款，检查相关记录或文件。检查时，稽查人员还可以通过询问被稽查单位的会计和采购人员，查阅资本预算、工作通知单和基建合同等来进行。

如果稽查人员通过这些发现某些未入账的应付账款，应将有关情况详细记入稽查工作底稿，然后根据其重要性确定是否需建议被稽查单位进行相应的调整。

6. 检查带有现金折扣的应付账款是否按发票上记载的全部应付金额入账，在实际获得现金折扣时再冲减财务费用。

7. 被稽查单位与债权人进行债务重组的，检查不同债务重组方式下的会计处理是否正确。

8. 结合其他应付款、预付款项等项目的稽查，检查有无同时挂账的项目，或有无属于其他应付款的款项，如有，应做出记录，必要时，建议被稽查单位作重分类调整或会计误差调整。

9. 以非记账本位币结算的应付账款，检查其采用的折算汇率及折算是否正确。

10. 标明应付关联方[包括持有5%以上(含5%)表决权股份的股东]的款项，执行关联方及其交易稽查程序，并注明合并报表时应予抵销的金额。

11. 确定应付账款的披露是否恰当。一般来说，“应付账款”项目应根据“应付账款”和“预付账款”科目所属明细科目的期末贷方余额的合计数填列。

如果被稽查单位为上市公司，则通常在其财务报表附注中应说明有无欠持有5%以上（含5%）表决权股份的股东单位账款；说明账龄超过3年的大额应付账款未偿还的原因，并在期后事项中反映资产负债表日后是否偿还。

第四节　除折旧/摊销、人工费用以外的一般费用的稽查

折旧/摊销和人工费用一般分别在固定资产循环和人力资源和工薪酬循环中涵盖，此处提及的是除这些以外的一般费用。

一、一般费用的稽查目标

一般费用的稽查目标一般包括：确定利润表中记录的一般费用是否确认发生（发生认定）；确定一般费用是否以恰当的金额包括在财务报表中（准确性认定）；确定费用是否已计入恰当的会计期间（截至认定）。

二、一般费用的实质性程序

1. 获取一般费用明细表，复核其加计数是否正确，并与总账数和明细账合计数核对正确。

2. 实质性分析程序：

（1）考虑可获取信息的来源、可比性、性质和相关性以及与信息编制相关的控制，评价在对记录的金额或比率作出预期时使用数据的可靠性。

（2）将费用细化到适当层次，根据关键因素和相互关系（例如本期预算、费用类别与销售数量、职工人数的变化之间的关系等）设定预期值，评价预期值是否足够精确以识别重大错误。

（3）确定以记录金额与预期值之间可接受的、无需作进一步调查的可接受的差异额。

（4）将已记录金额与期望值进行比较，识别需要进一步调查的差异。

（5）调查差异，询问管理层，针对管理层的答复获取适当的稽查证据；根据具体情况在必要时实施其他稽查程序。

3. 从资产负债表日后的银行对账单或付款凭证中选取项目进行测试，检查支持性文件（如合同或发票），关注发票日期和支付日期，追踪已选取项目至相关费用明细表，检查费用所计入的会计期间，评价费用是否被记录于正确的会计期间。

4. 对本期发生的费用选取样本，检查其支持性文件，确定原始凭证是否齐全，记账凭证与原始凭证是否相符以及账务处理是否正确。

5. 抽取资产负债表日前后的凭证，实施截止测试，评价费用是否被记录于正确的会计期间。

6. 检查一般费用是否已按照企业会计准则及其他相关规定在财务报表中作出恰当的列报和披露。

【本章小结】

本章介绍采购与付款循环及其稽查实务。首先应了解该循环所涉及的证据、业务活动及其内部控制，然后应了解针对涉税项目的相关认定所应采取的常用内部控制测试和常用的交易实质性程序，尤其要掌握材料采购稽查的常见实质性程序。通过本章学习，附带了解固定资产、工程物资、在建工程等科目的稽查，为企业所得税的某些项目稽查打下基础。

【关键术语】

采购业务循环　常见内控　常见交易实质性程序

【思考题】

1. 企业在采购业务循环的诸内部控制目标(“存在”或“发生”“完整性”“计价和分摊”“分类”“截止”等)中，针对税收会具有哪种倾向？

2. 针对企业在采购业务中的倾向性，税务稽查应采取哪些应对措施？

第八章　生产与存货循环稽查

生产与存货循环同其他业务循环的联系非常密切，因而十分独特。原材料经过采购与付款循环进入生产与存货循环，生产与存货循环又随销售与收款循环中产成品商品的销售环节而结束。生产与存货循环涉及的内容主要是存货的管理及生产成本的计算等。该循环所涉及的资产负债表项目主要是存货、应付职工薪酬等；所涉及的利润表项目主要是营业成本等项目。其中，存货又包括：材料采购或在途物资、原材料、材料成本差异、库存商品、发出商品、商品进销差价、委托加工物资、委托代销商品、受托代销商品、周转材料、生产成本、制造费用、劳务成本、存货跌价准备、委托代销商品款等。该循环对企业的所得税有至关重要的影响。

第一节　生产与存货循环的特点

生产与存货循环的特性主要包括三部分的内容：一是不同行业类型的存货性质；二是本循环涉及的主要凭证和会计记录；三是本循环涉及的主要业务活动。

一、不同行业类型的存货性质

存货的性质由于被稽查单位业务的不同而有很大的差别，表 8-1 列示不同行业类型的经营主体的存货性质。

表 8-1　不同行业类型的存货性质

行业类型	存货性质
一般制造业	采购的原材料、低值易耗品和配件等、生产的半成品和产成品
贸易业	从厂商、批发商或其他零售商处采购的商品
餐饮业	用于加工食品的食材、饮料等
建筑业	建筑材料、在建项目成本(一般包括建造活动发生的直接材料、直接人工成本和间接费用，以及支付给分包商的建造成本等)

存货是企业的重要资产，存货的采购、使用和销售和企业的经营活动紧密相关，对企业的财务状况和经营成果具有重大而广泛的影响。注册会计师应当确认在财务报表中列示的存货金额是否正确(“存在”“完整性”“计价和分摊”认定)，是否被审计单位所有(“权利和义务”认定)，期末计价是否准确(“准确性、计价和分摊”认定)，存货的购入和发出交

易是否计入正确的会计期间(“截止”认定)。

原材料的采购入库在采购与付款循环中涉及，产成品的出库销售在销售与收款循环中涉及，本章侧重于原材料入库之后至产成品发出之间的业务活动。

二、涉及的主要凭证与会计记录

以制造业为例，生产与存货循环由原材料转化为产成品的有关活动组成。该循环包括制造产品品种和数量的生产计划，控制、保持存货水平以及与制造过程有关的交易和事项。该循环交易从领料生产到加工、销售产成品时结束。该循环所涉及的凭证和记录主要包括：

(一)生产指令

生产指令又称“生产任务通知单”，是企业下达制造产品等生产任务的书面文件，用以通知生产车间组织产品制造，供应部门组织材料发放，会计部门组织成本计算。广义的生产指令也包括用于指导产品加工的工艺规程，如机械加工企业的“路线图”等。

(二)领发料凭证

领发料凭证是企业为控制材料发出所采用的各种凭证，如材料发出汇总表、领料单、限额领料单、领料登记簿、退料单等。

(三)产量和工时记录

产量和工时记录是登记工人或生产班组在出勤内完成产品数量、质量和生产这些产品所耗费工时数量的原始记录。产量和工时记录的内容和格式是多种多样的，在不同的生产企业中，甚至在同一企业的不同生产车间中，由于生产类型不同而采用不同格式的产量和工时记录。常见的产量和工时记录主要有工作通知单、工序进程单、工作班产量报告、产量通知单、产量明细表、废品通知单等。

(四)工薪汇总表及人工费用分配表

工薪汇总表是为了反映企业全部工薪的结算情况，并据以进行工薪结算分类核算和汇总整个企业工薪费用而编制的，它是企业进行工薪费用分配的依据。人工费用分配表反映了各生产车间各产品应负担的生产工人工薪及福利费。

(五)材料费用分配表

材料费用分配表是用来汇总反映各生产车间各产品所耗费的材料费用的原始记录。

(六)制造费用分配汇总表

制造费用分配汇总表是用来汇总反映各生产车间各产品所应负担的制造费用的原始记录。

（七）成本计算单

成本计算单是用来归集某一成本计算对象所应承担的生产费用，计算该成本计算对象的总成本和单位成本的记录。

（八）产成品入库单和出库单

产成品入库单是产品生产完成并经检验后从生产部门转入仓库的凭证。产成品出库单是根据经批准的销售单发出产成品的凭证。

（九）存货明细账

存货明细账是用来反映各种存货增减变动情况和期末库存数量及相关成本信息的会计记录。

（十）存货盘点指令、盘点表及盘点标签

一般制造型企业通常会定期对存货实物进行盘点，将实物盘点数量与账面数量进行核对。对差异进行分析调查，必要时作账务调整，以确保账实相符。在实施存货盘点之前，管理人员通常编制存货盘点指令，对存货盘点的时间、人员、流程及后续处理等方面作出安排。在盘点过程中，通常会使用盘点表记录盘点结果，使用盘点标签对已盘点存货及数量作出标识。

（十一）存货货龄分析表

很多制造型企业通过编制存货货龄分析表，识别流动较慢或滞销的存货，并根据市场情况和经营预测，确定是否需要计提存货跌价准备。这对于管理具有保质期的存货（如食物、药品、化妆品等）尤其重要。

三、涉及的主要业务活动

同样以制造业为例，生产与存货循环所涉及的主要业务活动包括：计划和安排生产；发出原材料；生产产品；核算生产成本；核算在产品；储存产成品；发出产成品等。上述业务活动通常涉及以下部门：生产计划部门、仓库、生产部门、人事部门、销售部门、会计部门等。

（一）计划和安排生产

生产计划部门的职责是根据顾客订单或者对销售预测和存货需求的分析来决定生产授权。如决定授权生产，即签发预先编号的生产通知单。该部门通常应将发出的所有生产通知单编号并加以记录控制。此外，还需要编制一份材料需求报告，列示所需要的材料和零件及其库存。

（二）发出原材料

仓库部门的责任是根据从生产部门收到的领料单发出原材料。领料单上必须列示所需的材料数量和种类，以及领料部门的名称。领料单可以一料一单，也可以一单多料，通常需一式三联。仓库发料后，以其中一联连同材料交还领料部门，其余两联经仓库登记材料明细账后，送会计部门进行材料收发核算和成本核算。

（三）生产产品

生产部门在收到生产通知单及领取原材料后，便将生产任务分解到每一个生产工人，并将所领取的原材料交给生产工人，据以执行生产任务。生产工人在完成生产任务后，将完成的产品交生产部门查点，然后转交检验员验收并办理入库手续；或是将所完成的产品移交下一个部门，以进一步加工。

（四）核算产品成本

为了正确地核算产品成本，对在产品进行有效控制，必须建立健全成本会计制度，将生产控制和成本核算有机结合在一起。一方面，生产过程中的各种记录、生产通知单、领料单、计工单、入库单等文件资料都要汇集到会计部门，由会计部门对其进行检查和核对，了解和控制生产过程中存货的实物流转。另一方面，会计部门要设置相应的会计账户，会同有关部门对生产过程中的成本进行核算和控制。成本会计制度可以非常简单，只是在期末记录存货余额；也可以是完善的标准成本制度，它持续地记录所有材料处理、在产品和产成品，并产生对成本差异的分析报告。完善的成本会计制度应该提供原材料转为在产品，在产品转为产成品，以及按成本中心、分批生产任务通知单或生产周期所消耗的材料、人工和间接费用的分配与归集的详细资料。

（五）产成品入库及储存

产成品入库，须由仓库部门先行点验和检查，然后签收。签收后，将实际入库数量通知会计部门。据此，仓库部门确立了本身应承担的责任，并对验收部门的工作进行验证。除此之外，仓库部门还应根据产成品的品质特征分类存放，并填制标签。

（六）发出产成品

产成品的发出须由独立的发运部门进行。装运产成品时必须持有经有关部门核准的发运通知单，并据此编制出库单。出库单至少一式四联：一联交仓库部门；一料发运部门留存；一联送交顾客；一联作为给顾客开发票的依据。

（七）存货盘点

管理人员编制盘点指令，安排适当人员对存货实物（包括原材料、在产品和产成品等所有存货类型）进行定期盘点，将盘点结果与存货账面数量进行核对，调查差异并进行适当调整。

(八)计提存货跌价准备

财务部门根据存货货龄的分析表信息及相关部门提供的有关存货状况的信息，结合存货盘点过程中对存货状况的检查结果，对出现损毁、滞销、跌价等降低存货价值的情况进行分析计算，计提存货跌价准备。

第二节　控制测试和交易的实质性程序

一、概述

总体上看，生产与存货循环的内部控制包括存货的内部控制、成本会计制度及工薪的内部控制三项内容。有关存货的内部控制及其测试在“购货与付款循环稽查”中已经阐述，本章主要介绍成本会计制度、工薪内部控制及其测试。

表 8-2 列示的是成本会计制度的内部控制目标、关键内部控制程序、常用控制测试程序及常用的实质性程序。

表 8-2　成本会计制度的控制目标、内部控制和测试一览表

内部控制目标	关键内部控制	常用的内部控制测试	常用的交易实质性程序
记录的成本为实际发生的而非虚构的(发生)	成本的核算是以经过审核的生产通知单、领发料凭证、产量和工时记录、人工费用分配表、材料费用分配表、制造费用分配表为依据的	检查有关成本的记账凭证是否附有生产通知单、领发料凭证、产量和工时记录、人工费用分配表、材料费用分配表、制造费用分配表，该等原始凭证的顺序编号是否完整	对成本进行分析性复核；将成本明细账与生产通知单、领发料凭证、产量和工时记录、人工费用分配表、材料费用分配表、制造费用分配表相核对
成本以正确的金额，在恰当的会计期间及时记录于适当的账户(发生、完整性、准确性、计价和分摊)	采用适当的成本核算方法，并且前后各期一致；采用适当的费用分配方法，并且前后各期一致；采用适当的成本核算流程和账务处理流程；内部核查	选取样本测试各种费用的归集和分配以及成本的计算；测试是否按照规定的成本核算流程和账务处理进行核算和账务处理	对成本进行分析性复核；抽查成本计算单，检查各种费用的归集和分配以及成本的计算是否正确；对重大在产品项目进行计价测试
账面存货与实际存货定期核对相符(存在、完整性、计价和分摊)	定期进行存货盘点	询问和观察存货盘点程序	对存货进行监盘

表 8-3 列示的是工薪内部控制目标、关键控制程序、常用控制测试程序及常用的实质

性程序。

表 8-3　工薪内部控制的控制目标、内部控制和测试一览表

内部控制目标	关键内部控制	常用的内部控制测试	常用的交易实质性程序
记录的工薪为实际发生的而非虚构的(发生)	工时卡经领班核准；用生产记录钟记录工时	检查工时卡的核准说明；检查工时卡；复核人事政策、组织结构图	对本期工薪费用的发生情况进行分析性复核；将有关费用明细账与工薪费用分配表、工薪汇总表、工薪结算表相核对
工薪以正确的金额，在恰当的会计期间及时记录于适当的账户(发生、完整性、准确性、计价和分摊)	采用适当的工薪费用分配方法，并且前后各期一致；采用适当的账务处理流程	选取样本测试工薪费用的归集和分配；测试是否按照规定的账务处理流程进行账务处理	对本期工薪费用进行分析性复核；检查工薪的计提是否正确，分配方法是否与上期一致

二、控制测试

(一) 成本会计制度的控制测试

成本会计制度的测试，包括直接材料成本测试、直接人工成本测试、制造费用测试和生产成本在当期完工产品与在产品之间分配的测试四项内容。

1. 直接材料成本测试

对采用定额单耗的企业，可选择并获取某一成本报告期若干种具有代表性的产品成本计算单，获取样本的生产指令或产量统计记录及其直接材料单位消耗定额，根据材料明细账或采购业务测试工作底稿中各该直接材料的单位实际成本，计算直接材料的总消耗量和总成本，与该样本的成本计算单中直接材料成本核对，并注意下列事项：生产指令是否经过授权批准；单位消耗定额和材料成本计价方法是否适当，在当年度有何重大变更。

对非采用定额单耗的企业，可获取材料费用分配汇总表、材料发出汇总表(或领料单)、材料明细账(或采购业务测试工作底稿)中各该直接材料的单位成本，作如下检查：成本计算单中直接材料成本与材料费用分配汇总表中该产品负担的直接材料费用是否相符，分配的标准是否合理；抽取材料的发出汇总表或领料单中若干种直接材料的发出总量和各该种材料的实际单位成本之积，与材料费用分配汇总表中各该种材料费用进行比较，并注意领料单的签发是否经过授权批准，材料发出汇总表是否经过适当的人员复核，材料单位成本计价方法是否适当，在当年度有何重大变更。

对采用标准成本法的企业，获取样本的生产指令或产量统计记录、直接材料单位标准用量、直接材料标准单价及发出材料汇总表或领料单，检查下列事项：根据生产量、直接材料单位标准用量和标准单价计算的标准成本与成本计算单中的直接材料成本核对是否相符；直接材料成本差异的计算与账务处理是否正确，并注意直接材料的标准成本在当年度内有何重大变更。

2. 直接人工成本测试

对采用计时工薪制的企业，获取样本的实际工时统计记录、职员分类表和职员工薪手册(工薪率)及人工费用分配汇总表，作如下检查：成本计算单中直接人工成本与人工费用分配汇总表中该样本的直接人工费用核对是否相符；样本的实际工时统计记录与人工费用分配汇总表中该样本的实际工时核对是否相符；抽取生产部门若干天的工时台账与实际工时统计记录核对是否相符；当没有实际工时统计记录时，则可根据职员分类表及职员工薪手册中的工薪率，计算复核人工费用分配汇总表中该样本的直接人工费用是否合理。

对采用计件工薪制的企业，获取样本的产量统计报告、个人(小组)产量记录和经批准的单位工薪标准或计件工薪制度，检查下列事项：根据样本的统计产量和单位工薪标准计算的人工费用与成本计算单中的直接人工成本核对是否相符；抽取若干个直接人工(小组)的产量记录，检查是否被汇总计入产量统计报告。

对采用标准成本法的企业，获取样本的生产指令或产量统计报告、工时统计报告和经批准的单位标准工时、标准工时工薪率、直接人工的工薪汇总表等资料，检查下列项目：根据产量和单位标准工薪工时计算的标准工时总量与标准工时工薪率之积同成本计算单中直接人工成本核对是否相符；直接人工成本差异的计算与账务处理是否正确，并注意直接人工的标准成本在当年度内有何重大变更。

3. 制造费用测试

获取样本的制造费用分配汇总表、按项目分列的制造费用明细账、与制造费用分配标准有关的统计报告及其相关原始记录，作如下检查：制造费用分配汇总表中，样本分担的制造费用与成本计算单中的制造费用核对是否相符；制造费用分配汇总表中的合计数与样本所属成本报告期的制造费用明细账总计数核对是否相符；制造费用分配汇总表选择的分配标准(机器工时数、直接人工工薪、直接人工工时数、产量等)与相关的统计报告或原始记录核对是否相符，并对费用分配标准的合理性做出评估；如企业采用预计费用分配率分配制造费用，则应针对制造费用分配过多或过少的差额，检查其是否作了适当的账务处理；如果企业采用标准成本法，则应检查样本中标准制造费用的确实是否合理，计入成本计算单的数额是否正确，制造费用差异的计算与账务处理是否正确，并注意标准制造费用在当年度内有何重大变更。

4. 生产成本在当期完工产品与在产品之间分配的测试

检查成本计算单中在产品数量与生产统计报告或在产品盘存表中的数量是否一致；检查在产品约当产量计算或其他分配标准是否合理；计算复核样本的总成本和单位成本，最终对当年采用的成本会计制度做出评价。

(二)工薪内部控制的测试

在测试工薪内部控制时，首先，应选择若干月份工薪汇总表，做出如下检查：计算复核每一月份工薪汇总表；检查每一份工薪汇总表是否已经授权批准；检查应付工薪总额与人工费用分配汇总表中合计数是否相符；检查其代扣款项的账务处理是否正确；检查实发工薪总额与银行付款凭单及银行存款对账单是否相符，并正确过入相关账户。其次，从工薪单中选取若干个样本(应包括各种不同类型人员),作如下检查:检查员工工薪卡或人事档案,确保工薪发放有依据;检查员工工薪率及实发工薪额的计算;检查实际工时统计记录(或产量统计报告)与员工个人钟点卡(或产量记录)是否相符;检查员工加班加点记录与主管人员签证的阅读加班费汇总表是否相符;检查员工扣款依据是否正确;检查员工的工薪签收证明;实地抽查部分员工,证明其确在本公司工作,如已离开本公司,需管理当局证实。

三、交易的实质性程序

生产与存货循环有关交易的实质性程序如表8-2和表8-3所示。可以看出,该循环有关交易实质性程序的重点是有关成本的测试、分析性复核的运用、存货的监盘以及存货计价的测试。

第三节 存货稽查

一、存货稽查概述

《企业会计准则第1号——存货》规定,存货是指企业在日常活动中持有以备出售的产成品或商品、处在生产过程中的在产品、在生产过程或提供劳务过程中耗用的材料和物料等。

在通常情况下,存货对企业经营特点的反映能力强于其他资产项目。存货不仅对于生产制造业、批发业和零售行业十分重要,对于服务行业也具有重要性。通常,存货的重大错报对于流动资产、营运资本、总资产、销售成本、毛利以及净利润都会产生直接的影响。存货的重大错报对于其他某些项目,例如利润分配和所得税,也具有间接影响。稽查中许多复杂和重大的问题都与存货有关。存货、产品生产和销售成本构成了会计、稽查乃至企业管理中最为普遍、重要和复杂的问题。

存货稽查,尤其是对年末存货余额的测试,通常是稽查中最复杂也最费时的部分。对存货存在性和存货价值的评估常常十分困难。导致存货稽查复杂的主要原因包括:

(1)存货通常是资产负债表中的一个主要项目,而且通常是构成营运资本的最大项目。

(2)存货存放于不同的地点,这使得对它的实物控制和盘点都很困难。企业必须将存货置放于便于产品生产和销售的地方,但是这种分散也带来了稽查的困难。

(3)存货项目的多样性也给稽查带来了困难。例如,化学制品、宝石、电子元件以及其他的高科技产品。

(4)存货本身的陈旧以及存货成本的分配也使得存货的估价出现困难。

(5)允许采用的存货计价方法的多样性。

正是由于存货对于企业的重要性、存货问题的复杂性以及存货与其他项目密切的关联度,要求稽查人员对存货项目的稽查应当予以特别的关注。相应地,要求实施存货项目稽查的稽查人员具备较高的专业素质和相关业务知识,分配较多的稽查工时,运用多种有针对性的稽查程序。

二、存货监盘

(一)存货监盘的定义和作用

尽管实施存货监盘，获取有关期末存货数量和状况的充分、适当的稽查证据是稽查人员的责任，但这并不能取代被稽查单位管理层定期盘点存货，合理确定存货的数量和状况的责任。

存货监盘针对的是主要是存货的存在认定、完整性认定以及权利和义务的认定，稽查人员监盘存货的目的在于获取有关存货数量和状况的稽查证据，以确证被稽查单位记录的所有存货确实存在，已经反映了被稽查单位拥有的全部存货，并属于被稽查单位的合法财产。存货监盘作为存货稽查的一项核心稽查程序，通常可同时实现上述多项稽查目标。

需要指出的是，稽查人员在测试存货的所有权认定和完整性认定时，可能还需要实施其他稽查程序，这些将在本章的其他部分讨论。

(二)存货监盘计划

1. 制订存货监盘计划的基本要求。稽查人员应当根据被稽查单位存货的特点、盘存制度和存货内部控制的有效性等情况，在评价被稽查单位存货盘点计划的基础上，编制存货监盘计划，对存货监盘做出合理安排。

有效的存货监盘需要制定周密、细致的工作。为了避免误解并有助于有效地实施存货监盘，稽查人员通常需要与被稽查单位就存货监盘等问题达成一致意见。因此，稽查人员首先应当充分了解被稽查单位存货的特点、盘存制度和存货内部控制的有效性等情况，并考虑获取、审阅和评价被稽查单位预定的盘点程序。存货存在与完整性的认定具有较高的重大错报风险，而且稽查人员通常只有一次机会通过存货的实地监盘对有关认定做出评价。根据计划过程所搜集到的信息，有助于稽查人员合理确定参与监盘的地点以及存货监盘的程序。

存货监盘程序主要包括控制测试与实质性程序两种方式。稽查人员需要确定存货监盘程序以控制测试为主还是实质性程序为主，哪种方式更加有效。如果只有少数项目构成了存货的主要部分，稽查人员以实质性程序为主的稽查方式获取与存在认定相关的证据更为有效。在这种情况下，对于单位价值较高的存货项目，应实施100%的实质性程序，而对于其他存货则可视情况进行抽查。但在大多数稽查业务中，稽查人员发现以控制测试为主的稽查方式更加有效。如果稽查人员采用以控制测试为主的稽查方式，并准备信赖被稽查单位存货盘点的控制措施与程序，那么，绝大部分的稽查程序将限于询问、观察以及抽查。

2. 制订存货监盘计划应实施的工作。在编制存货监盘计划时，稽查人员应当实施下列稽查程序。①了解存货的内容、性质、各存货项目的重要程度及存放场所。②了解与存货相关的内部控制。③评估与存货相关的重大错报风险和重要性。④查阅以前年度的存货监盘工作底稿。⑤实地察看存货的存放场所，特别是金额较大或性质特殊的存货。⑥考虑是否需要利用专家的工作或其他稽查人员的工作。⑦复核或与管理层讨论其存货盘点计划。

(1)存货项目的重要程度。稽查人员需要考虑：①存货与其他资产和净利润的相对比率及内在联系。②各类存货(原材料、在产品和产成品)占存货总数的比重。③各存放地存货占存货总数的比重。考虑并评价存货项目的重要程度直接关系到稽查人员如何恰当地分配稽查资源。

(2)与存货相关的内部控制。在制订存货监盘计划时，稽查人员应当了解被稽查单位与存货相关的内部控制，并根据内部控制的完善程度确定进一步稽查程序的性质、时间和范围。

与存货相关的内部控制涉及被稽查单位供、产、销各个环节，包括采购、验收、仓储、领用、加工、装运出库等方面，还包括存货数量的盘存制度。需要说明的是，与存货内部控制相关的措施有很多，其有效程度也存在差异。

①采购。与采购相关的内部控制的总体目标是所有交易都已获得适当的授权与批准。使用购货订单是一项基本的内部控制措施。购货订单应当预先连续编号，事先确定采购价格并获得批准。此外，还应当定期清点购货订单。

②验收。与存货验收相关的内部控制的总体目标是所有收到的货物都已得到记录。使用验收报告单是一项基本的内部控制措施。被稽查单位应当设置独立的部门负责验收货物，该部门具有验收存货实物、确定存货数量、编制验收报告、将验收报告传送至会计核算部门以及运送货物至仓库等一系列职能。

③仓储。与仓储相关的内部控制的总体目标是确保与存货实物的接触必须得到管理层的指示和批准。被稽查单位应当采取实物控制措施，使用适当的存储设施，以使存货免受意外损毁、盗窃或破坏。

④领用。与领用相关的内部控制的总体目标是所有存货的领用均应得到批准和记录。使用存货领用单是一项基本的内部控制措施。对存货领用单，应当定期进行清点。

⑤加工(生产)。与加工(生产)相关的内部控制的总体目标是对所有的生产过程做出适当的记录。使用生产报告是一项基本的内部控制措施。在生产报告中，应当对产品质量缺陷和零部件使用及报废情况及时做出说明。

⑥装运出库。与装运出库相关的内部控制的总体目标是所有的装运都得到了记录。使用发运凭证是一项基本的内部控制措施。发运凭证应当预先编号，定期进行清点，并作为日后开具收款账单的依据。

⑦存货的盘存制度。存货数量的盘存制度一般分为实地盘存制和永续盘存制。存货盘存制度不同，对存货数量的控制程度的影响也不同。但即使采用永续盘存制，也并不意味着无须对存货实物进行盘点。为了核对存货账面记录，加强对存货的管理，被稽查单位每年至少应对存货进行一次全面盘点。

被稽查单位与存货实地盘点相关的充分内部控制通常包括：制订合理的存货盘点计划，确定合理的存货盘点程序，配备相应的监督人员，对存货进行独立的内部验证，将盘点结果与永续存货记录进行独立的调节，对盘点表和盘点标签进行充分控制。

(3)与存货相关的重大错报风险和重要性：

①重大错报风险。存货通常具有较高水平的重大错报风险，影响重大错报风险的因素具体包括：存货的数量和种类、成本归集的难易程度、陈旧过时的速度或易损坏程度、遭受失窃的难易程度。由于制造过程和成本归集制度的差异，制造企业的存货与其他企业(如批发企业)的存货相比往往具有更高的重大错报风险，对于稽查人员的稽查工作而言更具复杂性。外部因素也会对重大错报风险产生影响。例如，技术进步可能导致某些产品过时，从而导致存货价值更容易发生高估。以下类别的存货就可能增加稽查的复杂性与风险：

具有漫长制造过程的存货。制造过程漫长的企业(如飞机制造和酒类产品酿造企业)的稽查重点包括递延成本、预期发生成本以及未来市场波动可能对当期损益的影响等事项。

具有固定价格合约的存货。预期发生成本的不确定性是其重大稽查问题。

商品存货。计价是一个重要的稽查问题，因为商品极易受到市场波动影响。许多企业都试图针对未来的价格变动进行套期交易，以便降低有关风险。

与时装相关的服装行业。由于服装产品的消费者对服装风格或颜色的偏好容易发生变化，因此，存货是否过时是重要的稽查事项。

鲜活、易腐商品存货。因为物质特性和保质期短暂，此类存货变质的风险很高。

具有高科技含量的存货。由于技术进步，此类存货易于过时。

单位价值高昂、容易被盗窃的存货。例如，珠宝存货的错报风险通常高于铁制纽扣之类存货的错报风险。

②重要性。根据对存货错报风险的评估结果，稽查人员应当合理确定存货项目稽查的重要性水平。

(4)查阅以前年度的存货监盘工作底稿。稽查人员可以通过查阅以前年度的存货监盘工作底稿，了解被稽查单位的存货情况、存货盘点程序以及其他在以前年度稽查中遇到的重大问题。在查阅以前年度的存货监盘工作底稿时，稽查人员应充分关注存货盘点的时间安排、周转缓慢的存货的识别、存货的截止确认、盘点小组人员的确定以及存货多处存放等内容。

(5)考虑实地察看存货的存放场所。稽查人员应当考虑实地察看被稽查单位的存货存放场所，特别是金额较大或性质特殊的存货，这有助于稽查人员熟悉在库存货及其组织管理方式，也有助于稽查人员在盘点工作进行前发现潜在问题，如存在难以盘点的存货、周转缓慢的存货、过时存货、残次品以及代销存货。

稽查人员应关注所有的存货存放地点，以防止被稽查单位或自己发生任何遗漏。对存放大额存货的每一个地点尤其应当予以特别关注。对多处存放存货的情况，稽查人员应当考虑被稽查单位与存货相关内部控制措施和盘点惯例，评价稽查风险以及除存货监盘外的其他替代程序的可行性，从而确定实施监盘的范围。例如，由于连锁商店的分店的数目可能很多，稽查人员通常不会对零售连锁店每一家分店实施监盘，而是选择一定数目的分店进行监盘，并使用分析程序等替代程序，或者利用内部稽查人员的工作，以便对其他分店存货余额的准确性做出评价。

(6)利用专家的工作或其他稽查人员的工作：

①稽查人员可能不具备其他专业领域专长与技能。在确定资产数量或资产实物状况(如矿石堆)，或在收集特殊类别存货(如艺术品、稀有玉石、房地产、电子器件、工程设计等)的稽查证据时，稽查人员可以考虑利用专家的工作。

当在产品存货金额较大时，可能面临如何评估在产品完工程度的问题。稽查人员可了解被稽查单位的盘点程序，如果有关在产品的完工程度未明确列出，稽查人员应当考虑采用其他有助于确定完工程度的措施，如获取零部件明细清单、标准成本表以及作业成本表，与工厂的有关人员进行讨论等，并运用职业判断。稽查人员也可以根据存货生产过程的复杂程度考虑利用专家的工作。

②很多情况下，被稽查单位组成部分的财务信息由其他稽查人员稽查并出具稽查报告，这当然也包括了由其他稽查人员负责对被稽查单位该组成部分的存货实施监盘。如果稽查人员计划利用其他稽查人员的工作，则应遵循《中国稽查人员稽查准则第1401号——利用其他稽查人员的工作》的相关要求。

(7)复核或与管理层讨论其存货盘点计划。在复核或与管理层讨论其存货盘点计划时，稽查人员应当考虑下列主要因素，以评价其能否合理地确定存货的数量和状况：盘点的时间安排；存货盘点范围和场所的确定；盘点人员的分工及胜任能力；盘点前的会议及任务布置；存货的整理和排列，对毁损、陈旧、过时、残次及所有权不属于被稽查单位的存货的区分；存货的计量工具和计量方法；在产品完工程度的确定方法；存放在外单位的存货的盘点安排；存货收发截止的控制；盘点期间存货移动的控制；盘点表单的设计、使用与控制；盘点结果的汇总以及盘盈或盘亏的分析、调查与处理。

如果认为为稽查单位的存货盘点计划存在缺陷，稽查人员应当提请被稽查单位调整。

3. 存货监盘计划的主要内容。存货监盘计划应当包括以下主要内容：

(1)存货监盘的目标、范围及时间安排。存货监盘的目标是获取被稽查单位资产负债表日有关存货数量和状况的稽查证据，检查存货的数量是否真实完整，是否归属被稽查单位，存货有无毁损、陈旧、过时、残次和短缺等状况。

存货监盘范围的大小取决于存货的内容、性质以及与存货相关的内部控制的完善程度和重大错报风险的评估结果。

存货监盘的时间，包括实地察看盘点现场的时间、观察存货盘点的时间和对已盘点存货实施检查的时间等，应当与被稽查单位实施存货盘点的时间相协调。

(2)存货监盘的要点及关注事项。存货监盘的要点主要包括稽查人员实施存货监盘程序的方法、步骤，各个环节应注意的问题以及所要解决的问题。稽查人员需要重点关注的事项包括盘点期间的存货移动、存货的状况、存货的截止确认、存货的各个存放地点及金额等。

(3)参加存货监盘人员的分工

稽查人员应当根据被稽查单位参加存货盘点人员分工、分组情况、存货监盘工作量的大小和人员素质情况，确定参加存货监盘的人员组成，各组成人员的职责和具体的分工情况，并加强督导。

(4)检查存货的范围。稽查人员应当根据对被稽查单位存货盘点和对被稽查单位内部控制的评价结果确定检查存货的范围。在实施观察程序后，如果认为被稽查单位内部控制设计良好且得到有效实施、存货盘点组织良好，可以相应缩小实施检查程序的范围。

（三）存货监盘程序

1. 观察程序。在被稽查单位盘点存货前，稽查人员应当观察盘点现场，确定应纳入盘点范围的存货是否已经适当整理和排列，并附有盘点标识，防止遗漏或重复盘点。对未纳入盘点范围的存货，稽查人员应当查明未纳入的原因。

对所有权不属于被稽查单位的存货，稽查人员应当取得其规格、数量等有关资料，确定是否已分别存放、标明，且未被纳入盘点范围。在存货监盘过程中，稽查人员应当根据取得的所有权不属于被稽查单位的存货的有关资料，观察这些存货的实际存放情况，确保其未被纳入盘点范围。即使在被稽查单位声明不存在受托代存存货的情形下，稽查人员在存货监盘时也应当关注是否存在某些存货不属于被稽查单位的迹象，以避免盘点范围不当。

稽查人员在实施存货监盘过程中，应当跟随被稽查单位安排的存货盘点人员，注意观察被稽查单位事先制定的存货盘点计划是否得到了贯彻执行，盘点人员是否准确无误地记录了被盘点存货的数量和状况。

2. 检查程序。稽查人员应当对已盘点的存货进行适当检查，将检查结果与被稽查单位盘点记录相核对，并形成相应记录。检查的目的既可以是为了确证被稽查单位的盘点计划得到适当的执行（控制测试），也可以是为了证实被稽查单位的存货实物总额（实质性程序）。如果观察程序能够表明被稽查单位的组织管理得当，盘点、监督以及复核程序充分有效，稽查人员可据此减少所需检查的存货项目。

检查的范围通常包括每个盘点小组的存货以及难以盘点或隐藏性较强的存货。需要说明的是，稽查人员应尽可能避免让被稽查单位事先了解将抽取检查的存货项目。

在检查已盘点的存货时，稽查人员应当从存货盘点记录中选取项目追查至存货实物，以测试盘点记录的准确性；稽查人员还应当从存货实物中选取项目追查至存货盘点记录，以测试盘点记录的完整性。稽查人员在实施检查程序时发现差异，很可能表明被稽查单位的存货盘点在准确性或完整性方面存在错误。由于检查的内容通常仅仅是已盘点存货中的一部分，所以在检查中发现的错误很可能意味着被稽查单位的存货盘点还存在着其他错误。一方面，稽查人员应当查明原因，并及时提请被稽查单位更正；另一方面，稽查人员应当考虑错误的潜在范围和重大程度，在可能的情况下，扩大检查范围以减少错误的发生。稽查人员还可要求被稽查单位重新盘点。重新盘点的范围可限于某一特殊领域的存货或特定盘点小组。

3. 需要特别关注的情况：

（1）存货移动情况。稽查人员应当关注存货的移动情况，防止遗漏或重复盘点。

尽管盘点存货时最好能保持存货不发生移动，但在某些情况下存货的移动是难以避免的。如果在盘点过程中被稽查单位的生产经营仍将持续进行，稽查人员应通过实施必要的检查程序，确定被稽查单位是否已经对此设置了相应的控制程序，确保在适当的期间内对存货做出了准确记录。

（2）存货的状况。稽查人员应当特别关注存货的状况，观察被稽查单位是否已经恰当区分所有毁损、陈旧、过时及残次的存货。

存货的状况是被稽查单位管理层对存货计价认定的一部分，除了对存货的状况予以特别关注以外，稽查人员还应当把所有毁损、陈旧、过时及残次存货的详细情况记录下来，这既便于进一步追查这些存货的处置情况，也能为测试被稽查单位存货跌价准备计提的准确性提供证据。

(3)存货的截止。稽查人员应当获取盘点日前后存货收发及移动的凭证，检查库存记录与会计记录期末截止是否正确。稽查人员在对期末存货进行截止测试时，通常应当关注：①所有在截止日以前入库的存货项目是否均已包括在盘点范围内，并已反映在截止日以前的会计记录中；任何在截止日期以后入库的存货项目是否均未包括在盘点范围内，也未反映在截止日以前的会计记录中。②所有在截止日以前装运出库的存货项目是否均未包括在盘点范围内，且未包括在截止日的存货账面余额中；任何在截止日期以后装运出库的存货项目是否均已包括在盘点范围内，并已包括在截止日的存货账面余额中。③所有已确认为销售但尚未装运出库的商品是否均未包括在盘点范围内，且未包括在截止日的存货账面余额中。④所有已记录为购货但尚未入库的存货是否均已包括在盘点范围内，并已反映在会计记录中。⑤在途存货和被稽查单位直接向顾客发运的存货是否均已得到了适当的会计处理。

在存货监盘过程中，稽查人员应当获取存货验收入库、装运出库以及内部转移截止等信息，以便将来追查至被稽查单位的会计记录。

稽查人员通常可观察存货的验收入库地点和装运出库地点以执行截止测试。在存货入库和装运过程中采用连续编号的凭证时，稽查人员应当关注截止日期前的最后编号。如果被稽查单位没有使用连续编号的凭证，稽查人员应当列出截止日期以前的最后几笔装运和入库记录。如果被稽查单位使用运货车厢或拖车进行存储、运输或验收入库，稽查人员应当详细列出存货场地上满载和空载的车厢或拖车，并记录各自的存货状况。

4. 对特殊类型存货的监盘。对某些特殊类型的存货而言，被稽查单位通常使用的盘点方法和控制程序并不完全适用。这些存货通常或者没有标签，或者其数量难以估计，或者其质量难以确定，或者盘点人员无法对其移动实施控制。在这些情况下，稽查人员需要运用职业判断，根据存货的实际情况，设计恰当的稽查程序，对存货的数量和状况获取稽查证据。下表列举了被稽查单位特殊存货的类型、通常采用的盘点方法与存在的潜在问题，以及可供稽查人员实施的监盘程序。稽查人员在稽查实务中，应当根据被稽查单位所处行业的特点、存货的类别和特点以及内部控制等具体情况，并在通用的存货监盘程序基础上，设计关于特殊类型存货监盘的具体稽查程序。

表 8-4　特殊类型存货的监盘程序

存货类型	盘点方法与潜在问题	可供实施的稽查程序
木材、钢筋盘条、管子	通常无标签，但在盘点时会作上标记或用粉笔标识； 难以确定存货的数量或等级	检查标记或标识； 利用专家或被稽查单位内部有经验人员的工作

续表

存货类型	盘点方法与潜在问题	可供实施的稽查程序
堆积型存货(如糖、煤、钢废料)	通常既无标签也不作标记； 在估计存货数量时存在困难	运用工程估测、几何计算、高空勘测，并依赖详细的存货记录； 如果堆场中的存货堆不高，可进行实地监盘，或通过旋转存货堆加以估计
使用磅秤测量的存货	在估计存货数量时存在困难	在监盘前和监盘过程中均应检验磅秤的精准度，并留意磅秤的位置移动与重新调校程序； 将检查和重新称量程序相结合； 检查称量尺度的换算问题
散装物品(如贮窖存货、使用桶、箱、罐、槽等容器储存的液、气体、谷类粮食、流体存货等)	在盘点时通常难以加以识别和确定； 在估计存货数量时存在困难； 在确定存货质量时存在困难	使用容器进行监盘或通过预先编号的清单列表加以确定； 使用浸蘸、测量棒、工程报告以及依赖永续存货记录； 选择样品进行化验与分析，或利用专家的工作
贵金属、石器、艺术品或收藏品	在存货辨认与质量确定方面存在困难	选择样品进行化验与分析，或利用专家的工作
生产纸浆用木材、牲畜	在存货辨认与数量确定方面存在困难； 可能无法对此类存货的移动实施控制	通过高空摄影以确定其存在性，对不同时点的数量进行比较，并依赖永续存货记录

5. 存货监盘结束时的工作。在被稽查单位存货盘点结束前，稽查人员应当：①再次观察盘点现场，以确定所有应纳入盘点范围的存货是否均已盘点。②取得并检查已填用、作废及未使用盘点表单的号码记录，确定其是否连续编号，查明已发放的表单是否均已收回，并与存货盘点的汇总记录进行核对。稽查人员应当根据自己在存货监盘过程中获取的信息对被稽查单位最终的存货盘点结果汇总记录进行复核，并评估其是否正确地反映了实际盘点结果。

如果存货盘点日不是资产负债表日，稽查人员应当实施适当的稽查程序，确定盘点日与资产负债表日之间存货的变动是否已作正确的记录。在很多情况下，存货盘点日并不是资产负债表日，而有可能是在资产负债表日之后或之前甚至是在不同日期进行(例如循环盘点的情况)。在不同情况下，稽查人员应当根据不同情况的特点实施程度不同的稽查程序，以便确定被稽查单位对于盘点日与资产负债表日之间的存货变动情况是否已做出了正确的记录。

如果被稽查单位采用永续盘存制核算存货，稽查人员应当关注永续盘存制下的期末存货记录与存货盘点结果之间是否一致。如果这两者之间出现重大差异，稽查人员应当实施追加的稽查程序，查明原因，并检查永续盘存记录是否已做出了适当调整。如果认为被稽查单位的盘点方式及其结果无效，稽查人员应当提请被稽查单位重新盘点。

(四)特殊情况的处理

1. 由于存货的性质或位置而无法实施监盘程序。如果由于被稽查单位粗活的性质或位置等原因导致无法实施存货监盘，稽查人员应当考虑能否实施替代稽查程序，获取有关期末存货数量和状况的充分、适当的稽查证据。稽查人员实施的替代稽查程序主要包括：①检查进货交易凭证或生产记录以及其他相关资料。②检查资产负债表日后发生的销货交易凭证。③向顾客或供应商函证。

(1)存货的特殊性质。被稽查单位存货的性质可能导致稽查人员无法实施存货监盘，这样的情况包括：①存货涉及保密问题，如产品在生产过程中需要利用特殊配方或制造工艺。②存货系危害性物质，如辐射性化学品或气体。

对具有特殊性质的存货实施稽查，通常需要依赖内部控制。稽查人员应当复核采购、生产和销售记录，以获取充分、适当的稽查证据，在通常情况下，还可以向能够接触到相关存货项目的第三方人员询证。此外，稽查人员还可以实施其他替代稽查程序。例如，对于危害性物质，如果被稽查单位对其生产、使用和处置存有正式报告，稽查人员可通过追查至有关报告的方式确定此类危害性物质是否存在。

(2)存货的特殊位置。被稽查单位存货的位置也可能导致稽查人员无法实施存货监盘，如在途存货。如果此类项目仅占存货的一小部分，通常可以通过审查相关凭证加以查验。对于存放在公共仓库中的存货，可通过函证方式查验。

2. 因不可预见的因素导致无法在预定日期实施存货监盘或接受委托时被稽查单位的期末存货盘点已经完成

如果因不可预见的因素导致无法在预定日期实施存货监盘或接受委托时被稽查单位的期末存货盘点已经完成，稽查人员应当评估与存货相关的内部控制的有效性，对存货进行适当检查或提请被稽查单位另择日期重新盘点；同时测试在该期间发生的存货交易，以获取有关期末存货数量和状况的充分、适当的稽查证据。

(1)不可预见的因素。有时，由于不可预见因素而可能导致无法在预定日期实施存货监盘，两种比较典型的情况是：①稽查人员无法亲临现场，即由于不可抗力导致其无法到达存货存放地实施存货监盘。②气候因素，即由于恶劣的天气导致稽查人员无法实施存货监盘程序，或由于恶劣的天气无法观察存货，如木材被积雪覆盖。

对于上述情况，如果被稽查单位存在良好的内部控制，稽查人员可以考虑改变存货监盘日期，并对预定盘点日与改变后的存货监盘日之间发生的交易进行测试。对于无法亲临现场的情况，稽查人员可考虑委托其他适当人员实施存货监盘。

(2)接受委托时被稽查单位的期末存货盘点已经完成。如果接受委托时被稽查单位的期末存货盘点已经完成，稽查人员应当评估与存货相关的内部控制的有效性，并根据评估结果对存货进行适当检查或提请被稽查单位另择日期重新盘点，同时测试检查日或重新盘点日与资产负债表日之间发生的存货交易。

3. 委托其他单位保管或已作质押的存货。对被稽查单位委托其他单位保管的或已作质押的存货，稽查人员应当向保管人员或债权人函证。如果此类存货的金额占流动资产或总资产的比例较大，稽查人员还应当考虑实施存货监盘或利用其他稽查人员的工作。

如果被稽查单位将存货存放于其他单位，稽查人员通常需要向该单位获取委托代管存货的书面确认函。如果存货已被质押，稽查人员应当向债权人询证与被质押存货有关的内容。对于此类存货，通常还应当检查被稽查单位的相关会计记录和可能设置的备查记录。如果此类存货比较重要，稽查人员应当考虑与被稽查单位讨论其对委托代管存货或已作质押存货的控制程序，并考虑对此类存货实施监盘程序，或聘请其他稽查人员实施监盘程序。

4. 首次接受委托的情况。如果已获取有关本期期末存货余额的充分、适当的稽查证据，稽查人员应当实施下列一项或多项稽查程序，以获取有关本期期初存货余额的充分、适当的稽查证据：①查阅前任稽查人员工作底稿。②复核上期存货监盘记录及文件。③检查上期存货交易记录。④运用毛利百分比法等进行分析。

三、存货计价测试

(一)存货计价测试的一般要求

监盘程序主要是对存货的结存数量予以确认。为验证财务报表上存货余额的真实性，还必须对存货的计价进行稽查，即确定存货实物数量和永续盘存记录中的数量是否经过正确地计价和汇总。存货计价测试主要是针对被稽查单位所使用的存货单位成本是否正确所做的测试，当然，广义地看，存货成本的稽查也可以被视为存货计价测试的一项内容。

单位成本的充分内部控制与生产和会计记录结合起来，对于确保用于期末存货计价的成本的合理性十分重要。一项重要的内部控制是使用标准成本记录来反映原材料、直接人工和制造费用的差异，它还可以用来评价生产。使用标准成本时，应设置相应程序及时反映生产过程与成本的变化。由独立于成本核算部门的雇员来复核单位成本的合理性，也是一项有用的计划控制。

存货计价稽查表参见表 8-5。

表 8-5 存货计价稽查表

日期	品名及规格	购入			发出			余额		
		数量	单价	金额	数量	单价	金额	数量	单价	金额
1. 计价方法说明： 2. 情况说明及稽查结论：										

1. 样本的选择。计价稽查的样本，应从存货数量已经盘点、单价和总金额已经计入存货汇总表的结存存货中选择。选择样本时应着重选择结存余额较大且价格变化比较频繁的项目，同时考虑所选样本的代表性。抽样方法一般采用分层抽样法，抽样规模应足以判断总体的情况。

2. 计价方法的确认。存货的计价方法多种多样，被稽查单位应结合企业会计准则的基本要求选择符合自身特点的方法。稽查人员除应了解掌握被稽查单位的存货计价方法外，还应对这种计价方法的合理性与一贯性予以关注，没有足够理由，计价方法在同一会计年度内不得变动。

3. 计价测试。进行计价测试时，稽查人员首先应对存货价格的组成内容予以审核，然后按照所了解的计价方法对所选择的存货样本进行计价测试。测试时，应尽量排除被稽查单位已有计算程序和结果的影响，进行独立测试。测试结果出来后，应与被稽查单位账面记录对比，编制对比分析表，分析形成差异的原因。如果差异过大，应扩大测试范围，并根据稽查结果考虑是否应提出稽查调整建议。

在存货计价稽查中，由于被稽查单位对期末存货采用成本与可变现净值孰低的方法计价，所以稽查人员应充分关注其对存货可变现净值的确定及存货跌价准备的计提。

可变现净值是指企业在日常活动中，存货的估计售价减去至完工时估计将要发生的成本、估计的销售费用以及相关税费后的金额。企业确定存货的可变现净值，应当以取得的确凿证据为基础，并且考虑持有存货的目的、资产负债表日后事项的影响等因素。具体来讲：

(1)为生产而持有的材料等，用其生产的产成品的可变现净值高于成本的，该材料仍然应当按成本计量；材料价格的下降表明产成品的可变现净值低于成本的，该材料应当按照可变现净值计量。

(2)为执行销售合同或者劳务合同而持有的存货，其可变现净值通常应当以合同价格为基础计量。

(3)企业持有存货的数量多于销售合同订购数量的，超过部分的存货可变现净值应当以一般销售价格为基础计量。

(4)企业持有存货的数量少于销售合同订购数量的，其会计处理适用《企业会计准则第 13 号——或有事项》。

(5)用于出售的材料等，其可变现净值应当以市场价格为基础计算。

企业应当按照单个存货项目计提存货跌价准备；对于数量繁多、单价较低的存货，可以按存货类别计提存货跌价准备；如果某些存货具有相同或类似最终用途或目的，并与在同一地区生产和销售的产品系列相关，且难以与其他项目分开计量，可以合并计提存货跌价准备。并且，当存在下列情况之一时，应当计提存货跌价准备：①市价持续下跌，并且在可预见的未来无回升的希望。②企业使用该项原材料生产的产品的成本大于产品的销售价格。③企业因产品更新换代，原有库存原材料已不适应新产品的需要，而该原材料的市场价格又低于其账面成本。④因企业所提供的商品或劳务过时或消费者偏好改变而使市场的需求发生变化，导致市场价格逐渐下跌。⑤其他足以证明该项存货实际上已经发生减值的情形。

当存在以下一项或若干项情况时，应当将存货账面余额全部转入当期损益：①已霉烂变质的存货。②已过期不可退货的存货(主要指食品)。③生产中已不再需要，并且已无转让价值的存货。④其他足以证明已无使用价值和转让价值的存货。

(二)存货成本的计价测试

存货成本稽查主要包括直接材料成本的稽查、直接人工成本的稽查、制造费用的稽查等内容。限于本教材的篇幅，下面仅简单列示其主要稽查程序，不作详细解释。

1. 直接材料成本的稽查。直接材料成本的稽查一般应从审阅材料和生产成本明细账入手，抽查有关的费用凭证，验证企业产品直接耗用材料的数量、计价和材料费用分配是否真实、合理。其主要稽查程序通常包括：

(1)抽查产品成本计算单，检查直接材料成本的计算是否正确，材料费用的分配标准与计算方法是否合理和适当，是否与材料费用汇总表中该产品分摊的直接材料费用相符。

(2)检查直接材料耗用数量的真实性，有无将非生产用材料计入直接材料费用。

(3)分析比较同一产品前后各年度的直接材料成本，如有重大波动应查明原因。

(4)抽查材料发出及领用的原始凭证，检查领料单的签发是否经过授权，材料发出汇总表是否经过适当的人员复核，材料单位成本计价方法是否适当，是否正确及时入账。

(5)对采用定额成本或标准成本的被稽查单位，应检查直接材料成本差异的计算、分配与会计处理是否正确，并查明直接材料的定额成本、标准成本在本年度内有无重大变更。

2. 直接人工成本的稽查。直接人工成本的主要稽查程序通常包括：

(1)抽查产品成本计算单，检查直接人工成本的计算是否正确，人工费用的分配标准与计算方法是否合理和适当，是否与人工费用分配汇总表中该产品分摊的直接人工费用相符。

(2)将本年度直接人工成本与前期进行比较，查明其异常波动的原因。

(3)分析比较本年度各个月份的人工费用发生额，如有异常波动，应查明原因。

(4)结合应付职工薪酬的检查，抽查人工费用会计记录及会计处理是否正确。

(5)对采用标准成本法的被稽查单位，应抽查直接人工成本差异的计算、分配与会计处理是否正确，并查明直接人工的标准成本在本年度内有无重大变更。

3. 制造费用的稽查。制造费用是企业为生产产品和提供劳务而发生的各项间接费用，即生产单位为组织和管理生产而发生的费用，包括分厂和车间管理人员的工薪等职工薪酬、折旧费、修理费、办公费、水电费、取暖费、租赁费、机物料消耗、低值易耗品摊销、劳动保护费、保险费、设计制图费、实验检验费、季节性和修理期间的停工损失等。

制造费用的主要稽查程序通常包括：

(1)获取或编制制造费用汇总表，并与明细账、总账核对相符，抽查制造费用中的重大数额项目及例外项目是否合理。

(2)审阅制造费用明细账，检查其核算内容及范围是否正确，并应注意是否存在异常交易事项，如有，则应追查至记账凭证和原始凭证，重点查明被稽查单位有无将不应列入成本费用的支出(如投资支出、被没收的财物、支付的罚款、违约金等)计入制造费用。

(3)必要时，对制造费用实施截止测试，即检查资产负债表日前后若干天的制造费用明细账及其凭证，确定有无跨期入账的情况。

(4)检查制造费用的分配是否合理。重点查明制造费用的分配方法是否符合被稽查单位自身的生产技术条件，是否体现受益原则，分配方法一经确定，是否在相当时期内保持稳定，有无随意变更的情况；分配率和分配额的计算是否正确，有无以人为估计代替分配数的情况。对按预定分配率分配费用的企业，还应查明计划与实际差异是否及时调整。

(5)对于采用标准成本法的被稽查单位，应抽查标准制造费用的确定是否合理，计入成本计算单的数额是否正确，制造费用的计算、分配与会计处理是否正确，并查明标准制造费用在本年度内有无重大变动。

第四节　应付职工薪酬稽查

职工薪酬是企业支付给员工的劳动报酬，其主要核算方式有计时制和计件制两种。职工薪酬可能采用现金的形式支付，因而相对于其他业务更容易发生错误或舞弊行为，如虚报冒领、重复支付和贪污等。同时，职工薪酬有时是构成企业成本费用的重要项目，所以在稽查中便显得十分重要。

随着经营管理水平的提高和技术手段的发展，职工薪酬业务中进行舞弊及掩饰的可能性已有减少，因为有效的职工薪酬内部控制，可以及时揭露错误和舞弊；使用计算机编制职工薪酬表和使用工薪卡，提高了职工薪酬计算的准确性；通过有关机构，如税务部门、社会保障机构的复核，可相应防止职工薪酬计算的错误。

然而，在一般企业中，职工薪酬费用在成本费用中所占比重较大。如果职工薪酬的计算错误，就会影响到成本费用和利润的正确性。所以，稽查人员仍应重视对职工薪酬业务的稽查。职工薪酬业务的稽查，主要涉及应付职工薪酬项目。

一、稽查目标

应付职工薪酬的稽查目标一般包括：确定期末应付职工薪酬是否存在；确定期末应付职工薪酬是否为被稽查单位应履行的支付义务；确定应付职工薪酬计提和支出依据是否合理、记录是否完整；确定应付职工薪酬期末余额是否正确；确定应付职工薪酬的披露是否恰当。

二、应付职工薪酬的实质性程序

应付职工薪酬的实质性程序通常包括：

1. 获取或编制应付职工薪酬明细表，复核加计正确，并与报表数、总账数和明细账合计数核对相符。

2. 对本期职工薪酬执行实质性分析程序：

(1)检查各月职工薪酬的发生额是否存在异常波动，若有，应查明波动原因并做出记录；

(2)将本期职工薪酬总额与上期进行比较，要求被稽查单位解释大幅增减变动的原因，并取得被稽查单位管理层关于职工薪酬标准的决议；

(3)了解被稽查单位本期平均职工人数，计算人均薪酬水平，与上期或同行业水平进行比较。

3. 检查本项目的核算内容是否包括工资、职工福利、社会保险费、住房公积金、工会经费、职工教育经费、解除职工劳动关系补偿、股份支付等明细项目。外商投资企业按规定从净利润中提取的职工奖励及福利基金，也应在本项目核算。

4. 检查职工薪酬的计提是否正确，分配方法是否合理，与上期是否一致，分配计入各项目的金额占本期全部职工薪酬的比例与上期比较是否有重大差异。将应付职工薪酬计提数与相关科目进行勾稽。

5. 检查应付职工薪酬的计量和确认：

(1)国家有规定计提基础和计提比例的，应当按照国家规定的标准计提，如医疗保险费、养老保险费、失业保险费、工伤保险费、生育保险费、住房公积金、工会经费以及职工教育经费等；国家没有规定计提基础和计提比例的，如职工福利费等，应按实列支。

(2)被稽查单位以其自产产品或外购商品作为非货币性福利发放给职工的，应根据受益对象，将该产品或商品的公允价值，计入相关的资产成本或当期损益，同时确认应付职工薪酬。

(3)被稽查单位将其拥有的房屋等资产无偿提供给职工使用的，应当根据受益对象，将该住房每期应计提的折旧计入相关资产成本或当期损益，同时确认应付职工薪酬。

(4)被稽查单位租赁住房等资产供职工无偿使用的，应当根据受益对象，将每期应付的租金计入相关资产成本或当期损益，同时确认应付职工薪酬。

(5)对于外商投资企业，按税后利润提取的职工奖励及福利基金应以董事会决议为依据，并符合有关规定。

6. 审阅应付职工薪酬明细账，抽查应付职工薪酬各明细项目的支付和使用情况，检查是否符合有关规定，是否履行审批程序。

7. 检查被稽查单位实行的工薪制度：

(1)如果被稽查单位实行工效挂钩，应取得主管部门确认效益工资发放额的认定证明，并复核确定可予发放的效益工资的有关指标，检查其计提额、发放额是否正确，是否需作纳税调整。

(2)如果被稽查单位实行计税工资制，应取得被稽查单位平均人数证明，并进行复核，计算可准予税前列支的费用额，对超支部分的工资及附加费作纳税调整，对计缴的工会经费，未能提供《工会经费拨缴款专用收据》的，应提出纳税调整建议。

8. 检查应付职工薪酬期末余额中是否存在拖欠性质的职工薪酬，了解拖欠的原因。

9. 检查被稽查单位的辞退福利核算是否符合有关规定。

10. 确定应付职工薪酬的披露是否恰当。

第五节　其他相关账户的稽查

前已述及，存货稽查在整个财务报表稽查中占有十分重要的地位。对存货进行稽查，需要达到的稽查目标是：确定存货是否存在；确定存货是否归被稽查单位所有；确定存货和存货跌价准备增减变动的记录是否完整；确定存货的计价方法是否恰当；确定存货的品质状况，存货跌价损失是否真实、完整，存货跌价准备的计提方法是否合理；确定存货和存货跌价准备的期末余额是否正确；确定存货和存货跌价准备的披露是否恰当。

为实现以上稽查目标，稽查人员需要实施相应的稽查程序。在前面几节中，我们已经介绍了存货监盘、存货计价测试等稽查程序，然而仅仅实施这些稽查程序尚难以达到存货的全部稽查目标。下面，我们在前面几节的基础上，介绍除生产成本、制造费用、劳务成本和营业成本以外的各种具体存货相关账户的实质性程序。

一、材料采购或在途物资的实质性程序

1. 获取或编制材料采购(在途物资)明细表，复核加计正确，与总账数、明细账合计数核对相符。

2. 检查期末材料采购(在途物资)，核对有关凭证。对大额材料采购(在途物资)，追查至相关的购货合同及购货发票，复核采购成本的正确性，并抽查期后入库情况。必要时发函询证。

3. 查阅资产负债表日前后若干天的材料采购(在途物资)增减变动的有关账簿记录和收料报告单等资料，检查有无跨期现象，如有，则应做出记录，必要时提出调整建议。

4. 对采用计划成本核算的，审核材料采购项目有关材料成本差异发生额的计算和处理是否正确。

5. 审核有无长期挂账的材料采购(在途物资)，如有，应查明原因，必要时提出调整建议。

6. 确定材料采购(在途物资)的披露是否恰当。

二、原材料的实质性程序

1. 获取或编制原材料明细表，复核加计是否正确，并与总账数、明细账合计数核对相符；同时抽查明细账与仓库台账、卡片记录，检查是否核对相符。

2. 执行实质性分析程序：

(1)编制本期主要原材料增减变动表，分析其变动规律，并与上期比较，如果存在差异，分析原因。

(2)将主要原材料的本期各月间及上期的单位成本进行比较，分析其波动原因，对异常项目进行调查并予以记录。

3. 执行存货监盘程序。

4. 检查原材料的入账基础和计价方法是否正确，前后期是否一致；自原材料明细表中选取适量品种：

(1)在以实际成本计价时，将其单位成本与购货发票核对。

(2)在以计划成本计价时，将其单位成本与被稽查单位制定的计划成本核对，同时关注被稽查单位计划成本制定的合理性。

5. 对于通过非货币性资产交换、债务重组、企业合并以及接受捐赠等取得的原材料，检查其入账的有关依据是否真实、完备，入账价值和会计处理是否符合相关规定。

6. 检查投资者投入的原材料是否按照投资合同或协议约定的价值入账，并检查约定的价值是否公允，交接手续是否齐全。

7. 检查与关联方的购销业务是否正常，关注交易价格、交易金额的真实性及合理性。

8. 了解被稽查单位原材料发出的计价方法，前后期是否一致，并抽取主要材料复核其计算是否正确；对于不能替代使用的原材料，以及为特定项目专门购入或制造的原材料，检查是否采用个别计价法确定发出成本；若原材料以计划成本计价，还应检查材料成本差异的发生和结转的金额是否正确。

9. 结合期末市场采购价，分析主要原材料期末结存单价是否合理。

10. 编制本期发出材料汇总表，与相关科目勾稽核对，并抽查复核月度发出材料汇总表的正确性。

11. 审核有无长期挂账的原材料，如有，应查明原因，必要时提出调整建议。

12. 查阅资产负债表日前后若干天的原材料增减变动记录和原始凭证，检查有无跨期现象，如有，则应做出记录，必要时提出调整建议。

13. 结合原材料的盘点，检查期末有无料到单未到情况，如有，应查明是否已暂估价入账，其暂估价是否合理。

14. 结合长、短期借款等项目，了解是否有用于债务担保的原材料，如有，则应取证并作相应的记录，同时提请被稽查单位作恰当披露。

15. 确定原材料的披露是否恰当。

三、材料成本差异的实质性程序

1. 获取或编制材料成本差异明细表，复核加计正确，与总账数、明细账合计数核对相符。

2. 对本期内各月的材料成本差异率实施实质性分析程序，并与上期进行比较，检查是否存在异常波动，计算方法是否前后期一致，是否存在调节成本的现象。

3. 结合以计划成本计价的原材料、包装物等的入账基础测试，检查材料成本差异的发生额是否正确。

4. 抽查若干月发出材料汇总表，检查材料成本差异是否按月分摊，使用的差异率是否为当月实际差异率，差异的分配是否正确，分配方法前后期是否一致。

5. 确定材料成本差异的披露是否恰当。

四、库存商品的实质性程序

1. 获取或编制库存商品明细表，复核加计是否正确，并与总账数、明细账合计数核对相符；同时抽查明细账与仓库台账、卡片记录，检查是否核对相符。

2. 执行实质性分析程序：

(1)编制本期库存商品增减变动表，分析其变动规律，并与上期比较，如果存在差异，分析原因。

(2)对主要库存商品本期内各月间及上期的单位成本进行比较，分析其波动原因，对异常项目进行调查并记录。

3. 执行存货监盘程序。

4. 检查库存商品的入账基础和计价方法是否正确，前后期是否一致；自库存商品明细表中选取适量品种：

(1)在以实际成本计价时，将其单位成本与成本计算单或购货发票核对。

(2)在以计划成本计价时，将其单位成本与被稽查单位制定的计划成本核对，同时关注被稽查单位计划成本制定的合理性。

(3)对于通过非货币性资产交换、债务重组、企业合并以及接受捐赠取得的库存商品，检查其入账的有关以及是否真实、完备，入账价值和会计处理是否符合相关规定。

5. 检查投资者投入的库存商品是否按照投资合同或协议约定的价值入账，并同时检查约定的价值是否公允，交接手续是否齐全。

6. 检查与关联方的商品购销交易是否正常，关注交易价格、交易金额的真实性与合理性。

7. 抽查库存商品入库单，核对库存商品的品种、数量与入账记录是否一致；检查产成品入库的实际成本是否与“生产成本”科目的结转额相符。

8. 了解被稽查单位库存商品发出计价方法，并抽取主要库存商品检查其计算是否正确；对于不能替代使用的库存商品，以及为特定项目专门制造的库存商品，检查是否采用个别计价法确定发出成本；若库存商品以计划成本计价，还应检查产品成本差异的发生和结转金额是否正确。

9. 编制本期库存商品发出汇总表，与相关科目勾稽核对，并抽查复核月度库存商品发出汇总表的正确性。

10. 审阅库存商品明细账，检查有无长期挂账的库存商品，如有，应查明原因，必要时提出适当处理建议。

11. 查阅资产负债表日前后若干天的库存商品增减变动记录和原始凭证，检查有无跨期现象，如有，则应做出记录，必要时作调整。

12. 结合外购库存商品的盘点，检查期末有无货到单未到的情况，如有，应查明是否已暂估入账，暂估价是否合理。

13. 结合长、短期借款等项目，了解是否有用于债务担保的库存商品，如有，应取证并作相应记录，同时提请被稽查单位作恰当披露。

14. 确定库存商品的披露是否恰当。

五、发出商品的实质性程序

1. 获取或编制发出商品明细表，复核加计是否正确，并与总账数、明细账合计数核对相符。

2. 执行实质性分析程序：

(1)编制本期发出商品增减变动表，分析其变动规律，并与上期比较，如果存在差异，应分析原因。

(2)对主要发出商品本期内各月间及上期的单位成本进行比较，分析其波动原因，对异常项目进行调查并记录。

3. 了解被稽查单位对发出商品结转的计价方法，并抽取主要发出商品检查其计算是否正确；若发出商品以计划成本计价，还应检查产品成本差异发生和结转金额是否正确。

4. 编制本期发出商品发出汇总表，与相关科目勾稽核对，并抽查复核月度发出商品发出汇总表的正确性。

5. 必要时，对发出商品的期末余额应函询核实。

6. 检查发出商品退回的会计处理是否正确。

7. 查阅资产负债表前后若干天的发出商品增减变动记录和原始凭证，检查有无跨期现象，如有，应做出记录，必要时作调整。

8. 审核有无长期挂账的发出商品，如有，应查明原因，必要时提出调整建议。

9. 确定发出商品的披露是否恰当。

六、商品进销差价的实质性程序

1. 获取或编制商品进销差价明细表，复核加计正确，并与总账数、明细账合计数核对相符。

2. 对本期内各月间的商品进销差价率进行分析性复核，检查是否存在异常波动，计算方法前后期是否一致，是否存在调节成本的现象。

3. 结合以前售价核算的库存商品入账基础的测试，检查商品进销差价的发生额是否正确。

4. 抽查月度商品发出汇总表，检查商品进销差价是否按月分摊，使用的差价率是否系当月实际差价率，并注意分配方法前后期是否一致。

5. 检查库存商品发生盈余或损失时，商品进销差价及增值税进项税的会计处理方法是否正确。

6. 检查被稽查单位是否在年度终了对商品进销差价进行核实调整。

7. 确定商品进销差价的披露是否恰当。

七、委托加工物资的实质性程序

1. 获取或编制委托加工物资明细表，复核加计是否正确，并与总账数、明细账合计数核对相符。

2. 抽查一定数量的委托加工业务合同，检查有关发料、加工费、运费结算的凭证，核对成本计算是否正确，会计处理是否及时、正确。

3. 抽查加工完成物资的验收入库手续是否齐全，会计处理是否正确；需要缴纳消费税的委托加工物资，由受托方代收代缴消费税的会计处理是否正确。

4. 编制本期委托加工物资发出汇总表，与相关科目勾稽核对，并抽查复核月度委托加工物资发出汇总表的正确性。

5. 对期末结存的委托加工物资，应现场察看或函询核实。

6. 审核有无长期挂账的委托加工物资，如有，应查明原因，必要时提出调整建议。

7. 确定委托加工物资的披露是否恰当。

八、委托代销商品的实质性程序

1. 获取或编制委托代销商品明细表，复核加计正确，并与总账数、明细账合计数核对是否相符。

2. 抽取一定数量的委托代销业务合同，检查有关发货凭证，核对其会计处理是否及时、正确。

3. 检查是否定期收到委托代销商品销售月结单(对账单)，并抽查若干月份的销售月结单(对账单)，验明会计处理是否及时、正确。

4. 对期末结存的委托代销商品，应现场查看或函询核实。

5. 审核有无长期挂账的委托代销商品事项，如有，查明原因，必要时提出调整建议。

6. 确定委托代销商品的披露是否恰当。

九、受托代销商品的实质性程序

1. 获取或编制受托代销商品明细表，复核加计正确，并与总账数、明细账合计数核对相符；同时与仓库台账、卡片抽查结果核对一致。

2. 抽取一定数量的与委托客户签订的代销合同或协议，了解被稽查单位在代理业务中的利益和责任等重要信息，判断该业务是否为代理业务。

3. 根据与委托客户签订的合同，检查是否正确计算属于客户的收益和被稽查单位的代理收益。

4. 检查受托代销商品的会计处理是否正确，与代销商品款是否配比。

5. 对期末结存的受托代销商品，应现场监盘或询证核实。

6. 检查是否存在接受关联方委托代销商品事项，若有，执行对关联方及其交易稽查程序。

7. 检查有无长期挂账的受托代销商品事项，如有，应查明原因，必要时提出调整建议。

8. 确定受托代销商品的披露是否恰当。

十、周转材料的实质性程序

1. 获取或编制周转材料明细表，复核加计正确，并与总账数、明细账合计数核对相符；同时抽查明细账与仓库台账、卡片记录，检查是否相符。

2. 对周转材料余额实施实质性分析程序，将周转材料期末余额与期初余额进行比较，分析其波动原因，对异常项目进行调查并作记录。

3. 执行监盘程序。

4. 检查周转材料的入账基础和计价方法是否正确，前后期是否一致；自周转材料明细表中选取适量品种：

(1)在以实际成本计价时，将其单位成本与购货发票核对。

(2)在以计划成本计价时，将其单位成本与被稽查单位制定的计划成本核对，同时关注被稽查单位计划成本制定的合理性。

5. 检查与关联方的购销交易是否正常，关注交易价格、交易金额的真实性与合理性。

6. 了解被稽查单位对周转材料发出的计价方法，检查前后期是否一致，并抽取主要周转材料检查其计算是否正确；若周转材料以计划成本计价，还应检查材料成本差异的发生和结转金额是否正确。

7. 编制本期周转材料发出汇总表，与相关科目勾稽核对，并抽查月度周转材料发出汇总表的正确性。

8. 审核有无长期挂账的周转材料，如有，应查明原因，必要时提出调整建议。

9. 查阅资产负债表日前后若干天的周转材料增减变动记录和原始凭证，检查有无跨期现象，如有，则应做出记录，必要时提出调整建议。

10. 结合周转材料的监盘，检查期末有无料到单未到情况，如有，应查明是否已暂估入账，暂估价是否合理。

11. 检查出租、出借周转材料的会计处理是否合理。

12. 检查周转材料中的低值易耗品与固定资产的划分是否符合规定。

13. 检查周转材料的转销或摊销方法是否符合企业会计准则的规定，前后期是否一致：包装物和低值易耗品，应当采用一次转销法或者五五摊销法进行摊销；钢模板、木模板、脚手架和其他周转材料等，可以采用一次转销法、五五摊销法或者分次摊销法进行摊销。

14. 检查被稽查单位是否存在周转材料押金，若有，结合相关项目的稽查，查明周转材料押金的收取情况是否合理，有无合同，是否存在逾期周转材料押金，相应税金的处理是否正确，必要时提出调整建议。

15. 结合长、短期借款等项目，了解是否有用于债务担保的周转材料，如有，则应取证并作相应的记录，同时提请被稽查单位作恰当披露。

16. 确定周转材料的披露是否恰当。

十一、存货跌价准备的实质性程序

1. 获取或编制存货跌价准备明细表，复核加计是否正确，并与总账数和明细账合计数核对相符。

2. 检查存货跌价准备计提和存货损失转销的批准程序，取得书面报告、销售合同或劳务合同等证明文件。

3. 评价存货跌价准备的计提依据和计提方法是否合理，是否充分考虑了持有存货的目的及资产负债表日后事项的影响等因素。

4. 若被稽查单位为建造承包商，对其执行中的建造合同，应检查预计总成本是否超过合同总收入，如果超过，跌价准备计提是否合理，会计处理是否正确。

5. 比较本期实际损失发生数与前期存货跌价准备的余额，以评价上期存货跌价准备计提的合理性。

6. 如果被稽查单位出售或核销已经计提跌价准备的存货，应检查相应的跌价准备的会计处理是否正确。

7. 注意已计提跌价准备的存货价值又得以恢复的，是否在原已计提的跌价准备的范围内转回，依据是否充分，并记录转回金额。

8. 检查被稽查单位是否于期末对存货进行了检查分析，存货跌价准备的计算和会计处理是否正确。

9. 确定存货跌价准备的披露是否恰当。

十二、受托代销商品款的实质性程序

1. 获取或编制受托代销商品款明细表，复核加计正确，并与总账数、明细账合计数核对相符。

2. 获取与委托客户签订代理业务的合同或协议，检查代理业务发生的内容、性质是否合法，了解公司参与代理业务的利益和责任等重要信息。

3. 结合受托代销商品科目的稽查，检查受托代销商品和受托代销商品款是否配比，是否正确计算相关收益，会计处理是否正确。

4. 必要时，向委托客户发函询证受托代销商品款的真实性。

5. 检查受托代销商品款相关的会计处理是否正确。

6. 检查是否存在接受关联方委托代销商品事项，若有，执行关联方及其交易稽查程序。

7. 确定受托代销商品款的披露是否恰当。

【本章小结】

本章介绍生产与存货循环及其稽查实务。首先应了解该循环所涉及的证据、业务活动及其内部控制，然后应了解针对涉税项目的相关认定所应采取的常用内部控制测试和常用的交易实质性程序，尤其要掌握常见的关于存货稽查、营业成本稽查的实质性程序。通过本章学习，附带了解材料采购、库存商品等的稽查，为企业所得税的某些项目稽查打下基础。

【关键术语】

生产与存货循环　常见内控　常见交易实质性程序

【思考题】

1. 企业在生产与存货循环的诸内部控制目标(“存在”或“发生”“完整性”“计价和分摊”“分类”“截止”等)中，针对税收会具有哪种倾向?

2. 针对企业在生产与存货业务中的倾向性，税务稽查应采取哪些应对措施?

第九章　筹资与投资循环稽查

第一节　筹资与投资循环的特点

筹资活动是指企业为满足生存和发展的需要，通过改变企业资本及债务规模和构成而筹集资金的活动。投资活动是指企业为享有被投资单位分配的利润，或为谋求其他利益，将资产让渡给其他单位而获得另一项资产的活动。

筹资与投资循环所涉及的资产负债表项目主要有：交易性金融资产、应收利息、应收股利、可供出售金融资产、持有至到期投资、长期股权投资、投资性房地产、短期借款、交易性金融负债、应付利息、应付股利、长期借款、应付债券、实收资本、资本公积、盈余公积、未分配利润等；筹资与投资循环中所涉及的利润表项目主要有：财务费用、投资收益等。该循环对企业所得税有至关重要的影响。

筹资和投资循环由筹资活动和投资活动的交易事项构成。筹资活动主要由借款交易和股东权益交易组成。投资活动主要由权益性投资交易和债权性投资交易组成。筹资与投资循环具有如下特征：

1. 稽查年度内筹资与投资循环的交易数量较少，而每笔交易的金额通常较大。

2. 漏记或不适当地对一笔业务进行会计处理，将会导致重大错误，从而对企业会计报表的公允反映产生较大的影响。

3. 筹资与投资循环交易必须遵守国家法律、法规和相关契约的规定。

一、凭证和记录

(一)筹资活动的凭证和会计记录

1. 债券。是公司依据法定程序发行、约定在一定期限内还本付息的有价证券。

2. 股票。是公司签发的证明股东所持股份的凭证。

3. 债券契约。是一张明确债券持有人与发行企业双方所拥有的权利与义务的法律性文件，其内容一般包括：债券发行的标准；债券的明确表述；利息或利息率；受托管理人证书；登记和背书；如系抵押债券，所担保的财产；债券发生拖欠情况，如何处理，以及对偿债基金、利息支付、本金返还等的处理。

4. 股东名册。发行记名股票的公司应记载的内容一般包括：股东的姓名或者名称及住所；各股东所持股份数；各股东所持股票的编号；各股东取得其股份的日期。发行无记名股票的，公司应当记载其股票数量、编号及发行日期。

5. 公司债券存根簿。发行记名公司债券的应记载的内容一般包括：债券持有人的姓名或者名称及住所；债券持有人取得债券的日期及债券的编号；债券总额、债券的票面金额、债券的利率、债券还本付息的期限和方式；债券的发行日期。发行无记名债券的应当在公司的债券存根簿上记载债券总额、利率、偿还期限和方式、发行日期和债券编号。

6. 承销或包销协议。公司向社会公共发行股票或债券时，应当由依法设立的证券经营机构承销或包销，公司应与其签订承销或包销协议。

7. 借款合同或协议。公司向银行和其他金融机构借入款项时与其签订的合同或协议。

8. 有关记账凭证。

9. 有关会计科目的明细账和总账。

(二)投资活动的凭证和会计记录

1. 股票或债券。
2. 经纪人通知书。
3. 债券契约。
4. 企业的章程及有关协议。
5. 投资协议。
6. 有关记账凭证。
7. 有关会计科目的明细账和总账。

二、筹资与投资循环所涉及的主要业务活动

(一)筹资所涉及的主要业务活动

1. 审批授权。企业通过借款筹集资金需经管理当局的审批，其中债券的发行每次均要由董事会授权；企业发行股票必须依据国家有关法规或企业章程的规定，报经企业最高权力机构(如董事会)及国家有关管理部门批准。

2. 签订合同或协议。向银行或其他金融机构融资须签订借款合同，发行债券须签订债券契约和债券承销或包销合同。

3. 取得资金。企业实际取得银行或金融机构划入的款项或债券、股票的融入资金。

4. 计算利息或股利。企业应按有关合同或协议的规定，及时计算利息或股利。

5. 偿还本息或发放股利。银行借款或发行债券应按有关合同或协议的规定偿还本息，融入的股本根据股东大会的决定发放股利。

(二)投资所涉及的主要业务活动

1. 审批授权。投资业务应由企业的高层管理机构进行审批。

2. 取得证券或其他投资。企业可以通过购买股票或债券进行投资，也可以通过与其他单位联合形成投资。

3. 取得投资收益。企业可以取得股权投资的股利收入、债券投资的利息收入和其他

投资收益。

4. 转让证券或收回其他投资。企业可以通过转让证券实现投资的收回；其他投资已经投出，除联营合同期满，或由于其他特殊原因联营企业解散外，一般不得抽回投资。

第二节　控制测试和交易的实质性程序

一、概述

在讨论内部控制和内部控制测试之前，给出表 9-1 和表 9-2。表 9-1 和表 9-2 将内部控制目标、关键内部控制、常用内部控制测试和常用交易实质性程序一并列示，现就其中最重要的几点分述如下。

1. 内部控制目标

表 9-1 和表 9-2 所列的目标是将稽查目标具体运用在筹资与投资循环中。某些内部控制可以实现几个目标，但为了有助于理解，本节的讨论是分别对每一个目标进行的。

2. 关键内部控制

关键内部控制应实现其控制目标。如果为实现任何一个目标所必需的内部控制不健全，不管其他目标控制的效果如何，都有可能出现错误。

3. 常用控制测试

稽查人员应了解每一项内部控制并对其执行有关的控制测试，以评价其有效性。

4. 交易实质性程序

在表 9-1 和表 9-2 中，交易实质性程序与第一栏所列的内部控制目标直接相关。稽查人员在确定交易实质性程序时，应充分考虑被稽查单位关键内部控制及其测试的结果，同时考虑重要性原则、被稽查单位上年的稽查结果和其他相关的因素。

表 9-1　筹资活动的控制目标、内部控制和测试一览表

内部控制目标	关键内部控制	常用的内部控制测试	常用的交易实质性程序
借款和所有者权益账面余额在资产负债表日确实存在，借款利息费用和已支付的股利是由被稽查期间实际发生的交易事项引起的（存在或发生）	借款或发行股票经过授权审批 签订借款合同或协议、债券契约、承销或包销协议等相关法律性文件	索取借款或发行股票的授权批准文件，检查权限是否恰当，手续是否齐全 索取借款合同或协议、债券契约、承销或包销协议	获取或编制借款和股本明细表，复核加计正确，并与报表数、总账数和明细账合计数核对相符 检查与借款或股本发行有关的原始凭证，确认其真实性，并与会计记录核对 检查利息计算的依据，复核应计利息的正确性，并确认全部利息计入相关账户

续表

内部控制目标	关键内部控制	常用的内部控制测试	常用的交易实质性程序
借款均为被稽查单位承担的债务，所有者权益代表所有者的法定求偿权（权利与义务）			向银行或其他金融机构、债券包销人函证，并与账面余额核对 检查股东是否已按合同、协议、章程约定时间缴付出资额，其出资额是否经中国稽查人员审验
借款和所有者权益的期末余额正确（计价与分摊）	建立严密完善的账簿体系和记录制度 核算方法符合会计准则和会计制度的规定	抽查筹资业务的会计记录，从明细账抽取部分会计记录，按原始凭证到明细账、总账的顺序核对有关数据和情况，判断其会计处理过程是否合规完整	
借款和所有者权益在资产负债表上的披露正确（列报）	筹资业务明细账与总账的登记职务分离 筹资披露符合会计准则和会计制度的要求	观察职务是否分离	确定借款和所有者权益的披露是否恰当，注意一年内到期的借款是否列入流动负债

表 9-2 投资活动的控制目标、内部控制和测试一览表

内部控制目标	关键内部控制	常用的内部控制测试	常用的交易实质性程序
投资增减变动及其收益（或损失）均已登记入账（完整性）	投资业务的会计记录与授权、执行和保管等方面明确职责分工 健全证券投资资产的保管制度，或者委托专门机构保管，或者由内部建立至少两名人员以上的联合控制制度，证券的存取均需详细记录和签名	观察并描述投资业务的职责分工 了解证券资产的保管制度，检查被稽查单位自行保管时，存取证券是否进行详细的记录并由所有经手人员签字	检查年度内投资增减变动的原始凭证，对于增加项目要核实其入账基础是否符合投资合同、协议的有关规定，会计处理是否正确；对于减少的项目要核实其变动原因及授权批准手续

续表

内部控制目标	关键内部控制	常用的内部控制测试	常用的交易实质性程序
投资均为被稽查单位所有（权利与义务）	内部稽查人员或其他不参与投资业务的人员定期盘点证券投资资产，检查是否为企业实际拥有	了解企业是否定期进行证券投资资产的盘点 审阅盘核报告，检查盘点方法是否恰当、盘点结果与会计记录核对情况以及出现差异的处理是否合规	盘点证券投资资产 向委托的专门保管机构函证，以证实投资证券的真实存在
投资的计价方法正确，期末余额正确（计价与分摊）	建立详尽的会计核算制度，按每一种证券分别设立明细账，详细记录相关资料 核算方法符合会计准则和会计制度的规定 期末进行成本与市价孰低比较，并正确记录投资跌价准备	抽查投资业务的会计记录，从明细账抽取部分会计记录，按原始凭证到明细账、总账的顺序核对有关数据和情况，判断其会计处理过程是否合规完整	检查投资的入账价值是否符合投资合同、协议的规定，会计处理是否正确，重大投资项目，应查阅董事会有关决议，并取证 检查长期股权投资的核算是否按规定采用权益法或成本法；期末短期投资是否计提跌价准备，长期投资是否计提减值准备 检查长期债券投资的溢价或折价，是否按有关规定摊销
投资在资产负债表上的披露正确（列报）	投资明细账与总账的登记职务分离 投资披露符合会计准则和会计制度的要求	观察职务是否分离	查明库存股票是否已提供质押或受到其他约束的，应取证并提请被稽查单位作恰当披露 验明投资的披露是否恰当，注意一年内到期的长期投资是否列入流动资产

上述各要点是互相关联的：第一栏是内部控制的目标和交易测试的目标。第二栏列示了每项内部控制目标的一项或几项关键内部控制。第三栏所列的常用控制测试与第二栏中的关键内部控制有直接关系。控制测试如果不用来测试某一具体的控制，就毫无意义。对第二栏中的每一项内部控制，本表的第三栏至少相应地有一项控制测试。第四栏中所列的交易实质性程序，是证明第一栏中具体稽查目标的证据，交易实质性程序虽然与关键内部控制及常用控制测试栏目没有直接的关系，但交易实质性程序的范围，在一定程度上要取决于关键内部控制是否存在和常用控制测试的结果。

表 9-1 和表 9-2 中所列示的内容，目的在于帮助稽查人员掌握设计实现稽查目标的稽

查方案的方法。在实际操作中，稽查人员应运用上述方法，根据被稽查单位的具体情况，设计富有效率和效果的稽查方案。如果前一年度该企业的稽查工作是由同一会计师事务所进行的稽查人员应将调查重点放在企业内部控制的变动部分，掌握各项变动的原因和影响。如果在上一年度稽查中，针对内部控制提出过管理建议，稽查人员还应证实各项管理建议是否已得到落实，并弄清未予落实的原因。

二、内部控制和控制测试

(一)筹资活动的内部控制和控制测试

筹资活动由借款交易和股东权益交易组成。企业的借款交易涉及短期借款、长期借款和应付债券，这些内部控制基本类似，股东权益增减变动的业务较少而金额较大，稽查人员在稽查中一般直接进行实质性程序。这里我们以应付债券为例说明其内部控制和内部控制测试。

一般来讲，应付债券的内部控制的只要内容包括：(1)应付债券的发行要有正式的授权程序，每次均要由董事会授权；(2)申请发行债券时，应履行审批手续，向有关机关关递交相关文件 ；(3)应付债券的发行，要有受托管理人来行使保护发行人和持有人合法权益的权利；(4)每种债券发行都必须签订债券契约；(5)债券的承销或包销必须签订有关协议；(6)记录应付债券业务的会计人员不得参与债券发行；(7)如果企业保存债券持有人明细分类账，应同总分类账核对相符，若这些记录由外部机构保存，则须定期同外部机构核对；(8)未发行的债券必须有专人负责；(9)债券的购回要有正式的授权程序。

稽查人员在对应付债券内部控制进行控制测试时，如果企业应付债券业务不多，稽查人员可根据成本效益原则决定直接进行实质性程序；如果企业应付债券业务繁多，稽查人员则必须对应付债券的内部控制进行控制测试。

稽查人员在了解企业应付债券内部控制后，应运用一定的方法进行内部控制以测试其健全、有效程度。控制测试方法通常包括如下内容：

1. 取得债券发行的法律性文件，检查债券发行是否经董事会授权、是否履行了适当的审批手续、是否符合法律的规定。
2. 检查企业发行债券的收入是否立即存入银行。
3. 取得债券契约，检查企业是否根据契约的规定支付利息。
4. 检查债券入账的会计处理是否正确。
5. 检查债券溢(折)价的会计处理是否正确。
6. 取得债券偿还和购回的董事会决议，检查债券的偿还和购回是否按董事会的授权进行。

(二)投资活动的内部控制和控制测试

一般来讲，投资内部控制的主要内容包括下列几个方面：

1. 合理的职责分工。这是指合法的投资业务，应在业务的授权、业务的执行、业务的会计记录以及投资资产的保管等方面都有明确的分工，不得由一人同时负责上述任何两项工作。比如，投资业务在企业高层管理机构核准后，可由高层负责人员授权签批，由财务经理办理具体的股票或债券的买卖业务，由会计部门负责进行会计记录和财务处理，并由专人保管股票或债券。这种合理的分工所形成的相互牵制机制有利于避免或减少投资业务中发生错误或舞弊的可能性。

2. 健全的资产保管制度。企业对投资资产(指股票和债券资产)一般有两种保管方式：一种是由独立的专门机构保管，如在企业拥有较大的投资资产的情况下，委托银行、证券公司、信托投资公司等机构进行保管。这些机构拥有专门的保存和防护措施，可以防止各种证券及单据的失窃或毁损，并且由于它与投资业务的会计记录工作完全分离，可以大大降低舞弊的可能性。另一种方式是由企业自行保管，在这种方式下，必须建立严格的联合控制制度，即至少要由两名以上人员共同控制，不得一人单独接触证券。对于任何证券的存入或取出，都要将债券名称、数量、价值及存取的日期、数量等详细记录于证券登记簿内，并由所有在场的经手人员签名。

3. 详尽的会计核算制度。企业的投资资产无论是自行保管的还是由他人保管的，都要进行完整的会计记录，并对其增减变动及投资收益进行相关会计核算。具体而言，应对每一种股票或债券分别设立明细分类账，并详细记录其名称、面值、证书编号、数量、取得日期、经纪人(证券商)名称、购入成本、收取的股息或利息等；对于联营投资类的其他投资，也应设置明细分类账，核算其他投资的投出及其投资收益和投资收回等业务，并对投资的形式(如流动资产、固定资产、无形资产等)、投向(即接受投资单位)、投资的计价以及投资收益等作出详细的记录。

4. 严格的记名登记制度。除无记名证券外，企业在购入股票或债券时应在购入的当日尽快登记于企业名下，切忌登记于经办人员名下，防止冒名转移并借其他名义谋取私立的舞弊行为发生。

5. 完善的定期盘点制度。对于企业所拥有的投资资产，应由内部稽查人员或不参与投资业务的其他人员进行定期盘点，检查是否确为企业所有，并将盘点记录与账面记录相互核对以确认账实的一致性。

投资的控制测试一般包括如下内容：

1. 进行抽查。稽查人员应抽查投资业务的会计记录。例如，可从各类投资业务的明细账中抽取部分会计分录，按原始凭证到明细账、总账的顺序核对有关数据和情况，判断其会计处理过程是否合规完整。

2. 审阅内部盘核报告。稽查人员应审阅内部稽查人员或其他授权人员对投资资产进行定期盘核的报告。应审阅其盘点方法是否恰当、盘点结果与会计记录相核对情况以及出现差异的处理是否合规。如果各期盘核报告的结果未发现账实之间存在差异(或差异不大)，说明投资资产的内部控制得到了有效执行。

3. 分析企业投资业务管理报告。对于企业的长期投资，稽查人员应对照有关投资方面的文件和凭据，分析企业的投资业务管理报告。在做出长期投资决策之前，企业最高管理阶层(如董事会)需要对投资进行可行性研究和论证，并形成一定的纪要。投资业务一经执行，又会形成一系列的投资凭据或文件，如证券投资的各类证券，联营投资中的投资协议、合同及章程等。负责投资业务的财务经理须定期向企业最高管理层报告有关投资业务的开展情况(包括投资业务内容和投资收益实现情况及未来发展预测)，即提交投资业务管理报告书，供最高管理层投资决策和控制。稽查人员应该认真分析这些投资管理报告的具体内容，并对照前述的有关文件和凭据资料，从而判断企业长期投资业务的管理情况。

三、交易的实质性程序

表 9-1 和表 9-2 中的第四栏针对内部控制目标简要列示了交易实质性程序，交易实质性程序的目的是验证内部控制目标是否能够实现。稽查人员在确定交易实质性程序时，应充分考虑被稽查单位关键内部控制及其测试的结果，同时考虑重要性原则、被稽查单位上年的稽查结果以及其他相关的因素。

第三节　借款相关项目稽查

借款是企业承担的一项经济义务，是企业的负债项目。本节的内容包括短期借款、长期借款和应付债券。在一般情况下，被稽查单位不会高估负债，因为这样于自身不利，且难以与债权人的会计记录相互印证。为了正确反映企业的财务状况和经营成果，必须将企业的负债完整地列示在资产负债表中，并正确地予以计价。稽查人员对于负债项目的稽查，主要好似方法企业低估债务。低估债务经常伴随着低估成本费用，从而高估利润的目的。因此，低估债务不仅影响财务状况的反映，而且还会极大地影响企业财务成果的反映。所以，稽查人员在执行借款业务稽查时，应将被稽查单位是否低估借款作为一个关注的要点。

一、短期借款的稽查

(一)短期借款的稽查目标

短期借款的稽查目标一般包括：确定期末短期借款是否存在；确定期末短期借款是否为被稽查单位应履行的偿还义务；确定短期借款的借入、偿还及计息的记录是否完整；确定短期借款的期末余额是否正确；确定短期借款的披露是否恰当。

(二)短期借款的实质性程序

短期借款的实质性程序通常包括：

1. 获取或编制短期借款明细表。稽查人员应首先获取或编制短期借款明细表，复核其加计数是否正确，并与明细账和总账核对相符。

2. 函证短期借款的实有数。稽查人员应在期末短期借款余额较大或认为必要时向银行或其他债权人函证短期借款。

3. 检查短期借款的增加。对年度内增加的短期借款，稽查人员应检查借款合同和授权批准，了解借款数额、借款条件、借款日期、还款期限、借款利率，并与相关会计记录相核对。

4. 检查短期借款的减少。对年度内减少的短期借款，稽查人员应检查相关记录和原始凭证，核实还款数额。

5. 检查有无到期未偿还的短期借款。稽查人员应检查相关记录和原始凭证，检查被稽查单位有无到期未偿还的短期借款，如有，则应查明是否已向银行提出申请并经同意后办理延期手续。

6. 复核短期借款利率。稽查人员应根据短期借款的利率和期限，复核被稽查单位短期借款的利息计算是否正确，有无多算或少算利息的情况，如有未计利息和多计利息，应做出记录，必要时候进行调整。

7. 检查外币借款的折算。如果被稽查单位有外币短期借款，稽查人员应检查外币短期借款的增减变动是否按业务发生时的市场汇率或期初市场汇率折合成记账本位币金额；期末是否按市场汇率将外币短期借款余额折合为记账本位币金额；折算差额是否按规定进行会计处理；折算方法是否前后期一致。

8. 检查短期借款在资产负债表上的列报是否恰当。企业的短期借款在资产负债表上通常设“短期借款”项目单独列示，对于因抵押而取得的短期借款，应在资产负债表附注中揭示，稽查人员应注意被稽查单位对短期借款项目的披露是否充分。

二、长期借款的稽查

（一）长期借款的稽查目标

长期借款的稽查目标一般包括：确定期末长期借款是否存在；确定期末长期借款是否为被稽查单位应履行的偿还义务；确定长期借款的借入、偿还及计息的记录是否完整；确定长期借款的期末余额是否正确；确定长期借款的披露是否恰当。

（二）长期借款的实质性程序

长期借款同短期借款一样，都是企业向银行或其他金融机构借入的款项，因此，长期借款的实质性程序同短期借款的实质性程序较为相似。长期借款的实质性程序通常包括：

1. 获取或编制长期借款明细表，复核加计是否正确，并与明细账和总账数核对相符。

2. 了解金融机构对被稽查单位的授信情况以及被稽查单位的信用等级评估情况，了解被稽查单位获得短期借款和长期借款的抵押和担保情况，评估被稽查单位的信誉和融资能力。

3. 对年度内增加的长期借款，应检查借款合同和授权批准，了解借款数额、借款条件、借款日期、还款期限、借款利率，并与相关会计记录相核对。

4. 检查长期借款的使用是否符合借款合同的规定，重点检查长期借款使用的合理性。

5. 向银行或其他债权人函证重大的长期借款。

6. 对年度内减少的长期借款，稽查人员应检查相关记录和原始凭证，核实还款数额。

7. 检查年末有无到期未偿还的借款，逾期借款是否办理了延期手续，分析计算逾期借款的金额、比率和期限，判断被稽查单位的资信程度和偿债能力。

8. 计算短期借款、长期借款在各个月份的平均余额，选取适用的利率匡算利息支出总额，并与财务费用的相关记录核对，判断被稽查单位是否高估或低估利息支出，必要时进行适当调整。

9. 检查非记账本位币折合记账本位币时采用的折算汇率，折算差额是否按规定进行会计处理。

10. 检查借款费用的会计处理是否正确。借款费用，指企业因借款而发生的利息及其他相关成本，包括折价或溢价的摊销、辅助费用以及因外币借款而发生的汇兑差额。按照《企业会计准则17号——借款费用》的规定，企业发生的借款费用，可直接归属于符合资本化条件的资产的购建或生产的，应当予以资本化，计入相关资产成本；其他借款费用，应当在发生时根据其发生额确认费用，计入当期损益。

11. 检查企业抵押长期借款的抵押资产的所有权是否属于企业，其价值和实际状况是否与抵押契约中的规定相一致。

12. 检查企业重大的资产租赁合同，判断被稽查单位是否存在资产负债表外融资的现象。

13. 检查长期借款是否已在资产负债表上充分披露。

长期借款在资产负债表上列示于长期负债类下，该项目应根据“长期借款”科目的期末余额扣减将于一年内到期的长期借款后的数额填列，该项扣除数应当填列在流动负债类下的“一年内到期的长期负债”项目单独反映。稽查人员应根据稽查结果，确定被稽查单位长期借款在资产负债表上的列示是否充分，并注意长期借款的抵押和担保是否已在财务报表附注中作了充分的说明。

三、应付债券的稽查

(一)应付债券的稽查目标

应付债券的稽查目标一般包括：确定期末应付债券是否存在；确定期末应付债券是否为被稽查单位应履行的偿还义务；确定应付债券的发行、偿还及计息的记录是否完整；确定应付债券的期末余额是否正确；确定应付债券的披露是否恰当。

(二)应付债券的实质性程序

应付债券的实质性程序一般包括：

1. 获取或编制应付债券明细表。同其他负债项目的实质性程序一样，稽查人员应首先取得或编制应付债券明细表，并同有关的明细分类账和总分类账核对相符。应付债券明细账通常都包括债券名称、承销机构、发行日、到期日、债券总额(面值)、实收金额、折价和溢价及其摊销、应付利息、担保情况等内容。

2. 检查债券交易的有关原始凭证。检查债券交易的各项原始凭证，是确定应付债券金额及其合法性的重要程序，稽查人员应作好以下工作：

(1)检查企业现有债券副本，确定其发行是否合法，各项内容是否同相关的会计记录相一致。

(2)检查企业发行债券所收入现金的收据、汇款通知单、送款登记簿及相关的银行对账单。

(3)检查用以偿还债券的支票存根，并检查利息费用的计算。

(4)检查已偿还债券数额同应付债券借方发生额是否相符。

(5)如果企业发行债券时已作抵押或担保，稽查人员还应检查相关契约的履行情况。

3. 检查应计利息、债券折(溢)价摊销及其会计处理是否正确。此项工作一般可通过检查债券利息、溢价、折价等账户分析表来进行。该表可让企业代为编制，稽查人员加以检查，也可由稽查人员自己编制。

4. 函证“应付债券”账户期末余额。为了确定“应付债券”账户期末余额的真实性，稽查人员如果认为必要，可以直接向债权人及债券的承销人或包销人进行函证。函证内容应包括应付债券的名称、发行日、到期日、利率、已付利息期间、年内偿还的债券、资产负债表日尚未偿还的债权及稽查人员认为应包括的其他重要事项。

5. 检查到期债券的偿还。对到期债券的偿还，稽查人员应检查相关会计记录，检查其会计处理是否正确。对可转换公司债券持有人行使转换权利，将其持有的债券转换为股票，则应检查其转股的会计处理是否正确。

6. 检查借款费用的会计处理是否正确。

7. 检查应付债券是否已在资产负债表上充分披露。应付债券在资产负债表中列示于长期负债类下，该项目应根据“应付债券”科目的期末金额扣除将于一年内到期的应付债券后的数额填列，该扣除数应当填列在流动负债类下的“一年内到期的长期负债”项目单独反映。稽查人员应根据稽查结果，确定被稽查单位应付债券在财务报表上的披露是否充分，应注意有关应付债券的类别是否已在财务博爱表附注中作了充分的说明。

第四节　所有者权益相关项目稽查

所有者权益，是企业投资者对企业净资产的所有权，包括投资者对企业的投入资本以及企业存续过程中形成的资本公积、盈余公积和未分配利润。根据资产负债表的平衡原理，所有者权益在数量上等于企业的全部资产减去全部负债后的余额，即企业净资产数额。如果稽查人员能够对企业的资产和负债进行充分的稽查，证明两者的期初余额、期末余额和本期变动都是正确的，这便从侧面为所有者权益的期末余额和本期变动的正确性提供了有力的证据。同时，由于所有者权益增减变动的业务较少、金额较大的特点，稽查人员在稽查了企业的资产和负债之后，往往只花费相对较少的时间对所有者权益进行稽查。尽管如此，在稽查过程中，对所有者权益进行单独稽查仍是十分必要的。

一、实收资本(股本)的稽查

(一)实收资本(股本)的稽查目标

实收资本(股本)的稽查目标一般包括：确定实收资本(股本)是否存在；确定实收资本(股本)的增减变动是否符合法律、法规和合同、章程的规定，记录是否完整；确定实收资本(股本)期末余额是否正确；确定实收资本(股本)的披露是否恰当。

(二)实收资本(股本)的实质性程序

实收资本(股本)的实质性程序通常包括：

1. 获取或编制实收资本(股本)增减变动情况明细表，复核加计正确，与报表数、总账数和明细账合计数核对相符。

2. 查阅公司章程、股东大会、董事会会议记录中有关实收资本(股本)的规定。收集与实收资本(股本)变动有关的董事会会议纪要、合同、协议、公司章程及营业执照，公司设立批文、验资报告等法律性文件，并更新永久性档案。

3. 检查实收资本(股本)增减变动的原因，查阅其是否与董事会纪要、补充合同、协议及其他有关法律性文件的规定一致，逐笔追查至原始凭证，检查其会计处理是否正确。注意有无抽资或变相抽资的情况，如有，应取证核实，作恰当处理。对首次接受委托的客户，除取得验资报告外，还应检查并复印记账凭证及进账单。

4. 对于以资本公积、盈余公积和未分配利润转增资本的，应取得股东(大)会等资料，并审核是否符合国家有关规定。

5. 以权益结算的股份支付，取得相关资料，检查是否符合相关规定。

6. 中外合作企业根据合同规定在合作期间归还投资的，检查以下内容：

(1)如系直接归还投资，检查是否符合有关的决议与公司章程和投资协议的规定，款项是否已付出，会计处理是否正确；

(2)如系以利润归还投资，还需检查是否与利润分配的决议相符，并检查与利润分配有关会计处理是否正确。

7. 根据证券登记公司提供的股东名录，检查被稽查单位及其子公司、合营企业与联营企业是否有违反规定的持股情况。

8. 以非记账本位币出资的，检查其折算汇率是否符合规定。

9. 检查认股权证及其有关交易，确定委托人及认股人是否遵守认股合约或认股权证中的有关规定。

10. 确定实收资本(股本)的披露是否恰当。

二、资本公积的稽查

(一)资本公积的稽查目标

资本公积是非经营性因素形成的不能计入实收资本的所有者权益，主要包括投资者实际缴付的出资额超过其资本份额的差额(如股本溢价、资本溢价)和其他资本公积等。资本公积的稽查目标一般包括：确定资本公积是否存在；确定资本公积的增减变动是否符合法律、法规和合同、章程的规定，记录是否完整；确定资本公积期末余额是否正确；确定资本公积的披露是否恰当。

(二)资本公积的实质性程序

资本公积的实质性程序通常包括：

1. 获取或编制资本公积明细表，复核加计正确，并与报表数、总账数及明细账合计数核对相符。

2. 收集与资本公积变动有关的股东(大)会决议、董事会会议纪要、资产评估报告等文件资料，更新永久性档案。首次接受委托的，应检查期初资本公积的原始发生依据。

3. 根据资本公积明细账，对股本溢价、其他资本公积各明细的发生额逐项审查：

(1)对股本溢价，应取得董事会会议纪要、股东(大)会决议、有关合同、政府批文，追查至银行收款等原始凭证，结合相关科目的稽查，检查会计处理是否正确，注意发行股票溢价收入的计算是否已扣除股票发行费用。

(2)检查以权益法核算的被投资单位除净损益以外所有者权益的变动，被稽查单位是否已按其享有的份额入账，会计处理是否正确；处置该项投资时，应注意是否已转销与其相关的资本公积。

(3)对拨款转入，审阅有关的拨款文件，检查拨款项目的完成情况，结合专项应付款的稽查，检查会计处理是否正确。

(4)以权益结算的股份支付，取得相关资料，检查在权益工具授予日和行权日的会计处理是否正确。

(5)对自用房地产或存货转换为以公允价值计量的投资性房地产，若转换日公允价值大于账面价值，差额是否正确记入本科目，若转换日公允价值小于账面价值，检查差额是否正确计入公允价值变动损益；处置投资性房地产时，检查相关的资本公积是否已转销。

(6)对可供出售金融资产形成的资本公积，结合相关科目，检查金额和相关会计处理是否正确：①当可供出售金融资产转为采用成本或摊余成本计量时，已计入本科目的公允价值变动是否按规定进行了会计处理；②当可供出售金融资产发生减值时，已记入本科目的公允价值变动是否转入资产减值损失；③当已减值的可供出售金融资产公允价值回升时，区分权益工具和债务工具分别确定其会计处理是否正确。

(7)若有同一控制下企业合并，应结合长期股权投资科目，检查被稽查单位(合并方)取得的被合并方所有者权益账面价值的份额与支付的合并对价账面价值的差额计算是否正确，是否依次调整本科目、盈余公积和未分配利润。

(8)被稽查单位将回购的本单位股票予以注销、用于奖励职工或转让，其会计处理是否正确。

(9)对于在资产负债表日，满足运用套期会计方法条件的现金流量套期和境外经营净投资套期产生的利得和损失，是否进行了正确的会计处理。

(10)对资本公积转增资本，应取得股东(大)会决议、董事会会议纪要和政府批文等，检查资本公积转增资本是否符合有关规定，会计处理是否正确。

4. 检查资本公积各项目，考虑对所得税的影响。

5. 记录资本公积中不能转增资本的项目。

6. 确定资本公积的披露是否恰当。

三、盈余公积的稽查

（一）盈余公积的稽查目标

盈余公积是企业按照规定从税后利润中提取的积累资金，是具有特定用途的留存收益，主要用于弥补亏损和转增资本，也可以按规定用于分配股利。盈余公积包括法定盈余公积和任意盈余公积。盈余公积的稽查目标一般包括：确定盈余公积是否存在；确定盈余公积的增减变动是否符合法律、法规和合同、章程的规定，记录是否完整；确定盈余公积期末余额是否正确；确定盈余公积的披露是否恰当。

（二）盈余公积的实质性程序

盈余公积的实质性程序通常包括：

1. 获取或编制盈余公积明细表，复核加计正确，并与报表数、总账数及明细账合计数核对相符。

2. 收集与盈余公积变动有关的董事会会议纪要、股东（大）会决议以及政府主管部门、财政部门批复等文件资料，进行审阅，并更新永久性档案。

3. 对法定盈余公积和任意盈余公积的发生额逐项审查至原始凭证：

（1）审查法定盈余公积和任意盈余公积的计提顺序、计提基数、计提比例是否符合有关规定，会计处理是否正确。

（2）审查盈余公积的减少是否符合有关规定，取得董事会会议纪要、股东（大）会决议，予以核实，检查有关会计处理是否正确。

4. 如系外商投资企业，应对储备基金、企业发展基金的发生额逐项审查至原始凭证。

5. 如系中外合作经营企业，应对利润归还投资的发生额审查至原始凭证，并与“实收资本——已归还投资”科目的发生金额核对。

6. 确定盈余公积的披露是否恰当。

四、未分配利润的稽查

（一）未分配利润的稽查目标

未分配利润是指未作分配的净利润，即这部分利润没有分配给投资者，也未指定用途。未分配利润是企业当年税后利润在弥补以前年度亏损、提取公积金和公益金以后加上年末未分配利润，再扣除向所有者分配的利润后的结余额，是企业留于以后年度分配的利润。它是企业历年积存的利润分配后的余额，也是所有者权益的一个重要组成部分。企业的未分配利润通过“利润分配——未分配利润”明细科目核算，其年末余额反映历年积存的未分配利润（或未弥补亏损）。未分配利润的稽查目标一般包括：确定期末未分配利润是否存在；确定未分配利润的增减变动的记录是否完整；确定未分配利润期末余额是否正确；确定未分配利润的披露是否恰当。

（二）未分配利润的实质性程序

未分配利润的实质性程序通常包括：

1. 获取或编制利润分配明细表，复核加计正确，并与报表数、总账数及明细账合计数核对相符。

2. 检查未分配利润期初数与上期审定数是否相符，涉及损益的上期稽查调整是否正确入账。

3. 收集和检查与利润分配有关的董事会会议纪要、股东（大）会决议、政府部门批文及有关合同、协议、公司章程等文件资料，更新永久性档案。对照有关规定确认利润分配的合法性。检查对资产负债表日后至财务报告批准报出日之间由董事会或类似机构所制订利润分配方案中拟分配的股利，是否在财务报表附注中单独披露。注意当境内与境外会计师事务所审定的可供分配利润不同时，被稽查单位进行利润分配的基数是否正确。

4. 检查本期未分配利润变动除净利润转入以外的全部相关凭证，结合所获取的文件资料，确定其会计处理是否正确。

5. 了解本年利润弥补以前年度亏损的情况，如果已超过弥补期限，且已因为抵扣亏损而确认递延所得税资产的，应当进行调整。

6. 结合以前年度损益调整科目的稽查，检查以前年度损益调整的内容是否真实、合理，注意对以前年度所得税的影响。对重大调整事项应逐项核实其发生原因、依据和有关资料、复核数据的正确性。

7. 确定未分配利润的披露是否恰当。

五、应付股利稽查

（一）应付股利的稽查目标

应付股利的稽查目标一般包括：确定期末应付股利是否存在；确定期末应付股利是否为被稽查单位应履行的支付义务；确定应付股利的记录是否完整；确定应付股利的期末余额是否正确；确定应付股利的披露是否恰当。

（二）应付股利的实质性程序

应付股利的实质性程序通常包括：

1. 获取或编制应付股利明细表，复核加计是否正确，并与报表数、总账数及明细账合计数核对相符。

2. 审阅公司章程和股东（大）会决议中有关股利的规定，了解股利分配标准和发放方式是否符合有关规定并经法定程序批准。若被稽查单位董事会或类似机构通过利润分配方式拟分配现金股利或利润的，注意是否披露。

3. 检查应付股利的发生额，是否根据股东（大）会决定的利润分配方案，从可供分配利润中计算确定，并复核应付股利计算和会计处理的正确性。

4. 检查股利支付的原始凭证的内容、金额和会计处理是否正确。

5. 现金股利是否按公告规定的时间、金额予以发放结算，非标准手之零星股东股利是否采用适当方法结算，对无法结算及委托发放而长期未结的股利是否做出适当处理。

6. 确定应付股利的披露是否恰当。

第五节　投资相关项目稽查

与投资相关项目包括：交易性金融资产、可供出售金融资产、持有至到期投资、长期股权投资、投资性房地产、应收利息、投资收益稽查、应收股利、交易性金融负债等。下面介绍这些项目的稽查。

一、交易性金融资产稽查

（一）交易性金融资产的稽查目标

交易性金融资产，是指企业为了近期出售而持有的金融资产。在会计科目设置上，企业持有的直接指定为以公允价值计量且其变动计入当期损益的金融资产，也通过该科目核算。交易性金融资产的稽查目标一般包括：确定交易性金融资产是否存在；确定交易性金融资产是否归被稽查单位所有；确定交易性金融资产的增减变动及其损益的记录是否完整；确定交易性金融资产的计价是否正确；确定交易性金融资产期末余额是否正确；确定交易性金融资产的披露是否恰当。

（二）交易性金融资产的实质性程序

交易性金融资产的实质性程序通常包括：

1. 获取或编制交易性金融资产明细表，复核加计正确，并与报表数、总账数和明细账合计数核对相符。

2. 对期末结存的相关交易性金融资产，向被稽查单位核实其持有目的，检查本科目核算范围是否恰当。

3. 获取股票、债券及基金等交易流水单及被稽查单位证券投资部门的交易记录，与明细账核对，检查会计记录是否完整、会计处理是否正确。

4. 监盘库存交易性金融资产，并与相关账户余额进行核对，如有差异，应查明原因，并做出记录或进行适当调整。

5. 向相关金融机构发函询证交易性金融资产期末数量以及是否存在变现限制（与存出投资款一并函证），并记录函证过程。取得回函时应检查相关签章是否符合要求。

6. 抽取交易性金融资产增减变动的相关凭证，检查其原始凭证是否完整合法，会计处理是否正确：

（1）抽取交易性金融资产增加的记账凭证，注意其原始凭证是否完整合法，成本、交易费用和相关利息或股利的会计处理是否符合规定。

（2）抽取交易性金融资产减少的记账凭证，注意其原始凭证是否完整合法，会计处理是否正确；注意出售交易性金融资产时其成本结转是否正确，原计入的公允价值变动损益有无调整至投资收益。

7. 复核与交易性金融资产相关的损益计算是否准确，并与公允价值变动损益及投资收益等有关数据核对。

8. 复核股票、债券及基金等交易性金融资产的期末公允价值是否合理，相关会计处理是否正确。

9. 关注交易性金融资产是否存在重大的变现限制。

10. 确定交易性金融资产的披露是否恰当。

二、可供出售金融资产稽查

(一) 可供出售金融资产的稽查目标

可供出售金融资产，是指初始确认时即被指定为可供出售的非衍生金融资产，以及除下列各类资产以外的金融资产：(1) 贷款和应收款项。(2) 持有至到期投资。(3) 以公允价值计量且其变动计入当期损益的金融资产。可供出售金融资产的稽查目标一般包括：确定可供出售金融资产是否存在；确定可供出售金融资产是否归被稽查单位所有；确定可供出售金融资产的增减变动及其损益的记录是否完整；确定可供出售金融资产的计价是否正确；确定可供出售金融资产减值准备的增减变动记录是否完整；确定可供出售金融资产及其减值准备期末余额是否正确；确定可供出售金融资产及其减值准备的披露是否恰当。

(二) 可供出售金融资产的实质性程序

可供出售金融资产的实质性程序通常包括：

1. 获取或编制可供出售金融资产明细表，复核加计正确，并与总账数和明细账合计数核对相符。

2. 获取可供出售金融资产对账单，与明细账核对，并检查其会计处理是否正确。

3. 检查库存可供出售金融资产，并与相关账户余额进行核对，如有差异，应查明原因，并做出记录或进行适当调整。

4. 向相关金融机构发函询证可供出售金融资产期末数量，并记录函证过程。取得回函时应检查相关签章是否符合要求。

5. 对期末结存的可供出售金融资产，向被稽查单位核实其持有目的，检查本科目核对范围是否恰当。

6. 抽取可供出售金融资产增减变动的相关凭证，检查其原始凭证是否完整合法，会计处理是否正确：

(1) 抽取可供出售金融资产增加的记账凭证，注意其原始凭证是否完整合法，成本、交易费用和相关利息或股利的会计处理是否符合规定。

(2) 抽取可供出售金融资产减少的记账凭证，检查其原始凭证是否完整合法，会计处理是否正确。注意出售可供出售金融资产时相应的资本公积有无调整。

7. 复核可供出售金融资产的期末公允价值是否合理，检查会计处理是否正确。

8. 如果可供出售金融资产的公允价值发生较大幅度下降，并且预期这种下降趋势属于非暂时性的，应当检查被稽查单位是否计提资产减值准备，计提金额和相关会计处理是否正确。

9. 已确认减值损失的可供出售金融资产，当公允价值回升时，检查其相关会计处理是否正确。注意债券类债务工具应从资产减值损失科目转回；股票等权益工具则应从资本公积转回，不得从当期损益转回。

10. 若债券类债务工具可供出售金融资产发生减值，检查相关利息的计算和会计处理是否正确。

11. 检查可供出售金融资产出售时，其相关损益计算及会计处理是否正确，已计入资本公积的公允价值累计变动额是否转入投资收益科目。

12. 复核可供出售金融资产划转为持有至到期投资的依据是否充分，会计处理是否正确。

13. 检查债券投资计入损益的利息收入计算所采用的利率是否正确。

14. 结合银行借款等科目，了解是否存在已用于债务担保的可供出售金融资产。如有，则应取证并作相应的记录，同时提请被稽查单位作恰当披露。

15. 确定可供出售金融资产的披露是否恰当。

三、持有至到期投资稽查

（一）持有至到期投资的稽查目标

持有至到期投资，是指到期日固定、回收金额固定或可确定，且企业有明确意图和能力持有至到期的非衍生金融资产。持有至到期投资的稽查目标一般包括：确定持有至到期投资是否存在；确定持有至到期投资是否归被稽查单位所有；确定持有至到期投资的增减变动及其损益的记录是否完整；确定持有至到期投资计价是否正确；确定持有至到期投资减值准备的计提方法是否恰当，计提是否充分；确定持有至到期投资减值准备的增减变动记录是否完整；确定持有至到期投资及其减值准备期末余额是否正确；确定持有至到期投资及其减值准备的披露是否恰当。

（二）持有至到期投资的实质性程序

持有至到期投资的实质性程序通常包括：

1. 获取或编制持有至到期投资明细表，复核加计正确，并与总账数和明细账合计数核对相符。

2. 获取持有至到期投资对账单，与明细账核对，并检查其会计处理是否正确。

3. 检查库存持有至到期投资，并与账面余额进行核对，如有差异，应查明原因，并做出记录或进行适当调整。

4. 向相关金融机构发函询证持有至到期投资期末数量，并记录函证过程。取得回函时应检查相关签章是否符合要求。

5. 对期末结存的持有至到期投资，核实被稽查单位持有的目的和能力，检查本科目核算范围是否恰当。

6. 抽取持有至到期投资增加的记账凭证，注意其原始凭证是否完整合法，成本、交易费用和相关利息的会计处理是否符合规定。

7. 抽取持有至到期投资减少的记账凭证，检查其原始凭证是否完整合法，会计处理是否正确。

8. 根据相关资料，确定债券投资的计息类型，结合投资收益科目，复核计算利息采用的利率是否恰当，相关会计处理是否正确，检查持有至到期投资持有期间收到的利息会计处理是否正确。检查债券投资票面利率和实际利率有较大差异时，被稽查单位采用的利率及其计算方法是否正确。

9. 结合投资收益科目，复核处置持有至到期投资的损益计算是否准确，已计提的减值准备是否同时结转。

10. 检查当持有目的改变时，持有至到期投资划转为可供出售金融资产的会计处理是否正确。

11. 结合银行借款等科目，了解是否存在已用于债务担保的持有至到期投资。如有，则应取证并作相应的记录，同时提请被稽查单位作恰当披露。

12. 当有客观证据表明持有至到期投资发生减值的，应当复核相关资产项目的预计未来现金流量现值，并与其账面价值进行比较，检查相关准备计提是否充分。

13. 若发生减值，检查相关利息的计算及处理是否正确。

14. 确定持有至到期投资的披露是否恰当，注意一年内到期的持有至到期投资是否已重分类至一年内到期的非流动资产。

四、长期股权投资稽查

(一)长期股权投资的稽查目标

长期股权投资核算企业持有的采用权益法或成本法核算的长期股权投资，具体包括：(1)企业持有的能够对被投资单位实施控制的权益性投资，即对子公司的投资。(2)企业持有的能够与其他合营方一同对被投资单位实施共同控制的权益性投资，即对合营企业的投资。(3)企业持有的能够对被投资单位施加重大影响的权益性投资，即对联营企业的投资。(4)企业对被投资单位不具有控制、共同控制或重大影响，且在活跃交易市场中没有报价、公允价值不能可靠计量的权益性投资。长期股权投资的稽查目标一般包括：确定长期股权投资是否存在；确定长期股权投资是否归被稽查单位所有；确定长期股权投资的增减变动及其损益的记录是否完整；确定长期股权投资的核算方法是否正确；确定长期股权投资减值准备的计提方法是否恰当；确定长期股权投资减值准备增减变动的记录是否完整；确定长期股权投资及其减值准备的期末余额是否正确；确定长期股权投资及其减值准备的披露是否恰当。

(二)长期股权投资的实质性程序

长期股权投资的实质性程序通常包括：

1. 获取或编制长期股权投资明细表，复核加计正确，并与总账数和明细账合计数核对相符；结合长期股权投资减值准备科目与报表数核对相符。

2. 根据有关合同和文件，确认股权投资的股权不利和持有时间，检查股权投资核算方法是否正确。

3. 对于重大的投资，向被投资单位函证被稽查单位的投资额、持股比例及被投资单位发放股利等情况。

4. 对于应采用权益法核算的长期股权投资，获取被投资单位已经稽查人员稽查的年度财务报表，如果未经稽查人员稽查，则应考虑对被投资单位的财务报表实施适当的稽查或审阅程序：

(1)复核投资收益时，应以取得投资时被投资单位各项可辨认资产等的公允价值为基础，对被投资单位的净利润进行调整后加以确认；被投资单位采用的会计政策及会计期间与被稽查单位不一致的，应当按照被稽查单位的会计政策及会计期间对被投资单位的财务报表进行调整，据以确认投资损益。

(2)将重新计算的投资收益与被稽查单位所计算的投资收益相核对，如有重大差异，则查明原因，并做适当调整。

(3)检查被稽查单位按权益法核算长期股权投资，在确认应分担被投资单位发生的净亏损时，应首先冲减长期股权投资的账面价值，其次冲减其他实质上构成被投资单位净投资的长期权益账面价值(如长期应收款等)；如果按照投资合同和协议约定被稽查单位仍需承担额外损失义务的，应按预计承担的义务确认预计负债，并与预计负债中的相应数字核对无误；被投资单位以后期间实现盈利的，被稽查单位在其收益分享额弥补未确认的亏损分担额后，恢复确认收益分享额。稽查时，应检查被稽查单位会计处理是否正确。

(4)检查除净损益以外被投资单位所有者权益的其他变动，是否调整计入所有者权益。

5. 对于采用成本法核算的长期股权投资，检查股利分配的原始凭证及分配决议等资料，确定会计处理是否正确；对被稽查单位实施控制而采用成本法核算的长期股权投资，比照权益法编制变动明细表，以备合并报表使用。

6. 对于成本法和权益法相互转换的，检查其投资成本的确定是否正确。

7. 确定长期股权投资的增减变动的记录是否完整：

(1)检查本期增加的长期股权投资，追查至原始凭证及相关的文件或决议及被投资单位验资报告或财务资料等，确认长期股权投资是否符合投资合同、协议的规定，并已确实投资，会计处理是否正确。

(2)检查本期减少的长期股权投资，追查至原始凭证，确认长期股权投资收回有合理的理由及授权批准手续，并已确实收回投资，会计处理是否正确。

8. 期末对长期股权投资进行逐项检查，以确定长期股权投资是否已经发生减值：

(1)核对长期股权投资减值准备本期与以前年度计提方法是否一致，如有差异，查明政策调整的原因，并确定政策改变对本期损益的影响，提请被稽查单位做适当披露。

(2)对长期股权投资逐项进行检查，根据被投资单位经营政策、法律环境的变化，市场需求的变化、行业的变化、盈利能力等各种情形予以判断长期股权投资是否存在减值迹象。确有出现导致长期股权投资可收回金额低于账面价值的，将可收回金额低于账面价值的差额作为长期股权投资减值准备予以计提。并与被稽查单位已计提数相核对，如有差异，查明原因。

(3)将本期减值准备计提金额与利润表资产减值损失中的相应数字核对无误。

(4)长期股权投资减值准备按单项资产计提，计提依据充分，得到适当批准。减值损失一经确认，在以后会计期间不得转回。

9. 结合银行借款等的检查，了解长期股权投资是否存在质押、担保情况。如有，则应详细记录，并提请被稽查单位进行充分披露。

10. 确定长期股权投资在资产负债表上已恰当列报。与被稽查单位人员讨论确定是否存在被投资单位由于所在国家和地区及其他方面的影响，其向被稽查单位转移资金的能力受到限制的情况。如存在，应详细记录受限情况，并提请被稽查单位充分披露。

五、投资性房地产稽查

(一)投资性房地产的稽查目标

投资性房地产，是指为赚取租金或资本增值，或者两者兼有而持有的房地产。投资性房地产的稽查目标一般包括：确定投资性房地产是否存在；确定投资性房地产是否归被稽查单位所有；确定投资性房地产增减变动的记录是否完整；确定投资性房地产的计价方法是否恰当；确定采用成本模式计量的投资性房地产的折旧计提或摊销政策是否恰当；确定采用成本模式计量的投资性房地产的减值准备计提方法是否正确，计提是否充分；确定采用成本模式计量的投资性房地产的减值准备增减变动的记录是否完整；确定采用公允价值模式计量的投资性房地产的公允价值的确定是否合理；确定投资性房地产、投资性房地产累计折旧和投资性房地产减值准备期末余额是否正确；确定投资性房地产、投资性房地产累计折旧和投资性房地产减值准备的披露是否恰当。

(二)投资性房地产的实质性程序

投资性房地产的实质性程序通常包括：

1. 获取或编制投资性房地产明细表，复核加计正确，并与总账数和明细账合计数核对相符；结合累计摊销(折旧)、投资性房地产减值准备科目与报表数核对相符。

2. 检查纳入投资性房地产范围的建筑物和土地使用权是否符合会计准则的规定。

3. 检查投资性房地产后续计量模式选用的依据是否充分。与上年政策进行比较，确定后续计量模式的一致性。如不一致，则详细记录变动原因。

4. 确定投资性房地产后续计量选用公允价值模式政策恰当，计算复核期末计价正确：

(1)询问并获取相关资料，评价被稽查单位确定公允价值采用方法的适当性，公允价值选用的合理性，包括公司的决策程序、公允价值的确定方法、估值模型的选择、披露的充分性等。

(2)被稽查单位投资性房地产的后续计量采用公允价值模式计价的，期末，应逐项检查公允价值的确定依据是否充分，公允价值变动损益计算是否正确，会计处理是否正确。与公允价值变动损益项目中的相应数字核对相符。

(3)如果需利用专家等的工作，应对专家的执业资格和胜任能力、工作结果等进行评价。

5. 投资性房地产后续计量选用成本计量模式，确定投资性房地产累计摊销(折旧)政策恰当，计算复核本年度摊销(折旧)的计提是否正确：

(1)了解被稽查单位所使用的建筑物折旧率和土地使用权摊销率，确定其是否恰当。

(2)确认被稽查单位除已提足折旧的建筑物外，其他投资性房地产均已计提折旧和摊销。

(3)根据投资性房地产的平均水平测算全年的摊销(折旧)额，并与投资性房地产中的累计折旧和摊销本期增加数相核对，如有差异，查明原因。

(4)将本期累计折旧和摊销金额与利润表其他业务支出中的相应数字核对无误。

6. 期末对成本计量的投资性房地产进行如下逐项检查，以确定投资性房地产是否已经发生减值：

(1)核对投资性房地产减值准备本期与以前年度计提方法是否一致，如有差异，查明政策调整的原因，并确定政策改变对本期损益的影响，提请被稽查单位做适当披露。

(2)确有出现导致其可收回金额低于账面价值的情况，将可收回金额低于账面价值的差额作为投资性房地产减值准备予以计提，并与投资性房地产中的减值准备本期增加数相核对，如有差异，查明原因。

(3)将本期减值准备计提金额与利润表资产减值损失中的相应数字核对无误。

(4)检查投资性房地产减值准备是否按单项资产(或资产组)计提，计提依据是否充分，得到适当批准，减值损失是否没有转回。

7. 确定投资性房地产后续计量模式的转换恰当：

(1)检查董事会等决议文件，确定后续计量模式改变的适当性，会计处理的正确性，并提请被稽查单位进行充分披露。

(2)审查投资性房地产成本计量模式转为公允价值计量模式是否作为会计政策变更进行追溯调整期初留存收益处理；采用公允价值计量模式的投资性房地产不得从公允价值计量模式转为成本计量模式。

8. 如被稽查单位投资性房地产与其他资产发生相互转换的，应审查转换依据是否充分，是否经过有效批准，转换日房地产成本计量是否正确，会计处理是否正确：

(1)复核在成本模式下，是否将房地产转换前的账面价值作为转换后的入账价值；

(2)复核采用公允价值模式计量的投资性房地产转换为自用房地产时，是否以其转换当日的公允价值作为自用房地产的账面价值，公允价值与原账面价值的差额计入当期损益；

(3)自用房地产或存货转换为采用公允价值模式计量的投资性房地产时，投资性房地产按照转换当日的公允价值计价，转换当日的公允价值小于原账面价值的，其差额计入当期损益；转换当日的公允价值大于原账面价值的，其差额计入资本公积。

9. 获取租赁合同等文件，重新计算租金收入，并与利润表其他业务收入中的相应数字核对无误。

10. 检查本期对投资性房地产进行改良或装修的会计处理是否正确。

11. 检查有无与关联方的投资性房地产购售活动，是否经适当授权，交易价格是否公允。

12. 结合银行借款等项目的稽查，了解建筑物、土地使用权是否存在抵押、担保情况。如有，则应详细记录，并提请被稽查单位进行充分披露。检查投资性房地产的保险情况。

13. 确定投资性房地产已恰当列报。

六、应收利息稽查

(一)应收利息的稽查目标

应收利息的稽查目标一般包括：确定应收利息是否存在；确定应收利息是否归被稽查单位所有；确定应收利息及其坏账准备增减变动的记录是否完整；确定应收利息可否收到，坏账准备的计提方法和比例是否恰当，计提是否充分；确定应收利息及其坏账准备的期末余额是否正确；确定应收利息及其坏账准备的披露是否恰当。

(二)应收利息的实质性程序

应收利息的实质性程序通常包括：

1. 获取或编制应收利息明细表，复核加计正确，并与总账数和明细账合计数核对相符，结合坏账准备科目与报表数核对相符。

2. 实质性分析程序。按照不同借款类别，将借款平均余额与平均利率的乘积，与账面利息收入相比较，确定两者差异额是否合理。

3. 与长期股权投资、交易性金融资产、可供出售金融资产、持有至到期投资等相关项目的稽查结合，验证确定应收利息的计算是否充分、正确，检查会计处理是否正确。

4. 对于重大的应收利息项目，审阅相关文件，复核其计算的准确性。必要时，向有关单位函证并记录。

5. 检查应收利息减少有无异常。

6. 检查期后收款情况，对至稽查时已收回金额较大的款项进行常规检查，如核对收款凭证、银行对账单、发票等。

7. 关注长期未收回金额较大的应收利息，询问被稽查单位管理人员及相关职员，确定应收利息的可收回性。必要时，向被投资单位函证利息支付情况，复核并记录函证结果。

8. 确定应收利息已恰当披露。

七、应收股利稽查

(一)应收股利的稽查目标

应收股利的稽查目标一般包括：确定应收股利是否存在；确定应收股利是否归被稽查单位所有；确定应收股利增减变动的记录是否完整；确定应收股利是否收到；确定应收股

利期末余额是否正确；确定应收股利的披露是否恰当。

(二)应收股利的实质性程序

1. 获取或编制应收股利明细表，复核加计正确，并与总账数和明细账合计数核对相符，与报表数核对相符。

2. 与长期股权投资、交易性金融资产、可供出售金融资产等相关项目的稽查结合，验证确定应收股利的计算是否正确，检查会计处理是否正确。

3. 对于重大的应收股利项目，审阅相关文件，测试其计算的准确性。必要时，向被投资单位函证并记录。

4. 检查应收股利减少有无异常。

5. 检查期后收款情况，对至稽查时已收回金额较大的款项进行常规检查，如核对收款凭证、银行对账单、股利分配方案等。

6. 关注长期未收回且金额较大的应收股利，询问被稽查单位管理人员及相关职员或者查询被投资单位的情况，确定应收股利的可收回性。必要时，向被投资单位函证股利支付情况，复核并记录函证结果。

7. 确定应收股利已恰当列报，确定境外投资应收股利汇回是否存在重大限制，如果存在，已充分披露。

八、交易性金融负债稽查

(一)交易性金融负债的稽查目标

交易性金融负债，是指企业为了近期回购而持有的金融负债。在会计科目设置上，企业持有的直接指定为以公允价值计量且其变动计入当期损益的金融负债，也通过该科目核算。交易性金融负债的稽查目标一般包括：确定交易性金融负债是否存在；确定期末交易性金融负债是否为被稽查单位应履行的偿还义务；确定交易性金融负债的发生、偿还及计息的记录是否完整；确定交易性金融负债期末余额是否正确；确定交易性金融负债的披露是否恰当。

(二)交易性金融负债的实质性程序

交易性金融负债的实质性程序通常包括：

1. 获取或编制交易性金融负债明细表，复核加计是否正确，并与报表数、总账数及明细账核对相符。

2. 根据相关的债券交易资料，审查交易性金融负债内容的真实性和完整性。

3. 必要时，向对方单位函证。

4. 审查交易性金融负债的会计处理是否正确，特别注意公允价值的合理性，是否存在低估公允价值调增利润的情况。

5. 验明交易性金融负债的披露是否恰当。

第六节 其他相关项目稽查

一、其他应收款稽查

(一)其他应收款的稽查目标

其他应收款的稽查目标一般包括：确定其他应收款是否存在；确定其他应收款是否归被稽查单位所有；确定其他应收款增减变动的记录是否完整；确定其他应收款是否可收回；确定其他应收款期末余额是否正确；确定其他应收款的披露是否恰当。

(二)其他应收款的实质性程序

其他应收款的实质性程序通常包括：

1. 获取或编制其他应收款明细表，复核加计正确，并与报表数、总账数和明细账合计数核对相符；检查其他应收款的账龄分析是否正确；分析有贷方余额的项目，查明原因，必要时作重新分类调整；结合应收账款明细余额，查验是否有双方同时挂账的项目，核算内容是否重复，必要时做出适当调整；标明应收关联方(包括持股5%以上的股东)的款项，并注明合并报表时应予抵销的数字。

2. 判断选择一定金额以上、账龄较长或异常的明细账户余额发函询证，编制函证结果汇总表。

3. 对发出询证函未能收到回函的样本，采用替代稽查程序，如查核下期明细账，或追踪至其他应收款发生时的原始凭证，特别注意是否存在抽逃资金、隐藏费用的现象。

4. 审核资产负债表日后的收款事项，确定有无未及时入账的债权。

5. 分析明细账户，对于长期未能收回的项目，应查明原因，确定是否可能发生坏账损失。

6. 对非记账本位币结算的其他应收款，检查其采用的折算汇率是否正确。

7. 检查转作坏账损失项目，是否符合规定并办妥审批手续。

8. 验明其他应收款的披露是否恰当。

二、其他应付款的稽查

(一)其他应付款的稽查目标

其他应付款的稽查目标一般包括：确定其他应付款的发生及偿还记录是否完整；确定其他应付款的期末余额是否正确；确定其他应付款的披露是否恰当。

(二)其他应付款的实质性程序

1. 获取或编制其他应付借款明细表，复核加计正确，并与报表数、总账数及明细账合计数核对相符；分析有借方余额的项目，查明原因，必要时作重分类调整；结合应付账款、其他应付款明细余额，查明有否双方同时挂账的项目，核算内容是否重复，必要时作重分类调整；标出应付关联方(包括持股5%以上的股东)的款项，并注明合并报表时应抵消的金额。

2. 请被稽查单位协助，在其他应付款明细表上标出截至稽查日已支付的其他应付款项，抽查付款凭证、银行对账单等，并注意这些凭证发生日期的合理性。

3. 判断选择一定金额以上和异常的明细金额，检查其原始凭证，并考虑向债权人发函询证。

4. 对非记账本位币结算的其他应付款，检查其折算汇率是否正确。

5. 审核资产负债表日后的付款事项，确定有无及时入账的其他应付款。

6. 检查长期未结的其他应付款，并作妥善处理。

7. 检查其他应付款中关联方的余额是否正常，如数额较大或有其他异常现象，应查明原因，追查至原始凭证并作适当披露。

8. 检查其他应付款的披露是否恰当。

三、长期应付款的稽查

(一)长期应付款的稽查目标

长期应付款的稽查目标一般包括：确定长期应付款的发生、偿还及计息的记录是否完整；确定长期应付款的期末余额是否正确；确定长期应付款的披露是否恰当。

(二)长期应付款的实质性程序

1. 获取或编制长期应付款明细表，复核加计正确，并与报表数、总账数及明细账合计数核对相符；检查长期应付款的内容是否符合企业会计准则的规定。

2. 检查各项长期应付款相关的契约，有无抵押情况。对融资租赁固定资产应付款，还应审阅融资租赁合约规定的付款条件是否履行，检查授权批准手续是否齐全，并作适当记录。

3. 向债权人函证重大的长期应付款。

4. 检查各项长期应付款本息的计算是否准确，会计处理是否正确。

5. 检查与长期应付款有关的汇兑损益是否按规定进行了会计处理。

6. 检查长期应付款的披露是否恰当，注意一年内到期的长期应付款应列入流动负债。

四、预计负债的稽查

(一)预计负债的稽查目标

预计负债主要因企业确认的对外担保、未决诉讼、产品质量保证、重组义务、亏损性合同等形成。预计负债的稽查是或有事项稽查的一部分内容。预计负债的稽查目标一般包括：确定预计负债的确认是否完整；预计负债的计量是否符合规定；预计负债的会计处理是否正确；预计负债的披露是否恰当。

(二)预计负债的实质性程序

1. 获取或编制预计负债明细表，复核加计正确，并与报表数、总账数及明细账合计数核对相符。

2. 向相关银行函证担保事项。

3. 对已涉诉并已判决的对外担保，取得并审阅相关法院判决书。

4. 对已涉诉但尚未判决的对外担保，取得被稽查单位律师或法律顾问的法律意见。

5. 检查预计负债的估计是否准确，会计处理是否正确。

6. 检查预计负债的披露是否恰当。

五、所得税费用稽查

(一)所得税费用的稽查目标

早期所得税的会计处理，更多实行收付实现制，采用应付税款法。在应付税款法下，本期应纳所得税额就是本期的所得税费用，不存在递延所得税资产和递延所得税负债。随着会计理论和实务的进步，会计准则要求所得税的会计处理实行权责发生制，采用纳税影响会计法。在纳税影响会计法下，需要将一笔经济业务和其对纳税的影响一并考虑，本期应纳所得税额不一定就是本期利润表上的所得税费用金额，需要引入递延所得税资产和递延所得税负债账户，记录因资产负债的账面价值与纳税基数之间存在差异引起的未来少交(多交)所得税的权利(义务)。因此，需要将所得税费用、递延所得税资产、递延所得税负债及应交税金——应交所得税四个科目的稽查结合起来。

所得税领域容易发生错报的几个方面包括：一是根据税法，将会计利润调整为应纳税所得额(包括永久性差异引起的调整)；二是根据资产负债的账面价值与纳税基数之间存在的差异，确定或调整递延所得税资产和递延所得税负债，并结合当期应纳所得税额，倒轧出所得税费用；三递延所得税负债确认的完整性和递延所得税资产的可实现性。稽查时，应当重点围绕这几个问题进行。所得税费用的稽查目标一般包括：确定记录的所得税费用是否已发生，且与被稽查单位有关；确定所得税费用的记录是否完整；确定与所得税费用有关的金额及其他数据是否已恰当记录；确定所得税费用是否已记录于正确的会计期间；确定所得税费用的内容是否正确；确定所得税费用的披露是否恰当。

(二)所得税费用的实质性程序

1. 获取或编制所得税费用明细表、递延所得税资产明细表、递延所得税负债明细表，核对与明细账合计数、总账数及报表数是否相符。

2. 根据稽查结果和税法规定，核实当期的纳税调整事项，确定应纳税所得额，计算当期所得税费用。

3. 根据期末资产及负债的账面价值与其计税基础之间的差异，以及未作为资产和负债确认的项目的账面价值与按照税法的规定确定的计税基础的差异，计算递延所得税资产、递延所得税负债期末应有余额，并根据递延所得税资产、递延所得税负债期初余额，倒轧出递延所得税费用(收益)。

4. 将当期所得税费用与递延所得税费用之和与利润表上的“所得税”项目金额相核对。

5. 确定所得税费用、递延所得税资产、递延所得税负债是否已在财务报表中恰当列报。

六、递延所得税资产稽查

(一)递延所得税资产的稽查目标

递延所得税资产的稽查目标一般包括：确定递延所得税资产的增减记录是否正确、完整；确定递延所得税资产的期末余额是否正确；确定递延所得税资产的披露是否恰当。

(二)递延所得税资产的实质性程序

1. 获取或编制递延所得税资产明细表，复核加计正确，并与报表数、总账数及明细账合计数核对是否相符。

2. 检查被稽查单位采用的会计政策是否恰当，前后期是否一致。

3. 检查被稽查单位用于确认递延所得税资产的税率是否正确。

4. 检查递延所得税资产增减变动记录，以及可抵扣暂时性差异的形成原因，确定是否符合有关规定、计算是否正确，预计转销期是否恰当，并特别关注以下事项：

(1)对根据税法规定可用以后年度税前利润弥补的亏损及税款抵减所形成的递延所得税资产，检查其计算及会计处理是否正确。

(2)对非同一控制下企业合并中取得资产、负债的入账价值与其计税基础不同形成的应抵扣暂时性差异，检查其计算及会计处理是否正确。

(3)检查是否存在同时具有下列特征的交易因资产或负债的初始确认而产生的递延所得税资产不应予以确认，而被稽查单位予以确认的情况：

①该项交易不是企业合并。

②交易发生时既不影响会计利润也不影响应纳税所得额(或可抵扣亏损)。

(4)检查被稽查单位对子公司、联营企业及合营企业投资相关的可抵扣暂时性差异，在同时满足下列条件时，是否确认相应的递延所得税资产：

①暂时性差异在可预见的未来很可能转回。

②未来很可能获得用来抵扣可抵扣暂时性差异的应纳税所得额。

5. 检查被稽查单位是否在资产负债表日对递延所得税资产进行复核，如果预计未来期间很可能无法获得足够的应纳税所得额用以抵扣递延所得税资产，应当减记递延所得税资产的账面价值。

6. 当适当税率发生变化时，检查被稽查单位是否对递延所得税资产进行重新计量，对其影响数的会计处理是否正确。

7. 确定递延所得税资产的披露是否恰当。

七、递延所得税负债稽查

(一)递延所得税负债的稽查目标

递延所得税负债的稽查目标一般包括：确定期末递延所得税负债是否存在；确定递延所得税负债的发生和转销记录是否完整；确定递延所得税负债的期末余额是否正确；确定递延所得税负债的披露是否恰当。

(二)递延所得税负债的实质性程序

1. 获取或编制递延所得税负债明细表，复核加计正确，并与报表数、总账数及明细账合计数核对是否相符。

2. 检查被稽查单位采用的会计政策是否恰当，前后期是否一致。

3. 检查被稽查单位用于确认递延所得税负债的税率是否正确。

4. 检查递延所得税负债增减变动记录，以及应纳税暂时性差异的形成原因，确定是否符合有关规定，计算是否正确，预计转销期是否适当，并特别关注以下事项：

(1)对非同一控制下企业合并中取得资产、负债的入账价值与其计税基础不同形成的应纳税暂时性差异，检查其计算及会计处理是否正确。

(2)检查是否存在下列交易中产生的递延所得税负债不应予以确认，而被稽查单位予以确认的情况：

①商誉的初始确认。

②同时具有下列特征的交易中产生的资产或负债的初始确认：该项交易不是企业合并；交易发生时既不影响会计利润也不影响应纳税所得额(或可抵扣亏损)。

(3)检查是否存在被稽查单位对子公司、联营企业及合营企业投资相关的应纳税暂时性差异，在同时满足下列条件时，不应确认相应的递延所得税负债，而被稽查单位予以确认的情况：

①被稽查单位能够控制暂时性差异的转回时间。

②该暂时性差异在可预见的未来很可能不会转回。

5. 当适用税率发生变化时，检查被稽查单位是否对递延所得税负债进行重新计量，对其影响数的会计处理是否正确。

6. 确定递延所得税负债的披露是否恰当。

八、营业外支出稽查

(一)营业外支出的稽查目标

营业外支出的稽查目标一般包括：确定营业外支出记录是否完整；确定营业外支出的计算是否正确；确定营业外支出的披露是否恰当。

(二)营业外支出的实质性程序

1. 获取或编制营业外支出明细表，复核加计正确，并与报表数、总账数及明细账合计数核对是否相符。

2. 检查营业外支出内容是否符合会计准则的规定。

3. 对营业外支出的各项目，包括非流动资产处理损失、非货币性资产交换损失、债务重组损失、盘亏损失、公益性捐赠支出等，与固定资产、无形资产等相关账户记录核对相符，并追查至相关原始凭证。

4. 检查是否存在非公益性捐赠支出、税收滞纳金、罚金、罚款支出、各种赞助会费支出，必要时进行应纳税所得额调整。

5. 对非常损失应详细检查有关资料、被稽查单位实际损失和保险理赔情况及审批文件，检查有关会计处理是否正确。

6. 检查营业外支出的披露是否恰当。

【本章小结】

本章介绍筹资与投资循环及其稽查实务。首先应了解该循环所涉及的证据、业务活动及其内部控制，然后应了解针对涉税项目的相关认定所应采取的常用内部控制测试和常用的交易实质性程序，尤其要掌握常见的关于财务费用、投资收益、资产减值准备等科目稽查的实质性程序。通过本章学习，附带了解金融资产、长期股权投资、投资性房地产等科目的稽查，为企业所得税的某些项目稽查打下基础。

【关键术语】

筹(投)资业务循环　常见内控　常见交易实质性程序

【思考题】

1. 企业在筹(投)资业务循环的诸内部控制目标("存在"或"发生""完整性""计价和分摊""分类""截止"等)中，针对税收会具有哪种倾向?

2. 针对企业在筹(投)资业务中的倾向性，税务稽查应采取哪些应对措施?

第十章 增值税稽查

增值税是中国税制结构中的第一大税种，① 其重要性是不言而喻的。从 1993 年中国实行新税制以来，增值税制度有一些修订。比如，(1)增值税“转型”，由原先的“生产型增值税”改革为“消费型”增值税，及将原来外购固定资产所含增值税不可抵扣(此所谓“生产型”增值税)改革为可以抵扣(此所谓“消费型”增值税)。(2)增值税“扩围”，即把原先商品劳务一般税的增值税和营业税合并成 1 个税种，营业税是对营业额全额课税，增值税是对增加值课税，增值税“扩围”，克服了重复征税问题。(3)“减税降费”。涉及对增值税的税率普遍下调，比如：目前增值税一般纳税人销售普通商品所适用的税率为 13%、增值税一般纳税人销售交通运输、建筑、基础电信服务等行业服务及农产品等货物的增值税税率为 9%、增值税一般纳税人销售增值电信服务、金融服务、现代服务(不动产租赁除外)、生活服务以及销售无形资产(转让土地使用权除外)，税率为 6%。

由于增值税属于商品劳务一般税，其覆盖面要涵盖所有商品(或劳务)。而现实世界又有许多需要分类对待的事项，大体上包括：(1)纳税人分为一般纳税人和小规模纳税人，他们所适用的税率、计算征收税款模式等都会有区别。(2)商品(或劳务)所面临的税率不完全一样，普通商品、不动产、农产品、金融服务等所涉及的增值税税率不完全一致。(3)境内购销业务与进(出)口所涉及的增值税处理也有区别。(4)其他细节方面。

第一节 增值税的稽查目标

前面在销售与收款循环、采购与付款循环中已经提及纳税人在涉税问题上具有某些倾向性，比如会在销售收入的“完整性”上存在低报风险、在采购的“发生”上存在高估风险，因此增值税的稽查目标大致包括以下方面：

1. 确定应税收入记录是否完整，是否存在漏记应税收入的情况(“完整性”)；

2. 确定视同销售的记录是否完整，是否存在漏记的情况(“完整性”)；

3. 确定采购记录是否存在或发生，是否存在虚构采购的情况(“存在”或“发生”)；

4. 确定进项税额转出的记录是否完整，是否存在漏记进项税额转出的情况(“完整性”)；

5. 确定记录的销售退回、销售折扣与折让交易是否存在或发生，是否存在虚构销售退回、销售折扣与折让交易的情况(“存在”或“发生”)；

---

① 不过，在 2022 年部分月份，企业所得税成了超越增值税的第一大税种。见本书第十二章 企业所得税的注释 1。

6. 确定销售交易的数量、金额已经正确地记入明细账，并经正确汇总，是否存在低估销售数量或/和金额的情况(计价和分摊)；

7. 确定记录的采购交易的数量、金额确实正确，是否存在高估采购数量或/和金额的情况(计价和分摊)；

8. 确定销售交易的分类是否恰当，所用的税率是否错误(分类)；

9. 确定采购交易的分类是否恰当，所用的税率是否错误(分类)；

10. 确定应税收入是否已记录于正确的会计期间，是否存在推迟入账的情况(截止)；

11. 确定采购是否已记录于正确的会计期间，是否存在提前入账的情况(截止)；

12. 确定应税收入、采购的披露是否恰当。

第二节　应税销售及销项税额稽查

一、应税销售及销项税额的稽查目标

应税销售及销项税额的稽查目标一般包括：确定应税销售收入记录和对应的销项税额记录是否完整；确定销售交易的数量、金额是否存在低估；确定销售产品的分类(免税品、低税产品、高税产品)是否正确；确定应税销售收入、销项税额入账时间是否正确，是否存在推迟入账的情形；确定应税销售收入和销项税额的披露是否恰当。

二、应税销售及销项税额的实质性程序

1. 获得或编制应税销售收入明细表、销项税额明细表，复核加计正确，并与明细账合计数核对相符；

2. 查明应税销售收入的确认原则、方法，并结合增值税纳税人纳税义务发生时间。按照《企业会计准则第 14 号——收入》的要求，企业商品销售收入，应满足五个条件均能满足时予以确认。具体来说，在如下情况下的纳税义务发生时间分别为：

(1)采取直接收款方式销售货物，不论货物是否发出，均为收到销售款或者取得索取销售款凭据的当天。对此，稽查人员应着重检查被稽查单位是否收到货款或取得收取货款的权利，应注意有无扣压结算凭证，将当期收入转入下期入账，或者虚记收入、开假发票、虚列购货单位，将当期未实现的收入虚转为收入记账，在下期予以冲销的现象。

(2)采取托收承付和委托银行收款方式销售货物，为发出货物并办妥托收手续的当天。对此，稽查人员应着重检查被稽查单位是否发货，托收手续是否办妥，货物发运凭证是否真实，托收承付结算回单是否正确。

(3)采取赊销和分期收款方式销售货物，为书面合同约定的收款日期的当天，无书面合同的或者书面合同没有约定收款日期的，为货物发出的当天。

(4)采取预收货款方式销售货物，为货物发出的当天，但生产销售生产工期超过 12 个月的大型机械设备、船舶、飞机等货物，为收到预收款或者书面合同约定的收款日期的当天。对此，稽查人员应着重检查被稽查单位是否收到了货款，商品是否已经发出。应注意是否存在对已收货款并已将商品发出的交易不入账、转为下期收入，或开具虚假出库凭

证、虚增收入等现象。

(5)委托其他纳税人代销货物，为收到代销单位的代销清单或者收到全部或者部分货款的当天，未收到代销清单及货款的，为发出代销货物满180天的当天。

(6)销售应税劳务，为提供劳务同时收讫销售款或者取得索取销售款的凭据的当天。

3. 选择运用以下实质性分析程序：

(1)将本期与上期的应税销售收入进行比较，分析产品销售的结构和价格的变动是否正常，并分析异常变动的原因；

(2)比较本期各月各种应税销售收入的波动情况，分析其变动趋势是否正常，是否符合被稽查单位季节性、周期性的经营规律，并查明异常现象和重大波动的原因；

(3)计算本期重要产品的毛利率，分析比较本期与上期同类产品毛利率变化情况，注意收入与成本是否配比，并查清重大波动和异常情况的原因；

(4)计算对重要客户的销售额及产品毛利率，分析比较本期与上期有无异常变化；

(5)将上述分析结果与同行业企业本期相关资料进行对比分析，检查是否存在异常。

4. 根据增值税发票申报表或普通发票，估算全年收入，与实际入账收入金额核对，并检查是否存在虚开发票或已销售但未开发票的情况。

5. 获取产品价格目录，抽查售价是否符合定价政策，并注意销售给关联方或关系密切的重要客户的产品价格是否合理，有无低价或高价结算以转移收入和利润的现象。

6. 抽取本期一定数量的销售发票，检查开票、记账、发货日期是否相符，品名、数量、单价、金额等是否与发运凭证、销售合同或协议、记账凭证等一致。

7. 抽取本期一定数量的记账凭证，检查入账日期、品名、数量、单价、金额等是否与销售发票、发运凭证、销售合同或协议等一致。

8. 检查企业存货的贷方发生情况。将“产成品”账户贷方发生额与“产品销售成本”账户借方发生额核对。如果前者大于后者，则存在“产成品”发出，产品未作收入的可能，应进一步查明。

9. 实施销售的截止测试。对应税销售收入实施截止测试，其目的主要在于确定被稽查单位主营业务收入的会计记录归属期是否正确；应记入本期或下期的主营业务收入有否被推延至下期。

10. 结合对资产负债表日应收账款的函证程序，检查有无未经顾客认可的巨额销售。

11. 检查外币收入折算汇率是否正确。

12. 检查有无特殊的销售行为，如附有销售退回条件的商品销售、委托代销、售后回购、以旧换新、商品需要安装和检验的销售、分期收款销售、出口销售、售后租后等，确定恰当的稽查程序进行审核：

(1)附有销售退回条件的商品销售，如果对退货部分能作合理估计的，确定其是否按估计不会退货部分确认收入；如果对退货部分不能作合理估计的，确定其是否在退货期满时确认收入。

(2)售后回购，分析特定销售回购的实质，判断其是属于真正的销售交易，还是属于融资行为。

(3)以旧换新销售，确定销售的商品是否按照商品销售的方式确认收入，回收的商品是否作为购进商品处理。

(4)出口销售，确定其是否按离岸价格、到岸价格或成本加运费价格等不同的成交方式，确认收入的时点和金额。

(5)售后租回，若售后租回形成一项融资租赁，检查是否对售价与资产账面价值之间的差额予以递延，并按该项租赁资产的折旧进度进行分摊，作为折旧费用的调整；若售后租回形成一项经营租赁，检查是否也对售价与资产账面价值之间的差额予以递延，并在租赁期内按照与确认租金费用相一致的方法进行分摊，作为租金费用的调整。但对有确凿证据表明售后租回交易是按照公允价值达成的，检查对售价与资产账面价值之间的差额是否已经计入当期损益。

13. 调查集团内部销售的情况，记录其交易价格、数量和金额，并追查在编制合并财务报表时是否已予以抵消。

14. 调查向关联方销售的情况，记录其交易品种、数量、价格、金额以及占主营业务收入总额的比例。

15. 确定主营业务收入的列报是否恰当。

第三节　视同销售及销项税额稽查

一、视同销售及销项税额的稽查目标

视同销售及销项税额的稽查目标一般包括：确定视同销售收入记录和对应的销项税额记录是否完整；确定视同销售交易的数量、金额是否存在低估；确定视同销售产品的分类(免税品、低税产品、高税产品)是否正确；确定视同销售收入、销项税额入账时间是否正确，是否存在推迟入账的情形；确定视同销售收入和销项税额的披露是否恰当。

二、视同销售及销项税额的实质性程序

1. 获得或编制视同销售收入明细表、销项税额明细表，复核加计正确，并与明细账合计数核对相符；

2. 查明视同销售收入的确认原则、方法，并结合增值税纳税人纳税义务发生时间。按照《增值税暂行条例》的规定，企业视同销售为：

(1)将货物交付他人代销。对此，稽查人员应着重检查被稽查单位的“库存商品——委托代销商品”的贷方发生额，核查对应科目是否异常，有无漏作销售现象；其次，应通过检查“代销合同”订立的结算时间以及代销商发出的代销商品清单来检查实际商品销售实现时间，检查企业是否有延期作销售的行为。

(2)销售代销货物。对此，稽查人员应着重检查被稽查单位是否有代销业务，并了解其账务处理方法核算过程，注意拖欠委托方的货款是否故意延期申报销售或少报销售；有无因委托方的发票没到，故意迟缓实现销售；有无以收取现金方式销售而隐匿不报，或委托方采用现金方式结算后，再调整填补销售后的缺口。其次，要关注“应付账款”“其他应付款”的动向，特别要关注往来发生而又无实际业务的款项，必要时可发协查函或直接到

对方单位调查。

(3)移送货物到不在同一县(市)的非独立核算机构用于销售。在稽查时，首先应通过查看工商登记等方法了解被查单位经营机构设立情况；其次核对账面经营成果，例如，外设机构应在年终时将其经营成果与总机构合并，如果发现报表反映的经营成果与总机构的账面数有差异，则说明存在外设机构；最后检查异地分支机构互供商品是否实现了销售，可以从“产成品”“库存商品”账户和货币资金结算往来账户两个方向入手核查。如果已实现销售，还应注意发货的时间，是否在发货的当期记入销售，有无人为延期实现销售，滞纳税款。

(4)将自产或委托加工的货物用于非应税项目、集体福利和个人消费。对此，稽查人员首先应进行相关业务分析，了解被查企业生产或委托加工的产品品种和在企业内部可利用的程度；其次，应确定所用项目是否属于增值税的征税范围；第三，应检查企业在相关税务处理上计税依据是否正确，有无延期计税的情况；第四，检查“产成品”“委托加工产品”账户贷方发生额的对应账户关系是否正常，追查出库产品的去向和用途，还应注意企业是否将自产产品不入库，而直接用于非应税项目。

(5)将自产、委托加工或购进的货物用于对外投资、无偿赠送他人或分配股东和投资者。对此，稽查人员主要采用“逆查法”，即通过检查“长期投资”“应付股利”“营业外支出”等账户借方的对应账户，查看企业是否已将实物用于对外投资、赠送他人以及分发股利等视同销售行为计税申报。

3. 获取产品价格目录，测算视同销售货物的组成计税价格的正确性。

4. 实施视同销售的截止测试。对视同销售收入实施截止测试，其目的主要在于确定被稽查单位视同销售的会计记录归属期是否正确；应记入本期或下期的视同销售有否被推延至下期。

5. 确定视同销售的列报是否恰当。

第四节　采购及进项税额稽查

一、采购及进项税额的稽查目标

采购及进项税额的稽查目标一般包括：确定所记录的采购交易及相应的进项税额是否发生；确定采购交易的数量、金额是否存在高估；确定采购产品的分类(免税品、低税产品、高税产品)是否正确；确定采购业务入账时间及相应的进项税额入账时间是否正确，是否存在提前入账的情形；确定采购和进项税额的披露是否恰当。

二、采购及进项税额的实质性程序

1. 获得或编制存货采购、固定资产购入明细表，复核加计正确，并与明细账合计数核对相符；

2. 选择运用以下实质性分析程序：

(1)将本期与上期的采购及进项税额进行比较，分析采购的结构和价格的变动是否正常，并分析异常变动的原因；

(2)比较本期各月各种采购及进项税额的波动情况，分析其变动趋势是否正常，是否符合被稽查单位生产的季节性、周期性的经营规律，并查明异常现象和重大波动的原因；

(3)计算本期主要存货的采购情况，分析比较本期与上期同类存货的采购变化情况，注意采购与存货的零用是否协调，并查清重大波动和异常情况的原因；

(4)计算对重要供应商的采购及进项税额，分析比较本期与上期有无异常变化；

(5)将上述分析结果与同行业企业本期相关资料进行对比分析，检查是否存在异常。

3. 从采购总账、明细账记录和进项税额总账、明细账记录中抽取本期一定数量的交易事项，复核如下“账证相符”情况：

(1)检查卖方发票、验收单、订货单和请购单的合理性和真实性；

(2)检查采购货物的数量和价格的正确性；

(3)复算包括折扣和运费在内的卖方发票缮写的准确性。

4. 抽取一定数量的存货记录，追查存货的采购至存货永续盘存记录，复核是否相符。

5. 检查取得的固定资产，确定其价格是否存在高估。

6. 实施采购的截止测试。对采购交易实施截止测试，其目的主要在于确定被查单位采购交易的会计记录归属期是否正确；应记入本期或下期的主营业务收入有否被提前至本期。

7. 实施采购的分类测试。对适用于不同税率的货物(如一般货物为17%、粮食等低税率货物为13%等)，检查是否用错税率。

8. 调查集团内部购销的情况，记录其交易价格、数量和金额，并追查在编制合并财务报表时是否已予以抵消。

9. 调查向关联方购销的情况，记录其交易品种、数量、价格、金额以及占主营业务收入总额的比例。

10. 确定采购业务的列报是否恰当。

第五节　进项税额转出稽查

一、进项税额转出的稽查目标

进项税额转出的稽查目标一般包括：确定进项税额转出记录是否完整；确定进项税额转出的数量、金额是否存在低估；确定进项税额转出的分类(免税品、低税产品、高税产品)是否正确；确定进项税额转出入账时间是否正确，是否存在推迟入账的情形；确定进项税额转出的披露是否恰当。

二、进项税额转出的实质性程序

1. 获得或编制进项税额转出明细表，复核加计正确，并与明细账合计数核对相符；

2. 查明进项税额转出的确认原则、方法。按照《增值税暂行条例》，下列项目的进项税额不得从销项税额中抵扣：

(1)用于非增值税应税项目、免征增值税项目、集体福利或者个人消费的购进货物或者应税劳务。对此，稽查人员应着重检查货物(包括存货和固定资产等)的发出用途，是否属于非增值税应税项目、免征增值税项目、集体福利或者个人消费。检查货物出库单(如领料单、产品出库单、固定资产清理等)上的用途说明。

(2)非正常损失的购进货物及相关的应税劳务。所谓非正常损失，是指因管理不善造成被盗、丢失、霉烂变质的损失。对此，稽查人员应着重检查“待处理财产损溢”科目中的材料类是否属于此类非正常损失的购进货物及相关的应税劳务。

(3)非正常损失的在产品、产成品所耗用的购进货物或者应税劳务。对此，第一，稽查人员应着重检查“待处理财产损溢”科目中的在产品、产成品类是否属于此类情况；第二，应检查非正常损失的在产品、产成品所耗用的购进货物或者应税劳务计算是否正确，是否存在低估情况。

(4)国务院财政、税务主管部门规定的纳税人自用消费品(特指纳税人自用的应征消费税的摩托车、汽车、游艇等)。对此，稽查人员应实施监盘程序，对属于纳税人自用消费品检查其进项税额的转出情况实施重新计算，考察其是否存在漏转或低估的现象。

(5)上述第(1)项至第(4)项规定的货物的运输费用和销售免税货物的运输费用。对此，稽查人员应着重钩稽检查运费和上述第(1)项至第(4)项规定的货物情况，检查其是否漏转或低估的现象。

(6)一般纳税人兼营免税项目或者非增值税应税劳务而无法划分不得抵扣的进项税额。对此，稽查人员应着重检查纳税人是否按下列公式计算不得抵扣的进项税额：

不得抵扣的进项税额=当月无法划分的全部进项税额×当月免税项目销售额、非增值税应税劳务营业额合计÷当月全部销售额、营业额合计

3. 选择运用以下实质性分析程序：

(1)将本期与上期的进项税额转出进行比较，并分析异常变动的原因；

(2)比较本期各月各种进项税额转出的波动情况，分析其变动趋势是否正常，并查明异常现象和重大波动的原因；

4. 实施进项税额转出的截止测试。对进项税额转出实施截止测试，其目的主要在于确定被稽查单位进项税额转出的会计记录归属期是否正确；应记入本期或下期的进项税额转出有否被推延至下期。

5. 确定进项税额转出的数量和金额是否正确。有的纳税人在发生了非正常损失后，不通过“待处理财产损溢”科目核算，而是直接增加当期生产或销售成本，导致月份成本偏高，毛利率偏低。检查时可以通过比较分析法，查看纳税人在检查期所销售货物的平均单位成本是否比一般水平偏高，如果确定偏高又无合理解释，就说明纳税人有隐瞒非常损失的可能。这时应重点检查“原材料”“产成品”“生产成本”账户的贷方发生额，通过贷方发生额的具体内容判定企业是否存在将非正常损失项目自行消化的情况。

6. 确定进项税额转出的列报是否恰当。

第六节　销货退回、折让、折扣及涉税稽查

一、销货退回、折让、折扣及涉税的稽查目标

应税销售退回、折让、折扣的稽查目标一般包括：确定所记录的应税销售退回、折让、折扣及相应的销项税额减少额是否发生；确定应税销售退回、折让、折扣的数量、金额是否存在高估；确定应税销售退回、折让、折扣所涉及产品的分类(免税品、低税产品、高税产品)是否正确；确定应税销售退回、折让、折扣入账时间及相应的销项税额入账时间是否正确，是否存在提前入账的情形；确定应税销售退回、折让、折扣和销项税额减少额的披露是否恰当。

二、应税销售退回、折让、折扣的实质性程序

1. 获得或编制应税销售退回、折让、折扣明细表，复核加计正确，并与明细账合计数核对相符；

2. 选择运用以下实质性分析程序：

(1)将本期与上期的销售退回、折让、折扣进行比较，并分析异常变动的原因；

(2)比较本期各月各种销售退回、折让、折扣的波动情况，分析其变动趋势是否正常，是否符合被稽查单位所在行业的竞争性状况，并查明异常现象和重大波动的原因；

(3)计算对重要客户的销售及销售退回、折让、折扣，分比较本期与上期有无异常变化；

(4)将上述分析结果与同行业企业本期相关资料进行对比分析，检查是否存在异常。

3. 取得被稽查单位有关折扣与折让的具体规定和其他文件资料，并抽查较大的折扣与折让发生额的授权批准情况，与实际执行情况进行核对，检查其是否经授权批准，是否合法、真实。

4. 检查销售退回的产品是否已验收入库并登记入账，有无形成账外物资情况；销售折让与折扣是否及时足额提交对方，有无虚设中介、转移收入、私设账外“小金库”等情况。

5. 实施应税销售退回、折让、折扣的截止测试，是否存在提前入账的情况。

6. 确定应税销售退回、折让、折扣的列报是否恰当。

【本章小结】

本章主要介绍增值税稽查。学习本章时，最重要的是掌握销项(或进项税额转出)的稽查目标与稽查程序、进项(销货退回、折让、折扣涉VAT)的稽查目标与稽查程序。

【关键术语】

增值税稽查　应税销售收入的完整性　采购业务的存在或发生　进项税额转出的完整性　销售退回、折扣或折让的存在性

【思考题】

1. 对增值税一般纳税人的税务稽查涉及哪些“倾向性”的认定？
2. 增值税稽查过程中会运用哪些稽查“效率路径”？

第十一章　消费税稽查

第一节　消费税的稽查目标

消费税是对在我国从事生产、委托加工和进口应税消费品的单位和个人，就其销售、进口收入或销售、进口数量征收的一种流转税。

对于征收消费税的产品来说，消费税与增值税的稽查似乎是可以同时进行的。虽然两个税种在很多方面相似，但它们之间也有许多不同之处。例如消费税的计税依据包括从价定率征收的销售额和从量定额征收的销售数量两种形式；而增值税只有销售额一种形式等。因此，我们并不能用增值税的稽查代替消费税的稽查，二者必须区别对待，针对不同的问题，采用不同的方法。一般而言，消费税的稽查应注意以下几个问题：

1. 征税范围的检查，重点检查税目适用是否准确。

2. 计税依据的检查，重点检查销售额和销售数量的确认是否准确。这是消费税检查的核心内容。

3. 适用税率的检查，重点检查适用税率是否准确。

4. 纳税环节的检查，重点是检查纳税人在生产、委托加工、进口以及自产自用应税消费品移送使用时是否按规定计算缴纳消费税。

5. 纳税地点的检查，重点是检查纳税人在委托加工、到外县市销售以及总、分支机构不在同一县市等情况下，纳税地点是否正确。

6. 纳税义务发生时间的检查，重点是检查纳税人按不同用途和结算方法销售应税消费品，其纳税义务发生时间的确定是否准确。

7. 纳税期限的检查，重点检查纳税人是否在规定的期限内，缴纳税款。

8. 进出口应税消费品的检查，重点是检查纳税人出口退(免)税政策适用是否正确，出口退关后是否补税，进口货物是否按规定缴纳了消费税。

第二节　应税销售额(量)的稽查

消费税的应税销售额(量)的确定，是纳税人存在问题最多的地方。纳税人往往采取各种巧妙方法，转移、隐匿、少记应税消费品的消费收入，推迟销售收入的实现时间，偷漏消费税税款。因此，应税销售额(量)是消费税纳税检查的重点和难点。

一、消费税应税销售额(量)的稽查

在消费税应税销售额(量)稽查中应注意的问题是：

1. 销售收入是否全部申报纳税，有无漏报、少报销售收入的情况。如只报主要产品、合格产品销售收入，不报非主要产品、不合格产品的销售收入。

2. 企业有无在销售收入中虚列、多列增值税税额，故意降低消费税税基的情况。

3. 有无转移隐瞒销售收入，逃避纳税的情况。如将销售收入长期挂在往来账户中，销售产品直接冲减产成品或搞账外经营，将销售收入转入“小金库”等。

4. 采取期货交易或赊销的情况下，有无不按规定及时结转销售的情况。如预收货款，在商品发出后仍不体现销售；采取分期收款方式销售产品，不按合同规定的付款时间体现销售。

5. 发生销货退回，销售折扣折让，有无多冲产品销售收入或者虚列退货、折扣折让，故意冲减销售收入的情况。

6. 销售带包装物的消费品，有无按扣除包装物成本后的收入记账的情况。逾期包装物押金是否并入销售收入额，一并计算缴纳消费税。

7. 纳税人有无将应税销售收入，扣除佣金、手续费、推销费等价外费用后申报纳税的情况。

8. 以应税消费品换取生产资料、消费资料或抵偿应付款时，是否按规定作销售收入处理，有无直接冲减“产成品”的情况。

9. 纳税人销售的应税消费品，以外汇结算销售价格的，是否按规定的汇率将外币折合为人民币后申报纳税。

10. 实行从量计征的啤酒、黄酒以及汽油、柴油的应税销售数量是否全部申报纳税。在进行计量单位转换时，有无不按税法规定的换算标准，随意换算，以多算少的情况。

11. 有无因工作疏忽而造成差错的情况。如数字错位、漏记等。

二、消费税应税销售额(量)稽查的方法与技巧

(一)对纳税人有无漏记、转移销售收入的检查方法和技巧

纳税人发生销售行为不记销售收入，多属有意逃避纳税。由于这类问题手法隐蔽，不易发现，因此在检查时既要深入细致，不遗漏问题，又要方法得当，提高工作效率。对此检查的一般技巧可归结为两句话：一是对比分析，找出线索，确定重点。二是根据确定的重点，顺着线索，审查账证，落实问题。

确定重点，找出线索，可采取审阅、对比分析法进行。即根据平时掌握的市场行情，企业的生产经营状况，审阅“生产成本”“产成品”“销售收入”总分类账，对比分析各个月份的生产、产品库存、销售收入等变化情况，从中找出疑点，发现线索，确定检查的重点。在生产均衡，产成品库存正常的情况下，销售收入明显偏低的月份，很有可能存在转移或漏记销售收入的情况。对此可从审查“银行存款”日记账入手，以销售收入逐笔核对以便发现问题。对生产增长，销售收入没有增长，或增长幅度明显低于生产增长幅度的月

份，也应列为重点检查对象，核实有无漏记少记销售收入的情况。对库存产品突然偏高的月份，要以审查核实产成品实际库存为突破口，从中发现线索，揭露问题。

审查账证，落实问题的具体检查方法可以从以下几个方面着手进行。

1. 审查“生产成本”“产成品”明细账，看其对应的账户是否正确。按照会计核算的程序与方法，一般说来，“生产成本”账户贷方应与“产成品”账户借方对应(特殊情况下，也可能与“原材料”账户，“自制半成品”账户对应)，“产成品”账户的贷方应与“产品销售成本”借方对应(采取分期收款方式销售的，与“分期收款发出商品”账户借方对应)。如果“生产成本”账户的贷方直接与“现金”“银行存款”账户的借方发生对应关系，则很可能是完工产品不转库存，直接从车间销售不记销售收入的情况。如果“产成品”账户的贷方直接与“现金”“银行存款”账户的借方对应，多半是销售产品直接冲减库存产成品成本，不体现销售收入。如果直接与“材料采购”“原材料”账户的借方对应，则多属用产品兑换原材料不记销售的情况。如果直接与“应付账款”“其他应付款”借方对应，则多属用应税消费品抵偿债务的情况。对上述问题，为正确认定和落实问题，还应进一步审核原始凭证，并对照检查“产品销售收入”账户，以查清事实真相。

2. 审核“银行存款”日记账。对凡属与“银行存款”借方对应的账户不属“产品销售收入”“应收账款”的情况，都应认真检查其原始凭证，核实是否属转移销售收入的问题。对与“银行存款”借方对应的账户，既有“产品销售收入”，又涉及往来账、所有者权益、营业外收入等账户的情况，也应进一步查实是否属于价外收入，随产品销售单独计价的包装物等收入没有记销售的问题。

3. 审核往来账户、公积金账户。对往来业务较多的企业应重点审查长期挂账、只增不减的往来账项。通过对其真实性的审查，核实有无转移销售收入的情况。对“盈余公积金”“应付福利费”的审查，要注意其账户的对应关系是否正确。按照财务核算规则，“盈余公积”账户的贷方应与“利润分配”账户的借方对应，“应付福利费”账户的贷方应与“制造费用”“管理费用”账户的借方对应。如果以上两个账户的贷方发生额与“现金”“银行存款”及往来账户有对应关系，就要进一步审核原始凭证，落实问题。

4. 对一次销售数额较大的业务，要抽查审核“销货发票”“产品出库单”等原始凭证，将原始凭证上的数额与“产品销售收入”明细账上的数额相核对，如不一致，要进行调整。对销售单价过低的情况，可以通过实地调查，核实是否属于低价销售给协作厂家、关系户等情况。

5. 对检查期产成品库存较大的情况，可到仓库抽查主要产品，将实际盘存数，与保管员实物账，财会人员的明细账的数量相核对，看是否一致。若实际库存量小于账面结存量，多半属销售产品既不体现销售收入，又不结转成本的情况，要进一步查证落实。

6. 审查企业销售发票存根联，看有无断号或缺少的情况。如果有断号或缺少的现象，要认真追查，弄清原因。

(二)对纳税人成立独立核算的销售公司等关联企业进行避税的稽查

由于我国目前的消费税实行单一环节一次课征制，除金银首饰在零售环节纳税外，其他应税消费品都在生产环节纳税，因此，生产环节消费税税基的大小就决定了消费税的多少。近几年来，一些消费税纳税人，特别是生产高税率产品的企业，如烟厂、酒厂、汽车厂等大中型企业通过划小核算单位，成立独立核算的销售公司，降低出厂价，通过商品返还费用方式侵蚀税基；利用企业集团的内部协作关系，采取总公司低价供应零配件给生产企业，将应税消费品低价销售给公司的方式避税。

对生产应税消费品成立独立核算的销售公司或组建企业集团的纳税人，通过检查其“销售收入”“生产成本”“管理费用”等账簿，对各关联企业之间收取的价款、支付的费用进行核实，如价格明显偏低，又无正当理由，按《征管法实施细则》第38条之规定调查纳税人的应税收入。

1. 按独立企业之间进行相同或类似业务活动的价格；

2. 按照销售给无关联关系的第三者的价格所应取得的收入和利润水平；

3. 按成本加合理的费用和利润；

4. 按照其他合理的方法。

(三)对销售产品同时收取价外费用的应税消费品的检查办法

在实际工作中，纳税人在价外费用计税方面常出现的问题是一票两开，不缴纳增值税、消费税。即纳税人将本应开在同一张发票上的应税消费品的销售额与价外费用，分别填开，销售价款开一份发票，价外费用另开一份发票，价外费用不缴纳消费税、增值税。在这种情况下，纳税人通常将价外费用记入“其他业务收入”“营业外收入”、各种应收款项、各种应付款项等往来账户，或将价外费用冲减“生产成本”“制造费用”“销售费用”“管理费用”等，减少计税依据。对于企业收取的价外费用，可以从以下五个方面着手进行稽查：

1. 从有关费用账户入手。检查纳税人的“产品销售费用”“管理费用”“财务费用”“其他业务支出”等明细账，注意其贷方发生额或借方发生额的“红字”与“产品销售收入”明细账和有关会计凭证对照，看纳税人销售产品时是否另行收取了价外费用。如果纳税人收取了价外费用，又是如何进行会计核算的，有无漏记或故意少计应纳消费税的情况。

2. 从“其他业务收入”“其他业务支出”账户入手。检查纳税人的“其他业务收入”“营业外收入”等明细账，对照有关会计凭证和“产品销售收入”明细账，看纳税人收取的价外费用是否有记入“其他业务收入”或“营业外收入”的现象。

3. 从往来账户入手。检查纳税人的“应收账款”“应付账款”“其他应付款”等明细账户，并对照有关会计凭证，看纳税人收取的价外费用是否直接通过有关往来账户核算而不并入销售额计算纳税。

4. 从发票存根联入手。在检查纳税人已开具的普通发票存根联时，如发现有运输费、仓储费等收费项目的，应注意检查是否属价外费用。

5. 从销售结算清单入手。检查纳税人与购买方的销售结算清单，仔细检查销售结算清单反映的收费项目是否有属应征消费税、增值税的价外费用。

此外，对于价外费用的纳税稽查问题与增值税的纳税稽查是类似的，在实际工作中二者可以同时进行。

(四)对销售带包装应税消费品的稽查

某些纳税人在应税消费品连同包装物销售时，将包装物单独核算不并入销售收入计算缴纳消费税，从而减少了消费税的计税依据。对此的稽查方法可以从包装物的会计核算入手，即以“包装物”明细账的贷方发生额与有关会计凭证相对照，看纳税人发出包装物是如何进行会计核算的。

1. 如果发出的包装物记入了“生产成本”科目，说明是生产领用的包装物，其价值已包含在产品的成本和售价中。

2. 如果发出的包装物记入了“产品销售费用”科目，说明是销售环节领用的不单独作价的包装物(或出借包装物)，其价值已包含在产品的售价之中了。

3. 如果发出的包装物记入了“其他业务支出”科目了。则有可能是随同产品出售单独作价的包装物的销售收入额。就要对照其记账凭证、原始凭证和“产品销售收入”“其他业务收入”等明细账，并对照纳税人的缴税记录，看是否已并入销售额中计算缴纳了消费税。

对于纳税人随同应税消费品出售收取押金的包装物，在税务稽查时，应对“其他应付款”明细账进行清理，看有无按规定不再退还的包装物押金，不应退还的包装物押金是否及时计入产品销售收入，并按规定申报纳税。同时，在纳税检查中应特别注意，对生产企业销售酒类产品而收取的押金是否按酒类产品的适用税率计算缴纳消费税。

(五)对价款与增值税销项税额合并定价的应税消费品的稽查

一些纳税人在计算消费税时，没有按税法规定的换算公式，采用正确的增值税税率或征收率，将含增值税的应税销售额换算为不含增值税税款的销售额。例如，小规模纳税人按17%的增值税税率而不是6%的征收率换算销售额，以减少计税依据。对此，在纳税检查时，应注意将纳税人的“产品销售收入”明细账的贷方发生额与“应交税金——应交增值税”明细账的销项税额发生额相对照，验算二者之间的比例是否符合适用的增值税税率或征收率，如果不符，就有可能属于纳税人未按规定办法换算产品销售收入，从而减少应税销售额的现象。

(六)对以应税消费品换取货物等交易行为的检查方法

纳税人将应税消费品以换取货物、劳务或其他经济利益为条件进行转让的，其实质也是销售产品的行为。根据会计制度的规定，应通过“产品销售收入”科目进行核算。但有的纳税人为逃避纳税，对这种交易行为不作销售处理。在纳税检查时，应从产品发出环节入手，详细审查“产成品”“生产成本”等明细账的贷方发生额或借方发生额中的红字，对照有关会计凭证，看应税消费品的发出用于哪些方面，是否属于以货易货交易行为，如何进行会计换算，有无不按规定作“销售收入”处理的。

(七)对往来账项的检查方法

对于往来账项的检查应注意以下4个问题：

1. 采取分期收款销售方式的，纳税人在按合同约定时间收到货款时，不按规定转作“产品销售收入”，而挂“应收账款”；

2. 采取预收货款销售方式的，纳税人在发出商品后仍不转作“产品销售收入”而继续挂账；

3. 采取托收承付结算方式销售应税消费品的纳税人，在办妥托收手续后不及时进行账务核算而记入“应收账款”科目；

4. 发出应税消费品后收取的价款，不按规定记入“产品销售收入”科目而记入“应付账款”或“预收账款”等科目长期挂账。

对往来账项的检查可以采取以下办法：

1. 审查保管员的实物账，对照仓库的“产品出库单”计算核实当期产品发出的数量，并根据“出库单”上的记载，判断是对外销售还是用于其他方面。然后与“产品销售收入”明细账上的销售数量相核对。如果当期发出商品有未记入销售收入的情况，应查明企业采取的是哪种结算方式。采取委托收款和托收承付结算方式的，应重点查明产品发出的时间。一般说来，产品已经发出，企业财务人员应马上凭“货运单”“购销合同”等凭据，到开户银行办理托收手续，并作销售收入实现的账务处理。如果产品发出较长时间后，企业仍未作销售实现的账务处理，就要进一步调查核实，是存在购销纠纷的情况，还是企业故意推迟纳税。

2. 认真审核“购销合同”，弄清是否属于分期收款销售方式，核实每次收款的具体时间。然后审查“产品销售收入”明细账，并与合同规定的具体收款时间相核对，看企业是否在合同规定收款的当天记入“产品销售收入”明细账。

3. 将“应付账款”“预收账款”等明细账与有关会计凭证和产品销售合同相对照，看有无已实现的销售收入不记“产品销售收入”而挂账的现象。

4. 看有无虚设往来账户，将收入挂账的现象。必要时要深入实际，开展调查研究，对银行存款、发出商品、往来单位有关情况等进行多方面查对，以查明事实真相。

(八)对扣除税额的检查办法

根据税法规定，对烟、酒、化妆品等8类产品，可以从应纳的消费税税款中扣除当期领用生产资料已纳的消费税税款。在税务稽查时，应注意：

1. 扣除范围仅限于税法规定的8项，纳税人有无擅自扩大扣除范围的现象。

2. 有无擅自扩大扣除税额的现象。按规定扣除的仅是当期领用的生产资料已纳消费税税款，既不包括企业购进但尚未领用的生产资料已纳消费税税款，也不包括增值税税款。

3. 是否虚构扣除项目金额，检查企业有无虚假进货以期扩大抵扣税额的现象。

稽查时，采用的方法是：首先将纳税人的“原材料”明细账与有关记账凭证、原始凭证相核对，注重外购已税消费品的真实性；其次，检查“材料入库单”与“发出材料”的有关凭证，分别查明企业期初库存、当期购进以及期末库存的外购已税消费品的买价，并按照税法给定的公式，检查纳税人本期扣除的已纳税款是否正确，有无多抵扣的现象。

(九)对企业采用以外汇结算销售款的检查方法

首先根据销货结算凭证，检查“银行存款——外币户”日记账，或“应收账款”外币户明细账，看企业记入账簿的外币数额是否正确，记账汇率是否符合规定，折合计算的人民币数额是否正确。然后与“产品销售收入”明细账的贷方发生额相核对，看有无漏记、少记销售收入的情况。

(十)对销货退回真实性的检查办法

对企业发生的销货退回，首先要审查发生退回业务的原始凭证是否齐全。发生销货退回应有本企业开出的销货退回红字发票或购货方退回的销售发票以及产品退库验收单，并附有销货退回原因、处理情况等书面说明。如无红字发票和产品退库验收单，则说明是企业虚拟的退货。其次，审核红字发票和产品退库验收单上的数额，看有无多记退货的情况。尤其应特别注意的是在原始凭证中混有应由本企业负担的运杂费凭证的，企业是否违反规定，将运杂费的数额一同记入“产品销售收入”的借方。

(十一)对残次应税消费品计税的检查办法

对残次应税消费品的计税情况进行检查时，应注意检查纳税人销售残次应税消费品是否按规定缴纳消费税；纳税人销售残次应税消费品，向购买方收取的价差收入是否缴纳了消费税。

在实际中，纳税销售残次应税消费品，常采用种种手段偷、逃税款。其手法有：

1. 将残次应税消费品销售收入直接冲减有关成本费用而不用纳税。

2. 将残次品销售收入计入职工福利基金，或隐匿职工食堂、行政科等职工福利部门不纳税。

3. 低价销售残次品，将购货方返还的差价收入挂在购货方“应收账款”“其他应付款”账上，在购货方的往来账上开支、报销费用。

针对上述特点，应采用如下的检查方法：

1. 检查纳税人的“生产成本”“制造费用”等成本费用类账户，留意纳税人的红字冲销额。检查“应付福利费”科目，从贷方查看职工福利费的来源。如果有疑点，再查看有关记账凭证和原始凭证。

2. 对纳税人的食堂、行政科、工会等主管职工福利的部门进行检查，主要查这些部门的经费来源，是否有残次品的销售收入。

3. 如发现某购货方与纳税人有比较稳定的协作关系且购买的产品价格长期偏低，可去该购货方检查。检查其“应付账款”“其他应付款”明细账，是否有返还销货方的价差收入。

(十二)对从量定额计算消费税的检查方法

对从量定额的纳税检查方法，重点是核实应税消费品的销售数量。其检查方法可按以下步骤进行：

1. 首先将仓库“产品出库单”(或“发货单”)的数量，“产成品”明细账上结转成本的数量以及销售发票上的数量相核对，如不相符，应以“出库单”上的数量为准进行调整。必要时也可抽盘库存商品，以核实的库存产品倒挤已销产品的数量。

2. 对企业以升为单位销售黄酒、啤酒换算为吨，以及以吨为单位销售汽油、柴油换算为升的，应根据国家统一规定的标准，检查企业消费税计算单上换算时所使用的标准是否正确，计算有无错误。若换算标准用错，要根据国家规定的换算标准重新计算企业的应税产品销售数量。

3. 以核实的销售数量，与“产品销售收入”明细账以及企业“纳税申报表”上的数量相核对，看企业已销产品的计税数量是否正确。如不相符，应以核定的计税数量重新计算企业应缴纳的消费税额，并调整相应的账项。

(十三)对企业在申报纳税时有无漏记、少报销售收入情况的检查方法

可直接将已核实的产品销售收入(包括记入“其他业务收入”账户的包装物销售收入)或产品销售数量与纳税人的“纳税申报表”“税款缴款书”上的销售收入额或销售量相核对，看是否相符。若纳税申报表中申报的计税销售额或销售量小于“产品销售收入”明细账反映的销售额或销售量，则可能是纳税人少报、瞒报计税依据的行为，要按实际销售额或销售量计算调整企业应纳的消费税税款。

第三节　委托加工纳税情况的稽查

一、委托加工应税消费品纳税情况稽查的要点

由于委托加工产品情况特殊，业务复杂，空子较多。因此，纳税人及代收代缴义务人容易采用各种办法偷逃税款。在进行税务稽查时，必须注意以下三个问题。

1. 委托加工应税消费品的纳税环节。即检查纳税人，扣缴义务人是否存在将自产销售的应税消费品作为委托加工应税消费品，隐匿销售业务的行为；有无不按规定进行会计核算，不正确履行代收代缴义务的现象。

2. 委托加工应税消费品的计税依据。着重检查委托加工应税消费品的组成计税价格是否正确，有无只计算成本，不计算加工费和消费税税额或不按规定核算成本，只计算加工费收入的现象。

3. 企业委托加工应税消费品用于连续生产应税消费品时，税额抵扣的计算是否正确。

二、委托加工应税消费品稽查的方法与技巧

(一)委托加工应税消费品纳税环节的稽查方法

委托加工应税消费品纳税环节历来是存在偷税、逃税问题较多的地方。委托方和受托方常出现下列问题：

1. 自制应税消费品，或不符合委托加工条件的应税消费品，如受托方自备材料，或

先将材料卖给委托方，再给委托方加工产品的情况，当作委托加工产品进行核算。

2. 受托方为多揽业务，故意将加工的应税消费品记作非应税消费品，不履行代收代缴税款的义务，帮助委托方逃避纳税。

3. 委托、受托双方合谋，受托方在委托方提货时不代收消费税税款。然后委托方再以支付加工费名义，将少缴的税款分给受托方一部分。

4. 受托方加工应税消费品，在账上不作任何反映和记录，将代收的消费税税款转入小金库，侵吞国家的税款。

对上述问题的检查应从委托方和受托方两方面着手，具体可按下列方式进行。

1. 对受托方的检查。

首先，判定委托加工业务的合法性。特别注意下列情况不得视为委托加工业务：一是受托方提供原料；二是受托方先将原材料卖给委托方，然后再接受加工；三是受托方以委托方名义购进原材料生产应税消费品。上述业务无论财务上如何核算，都应按照销售自制应税消费品缴纳消费税。其检查方法是：

(1)审查委托加工合同，受托加工来料、备查簿及有关材料明细账，查明材料来源、用途及有关情况。

(2)将“原材料”明细账和“其他业务收入”明细账结合有关会计凭证相对照，查明企业对外销售原材料的去向，看销售的原材料卖给了哪个单位或个人，是谁支付的原材料款项；然后检查“产品销售收入——工业性劳务收入”明细账及有关会计凭证，看企业为哪个单位或个人加工了产品，如果销售材料的对象和委托加工的对象是一致的，就有可能是虚假的委托加工业务，应作进一步调查核实。

(3)将“原材料”明细账和“生产成本”明细账与有关会计凭证对照，看接受加工业务有无从本企业直接领用原材料的行为；将“生产成本”明细账中的委托加工业务与有关内付款凭证相对照，看企业有无以委托方名义购进原材料进行加工的行为。

其次，检查“产成品——代制品”和“产品销售收入——工业性劳务收入”明细账的贷方发生额、发生时间，并核对企业收取加工费时开具的发票存根联，查清委托方提货时间。

第三，检查“其他业务收入”和“营业外收入”明细账及应收应付款明细账，看有无将加工业务收入隐匿在其中，未申报纳税。特别注意企业是否有将代缴的税款长期挂在往来结算账户而迟迟不交或不履行代收代缴义务等现象。

最后，审查“应交税金——应交消费税”明细账贷方、借方发生额，核实受托方是否在委托方提货时代收了税款，是否及时将代收税款解缴国库。如没代收代缴，则应由受托方补缴或给予一定处罚。

2. 对委托方的检查

首先，检查企业“产品销售收入”明细账和“生产成本”明细账，查明企业委托加工收回的应税消费品是直接用于销售还是用于继续生产应税消费品。其次，如果委托加工的应税消费品直接用于销售，则检查时应重点审核“委托加工产品”明细账的借方发生额，看加工商品的成本是否包含了消费税税金。如果加工商品成本中没有消费税税金一项，则说明没有代收代缴消费税，应令其补缴。如果委托加工的应税消费品用于继续生产，则检查

"应交税金——应交消费税"借方明细账，看是否已代收代缴消费税金。

3. 对委托加工应税消费品的纳税检查，还要特别注意，受托、委托双方通谋，采取发料、收回商品，发生加工业务和收取加工费不作账务处理，偷逃消费税税款的情况。对这类现象检查的主要方法是：经常深入企业调查了解情况，随时掌握企业加工业务或委托加工产品的发生情况，然后再有针对性地检查有关账户，看企业是否存在上述问题。对委托企业要经常注意了解其经营情况，商品生产的增减变化情况，原材料、物料用品的购入、发出情况，以判明企业是否存在委托加工产品的业务。对受托方则要了解其是否具备生产加工应税消费品的生产能力，深入车间了解有无对外加工的业务发生。在掌握情况的条件下，再有的放矢地检查账簿记录，查清落实问题。

（二）对委托加工应税消费品组成计税价格的检查方法

委托加工应税消费品的计税价格，如果受托方有同类产品销售价格的，按同类产品的销售价格计算。若没有同类产品销售价格的按组成计税价格计算。对此检查时，一是审查企业"产品销售收入——工业性劳务收入"明细账，核实加工费收入。二是检查受托方"来料备查簿"核实加工产品实际耗用材料成本。要注意扣除未使用的材料成本。也可以采取计算分析法，根据加工产品的单位消耗定额计算出应耗材料成本，与账面反映的耗用材料成本对比分析，看实际耗用材料成本是否合理。此外，对耗用材料成本的检查还可以从委托方着手，通过检查委托方的"委托加工物资"账户来核定。三是根据（材料成本+加工费）÷（1-消费税税率）的公式，计算出加工应税消费品的计税价格和相应的消费税税额，并与受托方代扣代缴的金额相核对，看有无少交、欠交税款的行为。

（三）委托加工应税消费品用于连续生产应税消费品税额抵扣的检查方法

首先，将纳税人的"委托加工商品"明细账，"应交税金——应交消费税"借方金额与有关记账凭证、原始凭证相核对，看委托加工商品收回时受托方是否已代收了消费税。

其次，检查"生产成本"明细账，并与"发出材料"的有关凭证相核对，看委托加工收回的材料是否用于生产应税消费品。

再次，检查"产成品""产品销售收入"等明细账，并与有关会计凭证核对，看用委托加工材料生产的应税消费品是否完工入库，是否销售。

如果委托方未代收消费税，或代收消费税不是生产上述应税消费品的委托加工材料的消费税，均不能予以扣除。

第四节 自产自用应税消费品纳税情况的稽查

一、自产自用应税消费品纳税情况稽查的要点

纳税人生产的应税消费品，一般可以自用或供本企业职工消费。因此，纳税人生产的应税消费品自用或分给职工的情况比较常见。这种情况下使用的消费品，企业没有发生销售业务，没有取得销售收入，因此在这一环节发生的纳税义务，不按税法规定履行的现象

也比较多。在对企业进行税务稽查时，应注意两方面问题；

（一）企业自产自用的应税消费品是否按规定视同销售，计算缴纳消费税，有无隐匿自产自用应税消费品，偷逃税款的行为。在自产自用环节，企业常存在的问题是：

1. 生产的应税消费品企业自行消费，直接冲减生产成本，增加辅助生产成本或其他业务支出；或者根本不作账务处理，直接列入商品损耗，偷逃自产自用环节的消费税。如炼油厂辅助生产车间、运输部门耗用的自产汽油、柴油不申报缴纳消费税，或者直接以产品损耗处理。

2. 生产的应税消费品，以福利费的名义发给本企业职工，不体现销售，也不申报纳税，或者以优惠价格卖给职工，收入记入所有者权益账户，逃避缴纳消费税。

（二）自产自用应税消费品组成计税价格是否正确。有无只计成本，不计利润或故意减少成本，以降低消费税计税价格的情况。

二、自产自用应税消费品纳税稽查的方法与技巧

（一）自产自用应税消费品纳税环节的检查方法

自产自用应税消费品纳税环节的检查就是检查企业生产的应税消费品用于连续生产非应税消费品或其他方面，在移送使用时是否交纳了消费税。

1. 自产自用用于连续生产非应税消费品的检查方法。

生产企业完工的可供销售的消费品，会在企业“产成品”明细账、仓库的产成品数量账和生产部门的完工交库单中有所反映；在移送投入再生产时，又应有生产部门的领料单，并应在“产成品”明细账和仓库的产成品数量账的付出方，以及在“生产成本”的成本计算账户中的直接材料成本项目借方反映。因此，可以从这些账户中查明企业在连续生产非应税消费品过程中是否使用了自己生产的应税消费品。具体检查步骤是：首先，根据“产成品”明细账，或“生产成本”借方发生额，及领用应税消费品的用途和部门，判断生产的应税消费品是否用于连续生产非应税消费品；其次，核实自产自用用于连续生产非应税消费品的应税消费品的数额及其使用的时间。最后，根据核实的自用的非应税消费品的数额及领用时间，对照审查“应交税金——应交消费税”明细账，看企业是否及时计算并缴纳了消费税。

对于不按正常程序处理账务的企业，则可对其生产用料进行分析，如果非应税消费品的生产用料中确有属于应税消费品，而企业自身又有这一消费品生产的，就应进一步查明应税消费品的生产数量、销售数量，同非应税消费品生产耗用该应税消费品的数量、外购的数量相对照，从而确定其有无使用自己生产的应税消费品，并进而检查是否按规定缴纳了消费税。

2. 自产自用用于其他方面的检查方法。

自产自用于非生产的其他方面，一般包括用于固定资产购建或维修、集体生活福利或职工个人消费、以及对外馈赠、赞助、广告等。依据税法规定，上述自产自用行为应视同销售，并计算缴纳消费税。但在实际中，企业有的会按制度在账上进行核算，有的会弄虚作假不作账面反映以偷逃税款。对此的检查方法主要是从“固定资产”和“在建工程”“应付

工资”“应付福利费”“营业外支出”“产品销售费用”“管理费用”等账户的借方审查其来源和支付的内容，从产成品账，特别是仓库的实物账，审查其付出的去向。必要时，可以将账面数额与库存数相核对，从而查明其有无自产自用于上述方面的应税消费品，自用的应税消费品是否缴纳了消费税。

(二) 自产自用应税消费品计税依据的检查方法

纳税人自产自用应税消费品应视同销售申报纳税。申报时，按同类同期市场价格确定计税价格；若没有同期同类市场价格，则可按(成本+利润)÷(1-消费税税率)计算组成计税价格。有些企业故意减少计税价格，以达到少缴税的目的。对此的检查方法是：

首先，了解企业有无同类产品的销售业务。若有同类产品的销售业务，应检查企业是否按同类产品销售价格记账，有无按组成计税价格或按低于同类产品销售价格记账的情况。可将企业当期该类产品正常情况下的销售单价与企业记入“产品销售收入”明细中的销售单价相比较，如果账面价低于加权平均销售单价的，应按核定的加权平均单价进行调整。

其次，对按组成计税价格计算销售收入的情况进行检查。一要检查“生产成本”明细账，及“产品成本计算表”，核实自产自用应税消费品的单位成本。二要根据核定的生产成本和国家规定的行业或产业平均利润率，按(成本+利润)÷(1-消费税税率)的公式计算出组成计税价格。三是将核定的组成计税价格与企业计算应交消费税时采用的计税价格相对照，如不相符，应按核定的组成计税价格进行调整。

【本章小结】

本章主要介绍消费税稽查。学习本章时，主要掌握应税消费品销售项目计税依据的稽查、委托加工应税消费品计税价格的稽查、应税消费品抵扣项的稽查。

【关键术语】

消费税稽查　组成计税价格　已纳消费税扣除

【思考题】

1. 对消费税纳税人的税务稽查涉及哪些“倾向性”的认定？
2. 消费税稽查与增值税稽查有哪些异同？

第十二章　企业所得税稽查

我国通过企业所得税组织的税收收入是不低的，多年来仅次于增值税，号称“第二大税种”。在特殊年份，部分时段的企业所得税收入甚至超过增值税收入。① 因此，仅仅就组织财政收入的角度，企业所得税稽查的意义都是不可小觑的。

第一节　企业所得税的稽查目标

企业所得税是对我国境内的企业和其他取得收入的组织的生产经营所得和其他所得征收的所得税。现行企业所得税法的基本规范，是 2007 年 3 月 16 日第十届全国人民代表大会第五次全体会议通过的《中华人民共和国企业所得税法》和 2007 年 11 月 28 日国务院第 197 次常务会议通过的《中华人民共和国企业所得税法实施条例》。

企业所得税是一种以纯所得为征税对象、以应纳税所得额为计税依据的税种。从税额计算和征管的角度出发，它与流转税有相似点也有不同点。

(一)共性

1. 二者都会涉及“收入类”项目，二者都会涉及“顺查法”。
2. 从会计资料的原始凭证来源角度看，二者都会涉及大量的外来凭证。
3. 从企业业务循环的角度看，二者都会涉及“销售与收款循环”“采购与付款循环”。

(二)差异

1. 企业所得税不仅涉及“收入类”项目，更涉及“成本、费用、损失类”项目；不仅涉

---

① 根据中国财政部网站数据，在部分时段，企业所得税收入数字大于国内增值税数字：(1)2022 年 1—5 月累计，国内增值税 16586 亿元、企业所得税 23188 亿元，《2022 年 5 月财政收支情况》(gks. mof. gov. cn/tongjishuju/202206/t20220616_ 3818568. htm)；(2)2022 年 1—6 月累计，国内增值税 19136 亿元、企业所得税 28388 亿元，《2022 年上半年财政收支情况》(gks. mof. gov. cn/tongjishuju/202207/t20220714_ 3827010. htm)；(3)2022 年 1—7 月累计，国内增值税 23656 亿元、企业所得税 35047 亿元，《2022 年 7 月财政收支情况》(gks. mof. gov. cn/tongjishuju/202208/t20220817_ 3834300. htm)；(4)2022 年1—8 月累计，国内增值税 28282 亿元、企业所得税 35731 亿元，《2022 年 8 月财政收支情况》(gks. mof. gov. cn/tongjishuju/202209/t20220916_ 3840932. htm)；(5)2022 年 1—9 月累计，国内增值税 33347 亿元、企业所得税 36409 亿元，《2022 年前 3 季度财政收支情况》(gks. mof. gov. cn/tongjishuju/202210/t20221025_ 3847842. htm)；(6)2022 年 1—10 月累计，国内增值税 39324 亿元、企业所得税 42271 亿元，《2022 年 10 月财政收支情况》(gks. mof. gov. cn/tongjishuju/202211/t20221116_ 3851724. htm)。

及“顺查法”，更涉及“逆查法”。

2. 从会计资料的原始凭证来源角度看，企业所得税计算和稽查往往依赖于大量的自制凭证，因此证据的可靠性低于流转税的证据的可靠性。

3. 从企业业务循环的角度看，企业所得税全面地涉及“产、供、销、筹(投)”循环。

4. 从核算的准确性角度看，企业所得税涉及的会计政策的选用和会计估计的选用会较多，稽查的难度会大于流转税的难度。如资产负债表日的资产计量问题，工业企业的在产品或产成品的核算问题等都存在大量的会计估计，从而会影响企业所得税的税基。

5. 从与会计核算的3大主要会计报表(即：资产负债表、利润表、现金流量表)的关系看，增值税主要与“利润表”关联性大；而企业所得税不仅仅与“利润表”关联性大，而且也与“资产负债表”有关系，这体现在《企业会计准则》第18号——所得税中谈论的对“资产(或负债)”的“账面价值”与“计税基础”之间的差异所导致的暂时性差异而形成的“递延”所得税资产(或负债)。法律条文庞杂，笔者理解，对于企业所得税的税基，从跨期(或长期视角)看，所有引发资产(或负债)价值变动的结果，政府都要与企业“分享”。企业所有“产、供、销、投融资”都是资产(或负债)管理的表现形式，对外销售和从外采购只是企业内部与外部“交易(或交换)”的行为，除此之外，发生的资产(或负债)的价值变动(比如：企业外部市场对企业所持有金融资产的价值增值，这是一种“外部性”)，都是企业所得税课征的“税基”。这也体现政府“anywhere，anytime”的“共享、共担”机制。

(三)问题

企业所得税的稽查目标一般应注意以下几个问题：

1. 确定影响应纳税所得额增加的项目是否完整，是否存在漏记的情况，具体包括：

(1)营业收入记录是否完整，具体分别为收入明细表、金融企业收入明细表、事业单位(社会团体、民办非企业单位)收入明细表；

(2)公允价值变动收益；

(3)投资收益；

(4)营业外收入；

(5)纳税调整增加额。

2. 确定影响应纳税所得额减少的项目是否“存在”或“发生”，是否存在多记的情况，具体包括：

(1)营业成本；

(2)营业税金及附加；

(3)销售费用；

(4)管理费用；

(5)财务费用；

(6)资产减值损失；

(7)纳税调整减少额(其中包含：不征税收入、免税收入、减计收入、减(免)税项目所得、加计扣除、抵扣应纳税所得额)。

3. 上述第 1、第 2 项的金额是否准确，即第 1 类项目是否存在“低估”情况，第 2 类项目是否存在“高估”情况。

4. 上述第 1、第 2 项的截止是否及时，即第 1 类项目是否存在“推迟”情况，第 2 类项目是否存在“提前”情况。

5. 确定影响企业所得税的披露是否恰当。

第二节　影响应纳税所得额增加类项目的稽查

一、营业收入的稽查

(一)营业收入的稽查目标

营业收入的稽查目标一般包括：确定营业收入记录是否完整；确定与营业收入有关的金额及其他数据是否已恰当记录，包括对销售退回、销售折扣与折让的处理是否恰当；确定营业收入是否已记录于正确的会计期间；确定营业收入的内容是否正确；确定营业收入的披露是否恰当。

(二)营业收入的实质性程序

营业收入的实质性程序一般包括以下内容：

1. 取得或编制营业收入明细表，复核加计正确，并与总账数和明细账合计数核对相符；同时，与企业所得税年度纳税申报表核对相符。

2. 查明主营业务收入的确认原则、方法，注意是否符合企业会计准则和会计制度规定的收入实现条件，前后期是否一致。特别关注周期性、偶然性的收入是否符合既定的收入确认原则和方法。

(1)工业企业的营业收入确认原则、方法。

(2)金融企业的营业收入、视同销售收入的确认原则、方法。

3. 选择运用以下实质性分析程序：

(1)将工业企业的本年与上年的主营业务收入进行比较，分析产品销售的结构和价格的变动是否正常，并分析异常变动的原因；将金融企业的本年与上年的主营业务收入进行比较，分析收入的结构变动是否正常，并分析异常变动的原因。

(2)比较工业企业的本年各月各种主营业务收入的波动情况，分析其变动趋势是否正常，是否符合被稽查单位季节性、周期性的经营规律，并查明异常现象和重大波动的原因；比较金融企业的本年各月各种主营业务收入的波动情况，分析其变动趋势是否正常，是否符合被稽查单位季节性、周期性的经营规律，并查明异常现象和重大波动的原因。

(3)将上述分析结果与同行业企业本年相关资料进行对比分析，检查是否存在异常。

4. 根据增值税发票申报表或普通发票，估算全年收入，与实际入账收入金额核对，并检查是否存在虚开发票或已销售但未开发票的情况。

5. 获取产品价格目录，抽查售价是否符合定价政策，并注意销售给关联方或关系密切的重要客户的产品价格是否合理，有无低价或高价结算以转移收入和利润的现象。

6. 抽取本期一定数量的销售发票，检查开票、记账、发货日期是否相符，品名、数量、单价、金额等是否与发运凭证、销售合同或协议、记账凭证等一致。

7. 抽取本期一定数量的记账凭证，检查入账日期、品名、数量、单价、金额等是否与销售发票、发运凭证、销售合同或协议等一致。

8. 实施销售的截止测试。对主营业务收入实施截止测试，其目的主要在于确定被稽查单位主营业务收入的会计记录归属期是否正确；应记入本期或下期的主营业务收入有否被推延至下期或提前至本期。

9. 结合对资产负债表日应收账款的函证程序，检查有无未经顾客认可的巨额销售。

10. 检查销售折扣、销售退回与折让业务是否真实，内容是否完整，相关手续是否符合规定，折扣与折让的计算和会计处理是否正确。

11. 调查集团内部销售的情况，记录其交易价格、数量和金额，并追查在编制合并财务报表时是否已予以抵消。

12. 调查向关联方销售的情况，记录其交易品种、数量、价格、金额以及占主营业务收入总额的比例。

13. 确定主营业务收入的列报是否恰当。

二、公允价值变动收益稽查

(一)公允价值变动收益的稽查目标

公允价值变动收益包括交易性金融资产、交易性金融负债，以及采用公允价值模式计量的投资性房地产、衍生金融工具、套期保值业务等公允价值变动形成的应计入当期损益的利得或损失。同样，公允价值变动收益稽查是相关资产、负债的稽查一并进行的，作为测试相关资产、负债计价认定的一项重要内容。公允价值变动收益的稽查目标一般包括：确定公允价值变动收益记录是否完整；确定与公允价值变动收益有关的金额及其他数据是否已恰当记录；确定公允价值变动收益是否已记录于正确的会计期间；确定公允价值变动收益的内容是否正确；确定公允价值变动收益的披露是否恰当。

(二)公允价值变动收益的实质性程序

1. 获取或编制公允价值变动收益明细表，复核加计正确，并与报表数、总账数及明细账合计数核对是否相符；同时，与企业所得税年度纳税申报表核对相符。

2. 根据公允价值变动收益明细账，对交易性金融资产(负债)、衍生工具、套期保值业务和投资性房地产等各明细发生额逐项检查：

(1)在资产负债表日，被稽查单位是否将交易性金融资产(负债)的公允价值与其账面价值的差额记入本科目；处置交易性金融资产(负债)时，是否将原已记入本科目的公允价值变动金额转入投资收益。

(2)在资产负债表日，被稽查单位是否将衍生金融工具的公允价值与其账面价值的差额记入本科目；终止确认衍生金融工具时，其会计处理是否正确。

(3)对于在资产负债表日，满足运用套期会计方法条件的现金流量套期和境外经营净投资套期产生的利得和损失，是否进行了正确的会计处理。

(4)以公允价值模式计量的投资性房地产的公允价值变动收益，应结合对应科目，检查其初始成本确定是否正确，期末公允价值确定是否合理；处置时原公允价值变动(含记入本科目和资本公积)有无正确结转至其他业务成本。

3. 确定公允价值变动收益的披露是否恰当。

三、投资收益的稽查

(一)投资收益的稽查目标

投资收益的稽查目标一般包括：确定投资收益记录是否完整；确定与投资收益有关的金额及其他数据是否已恰当记录；确定投资收益是否已记录于正确的会计期间；确定投资收益的内容是否正确；确定投资收益的披露是否恰当。

(二)投资收益的实质性程序

投资收益的实质性程序一般包括以下内容：

1. 取得或编制投资收益明细表，复核加计正确，并与总账数和明细账合计数核对相符；同时，与企业所得税年度纳税申报表核对相符。

2. 与以前年度投资收益比较，结合投资本期的变动情况，分析本期投资收益是否存在异常情况。如有，应查明原因，并做出适当的调整。

3. 与长期股权投资、交易性金融资产、交易性金融负债、可供出售金融资产、持有至到期投资等相关项目的稽查结合，验证确定投资收益的记录是否正确，确定投资收益被计入正确的会计期间。

4. 确定投资收益已恰当列报。检查投资协议等文件，确定国外的投资收益汇回是否存在重大限制，若存在重大限制，应说明原因，并做出恰当披露。

四、营业外收入的稽查

(一)营业外收入的稽查目标

营业外收入的稽查目标一般包括：确定营业外收入记录是否完整；确定与营业外收入有关的金额及其他数据是否已恰当记录；确定营业外收入是否已记录于正确的会计期间；确定营业外收入的内容是否正确；确定营业外收入的披露是否恰当。

(二)营业外收入的实质性程序

营业外收入的实质性程序一般包括以下内容：

1. 取得或编制营业外收入明细表，复核加计正确，并与总账数和明细账合计数核对相符；同时，与企业所得税年度纳税申报表核对相符。

2. 检查营业外收入的核算内容是否符合会计准则的规定。

3. 抽查营业外收入中金额较大或性质特殊的项目，审核其内容的真实性和依据的充分性。

4. 对营业外收入中各项目，包括非流动资产处理利得、非货币性资产交换利得、债务重组利得、政府补助、盘盈利得、接受捐赠利得等相关账户记录核对相符，并追查至相关原始凭证。

5. 检查营业外收入的披露是否恰当。

五、纳税调整增加额的稽查

(一)纳税调整增加额的稽查目标

纳税调整增加额的稽查目标一般包括：确定纳税调整增加额记录是否完整；确定与纳税调整增加额有关的金额及其他数据是否已恰当记录；确定纳税调整增加额是否已记录于正确的会计期间；确定纳税调整增加额的内容是否正确；确定纳税调整增加额的披露是否恰当。

(二)纳税调整增加额的实质性程序

纳税调整增加额的实质性程序一般包括以下内容：

1. 取得或编制纳税调整增加额明细表，复核加计正确，并与企业所得税年度纳税申报表核对相符。

2. 查明纳税调整增加额的各项目的确认原则、方法。具体来说，包括如下项目：

(1)收入类调整项目。

①视同销售收入；②接受捐赠收入；③不符合税收规定的销售折扣和折让；④未按权责发生制原则确认的收入；⑤按权益法核算的长期股权投资持有期间的投资损益；⑥特殊重组；⑦一般重组；⑧公允价值变动净收益；⑨确认为递延收益的政府补助；⑩不允许扣除的境外投资损失；⑪其他。

(2)扣除类调整项目。

①工资薪金支出；②职工福利支出；③职工教育经费支出；④工会经费支出；⑤业务招待费支出；⑥广告费和业务宣传费支出；⑦捐赠支出；⑧利息支出；⑨住房公积金；⑩罚金、罚款和被没收财物的损失；⑪税收滞纳金；⑫赞助支出；⑬各类基本社会保障性缴款；⑭补充养老保险、补充医疗保险；⑮与未实现融资收益相关在当期确认的财务费用；⑯与取得收入无关的支出；⑰不征税收入用于支出所形成的费用；⑱其他。

(3)资产类调整项目。

①财产损失；②固定资产折旧；③生产性生物资产折旧；④长期待摊费用的摊销；⑤无形资产摊销；⑥投资转让、处置所得；⑦油气勘探投资；⑧油气开发投资、⑨其他。

(4)准备金调整项目。

(5)房地产企业预售收入计算的预计利润。

(6)特别纳税调整应税所得。

(7)其他。

3. 对上述相关账户记录核对相符，并追查至相关原始凭证。

4. 检查上述项目的披露是否恰当。

第三节　影响应纳税所得额减少类项目的稽查

一、营业成本的稽查

营业成本是指企业从事对外销售商品、提供劳务等主营业务活动和销售材料、出租固定资产、出租无形资产、出租包装物等其他经营活动所发生的实际成本。以制造业的产成品销售为例，它是由期初库存产品成本加上本期入库产成品成本，再减去期末库存产品成本求得的。

(一)营业成本的稽查目标

营业成本的稽查目标一般包括：确定记录的营业成本是否已发生，且与被稽查单位有关；确定与营业成本有关的金额及其他数据是否已恰当记录；确定营业成本是否已记录于正确的会计期间；确定营业成本的内容是否正确；确定营业成本与营业收入是否配比；确定营业成本的披露是否恰当。

(二)营业成本的实质性程序

营业成本的实质性程序一般包括以下内容：

1. 取得或编制营业成本明细表，复核加计正确，并与总账数和明细账合计数核对相符；同时，与企业所得税年度纳税申报表核对相符。

2. 复核主营业务成本汇总明细表的正确性，与库存商品等科目勾稽，并编制生产成本与主营业务成本倒轧表，如表 12-1 所示。

3. 检查主营业务成本的内容和计算方法是否符合有关规定，前后期是否一致，并做出记录。

4. 对主营业务成本执行实质性分析程序，检查本期内各月间及前期同一产品的单位成本是否存在异常波动，是否存在调节成本的现象。

5. 抽取若干月份的主营业务成本结转明细清单，结合生产成本的稽查，检查销售成本结转数额的正确性，比较计入主营业务成本的商品品种、规格、数量于计入主营业务收入的口径是否一致，是否符合配比原则。

6. 检查主营业务成本中重大调整事项(如销售退回)的会计处理是否正确。

7. 在采用计划成本、定额成本、标准成本或售价核算存货的情况下，检查产品成本差异或商品进销差价的计算、分配和会计处理是否正确。

8. 确定主营业务成本的披露是否恰当。

表 12-1　生产成本及主营业务成本倒轧表

项目	未审数	调整或重分类金额借(贷)	审定数
原材料期初余额			
加：本期购进			
减：原材料期末余额			
其他发出额			
直接材料成本			
加：直接人工成本			
制造费用			
生产成本			
加：在产品期初余额			
减：在产品期末余额			
产品生产成本			
加：产成品期初余额			
减：产成品期末余额			
主营业务成本			

二、营业税金及附加的稽查

(一)营业税金及附加的稽查目标

营业税金及附加的稽查目标一般包括：确定记录的营业税金及附加是否已发生，且与被稽查单位有关；确定与营业税金及附加有关的金额及其他数据是否已恰当记录；确定营业税金及附加是否已记录于正确的会计期间；确定营业税金及附加的内容是否正确；确定营业税金及附加与营业收入是否配比；确定营业税金及附加的披露是否恰当。

(二)营业税金及附加的实质性程序

营业税金及附加的实质性程序一般包括以下内容：

1. 取得或编制营业税金及附加明细表，复核加计正确，并与总账数和明细账合计数核对相符；同时，与企业所得税年度纳税申报表核对相符。

2. 确定被查单位的纳税(费)范围与税(费)种是否符合国家规定。

3. 根据审定的应税消费品销售额(或数量)，按规定适用的税率，分项计算、复核本期应纳消费税税额。

4. 根据审定的应税资源税产品的课税数量，按规定适用的单位税额，计算、复核本期应纳资源税税额。

5. 检查城市维护建设税、教育费附加等项目的计算依据是否和本期应纳增值税、消费税合计数一致，并按规定适用的税率或费率计算、复核本期应纳城建税、教育费附加等。

6. 复核各项税费与应交税费等项目的勾稽关系。

7. 确定被查单位减免税的项目是否真实，理由是否充分，手续是否完备。

8. 确定营业税金及附加是否已在利润表上作恰当披露。如果被查单位是上市公司，在其财务报表附注中应分项列示本期营业税金及附加的计缴标准近金额。

三、销售费用的稽查

(一)销售费用的稽查目标

销售费用的稽查目标一般包括：确定记录的销售费用是否已发生，且与被稽查单位有关；确定与销售费用有关的金额及其他数据是否已恰当记录；确定销售费用是否已记录于正确的会计期间；确定销售费用的内容是否正确；确定销售费用与营业收入是否配比；确定销售费用的披露是否恰当。

(二)销售费用的实质性程序

销售费用的实质性程序一般包括以下内容：

1. 取得或编制销售费用明细表，复核加计正确，并与总账数和明细账合计数核对相符；同时，与企业所得税年度纳税申报表核对相符。

2. 将本期和上期销售费用各明细项目作比较分析，必要时，比较本期各月份销售费用，如有重大波动和异常情况应查明原因。

3. 检查各明细项目是否与被查单位销售商品和材料、提供劳务以及销售机构经营有关，是否合规、合理，计算是否正确。注意需经外汇管理部门审批的费用项目，是否经过批准。

4. 核对有关费用项目与累计折旧、应付职工薪酬等项目的勾稽关系，做交叉索引。

5. 针对销售费用各主要明细项目，选择重要或异常的凭证，检查原始凭证是否真实有效，会计处理是否正确。注意广告费用和业务宣传费划分是否合理，是否符合税前列支条件。

6. 抽取资产负债表日前后一定数量的凭证，实施截止测试，对于重大跨期项目，应建议作必要调整。

7. 如被查单位系商品流通企业且已将管理费用科目的核算内容并入本科目核算，应同时实施管理费用稽查程序。

8. 确定销售费用的披露是否恰当。

四、管理费用的稽查

(一)管理费用的稽查目标

管理费用的稽查目标一般包括：确定记录的管理费用是否发生，且与被稽查单位有关；确定与管理费用有关的金额及其他数据是否已恰当记录；确定管理费用是否已记录于正确的会计期间；确定管理费用的内容是否正确；确定管理费用的披露是否恰当。

(二)管理费用的实质性程序

1. 取得或编制管理费用明细表，复核加计正确，与报表数、总账数及明细账数合计数核对是否相符；同时，与企业所得税年度纳税申报表核对相符。

2. 检查管理费用项目的核算内容与范围是否符合规定。

3. 将本期、上期管理费用各明细项目作比较分析，必要时比较各月份管理费用，对有重大波动和异常情况的项目应查明原因，考虑是否提请被稽查单位调整。

4. 将管理费用中列支的职工薪酬、研究费用、折旧费以及无形资产、长期待摊费用、其他长期资产的摊销额等项目与相关科目进行交叉勾稽，并做出相应记录。

5. 选择管理费用中数额较大，以及本期与上期相比变化异常的项目追查至原始凭证，并注意：董事会费是否已经实际支出并有合法依据；业务招待费的支出是否合理，如超过规定限额，应建议作纳税调整；差旅费支出是否符合企业开支标准及报销手续；咨询费支出是否符合规定；有无诉讼费及赔偿款项支出，并关注是否存在或有损失；无形资产的摊销额和筹建期间内发生的开办费核算是否符合规定；支付外资机构的特许权使用费支出是否超过规定限额，必要时应建议作纳税调整；上交母公司或其他关联方的管理费用是否有合法的单据及证明文件；检查大额支出、不均匀支出和有疑问支出的内容和审批手续、权限是否符合有关规定；对被稽查单位行政管理部门等发生的大额固定资产修理费，关注其原因；检查库存现金、存货等流动资产的盘盈盘亏处理是否符合规定；复核本期发生的车船使用税、印花税等税费是否正确；对管理费用中的其他支出内容，关注有无不正常开支。

6. 抽取资产负债表日前后一定数量的凭证，实施截止测试，对于重大跨期项目，应建议作必要调整。

7. 检查管理费用的披露是否恰当。

五、财务费用的稽查

(一)财务费用的稽查目标

财务费用的稽查目标一般包括：确定记录的财务费用是否已发生，且与被稽查单位有关；确定与财务费用有关的金额及其他数据是否已恰当记录；确定财务费用是否已记录于正确的会计期间；确定财务费用的内容是否正确；确定财务费用与营业收入是否配比；确定财务费用的披露是否恰当。

(二)财务费用的实质性程序

财务费用的实质性程序一般包括以下内容：

1. 取得或编制财务费用明细表，复核加计正确，并与总账数和明细账合计数核对相符；同时，与企业所得税年度纳税申报表核对相符。

2. 将本期、上期财务费用各明细项目作比较分析，必要时比较本期各月份财务费用，如有重大波动和异常情况应追查原因，扩大稽查范围或增加测试量。

3. 检查利息支出明细账，确认利息收支的真实性及正确性。检查各项借款期末应计利息有无预计入账。注意检查现金折扣的会计处理是否正确。

4. 检查汇兑损失明细账，检查汇兑损益计算方法是否正确，核对所有汇兑率是否正确，前后期是否一致。

5. 检查“财务费用——其他”明细账，注意检查大额金融机构手续费的真实性与正确性。

6. 审阅下期期初的财务费用明细账，检查财务费用各项目有无跨期入账的现象，对于重大跨期项目，应作必要调整。

六、资产减值准备稽查

(一)资产减值准备的稽查目标

资产减值准备包括坏账准备、存货跌价准备、长期投资减值准备、可供出售金融资产减值准备、持有至到期减值准备、投资性房地产减值准备、固定资产减值准备、工程物资减值准备、在建工程减值准备、无形资产减值准备、商誉减值准备等项目。根据企业会计准则的规定，不同类别资产的减值，适用不同的准则。

对资产减值准备的稽查是与相关资产的稽查一并进行的，作为测试相关资产计价认定的一项重要内容。资产减值准备往往涉及会计估计。资产减值准备的稽查目标一般包括：确定记录的资产减值损失是否已发生，且与被稽查单位有关；确定与资产减值损失有关的金额及其他数据是否已恰当记录；确定资产减值损失是否已记录于正确的会计期间；确定资产减值损失的内容是否正确；确定资产减值损失的披露是否恰当。

(二)资产减值准备的实质性程序

1. 获取或编制资产减值准备明细表，复核加计正确，并与报表数、总账数及明细账合计数核对是否相符；同时，与企业所得税年度纳税申报表核对相符。

2. 检查资产减值准备核算内容是否符合规定。

3. 对本期增减变动情况检查如下：

(1)对本期增加及转回的资产减值损失，与坏账准备等科目进行交叉勾稽。

(2)对本期转销的资产减值损失，结合相关资产科目的稽查，检查会计处理是否正确。

4. 确定资产减值损失的披露是否恰当。

七、纳税调整减少额的稽查

(一)纳税调整减少额的稽查目标

纳税调整减少额的稽查目标一般包括：确定记录的纳税调整减少额是否已发生，且与被稽查单位有关；确定与纳税调整减少额有关的金额及其他数据是否已恰当记录；确定纳税调整减少额是否已记录于正确的会计期间；确定纳税调整减少额的内容是否正确；确定纳税调整减少额的披露是否恰当。

(二)纳税调整减少额的实质性程序

纳税调整减少额的实质性程序一般包括以下内容：

1. 取得或编制纳税调整减少额明细表，复核加计正确，并与总账数和明细账合计数核对相符；同时，与企业所得税年度纳税申报表核对相符。

2. 查明纳税调整减少额的各项目的确认原则、方法。具体来说，包括如下项目：

(1)收入类调整项目。

①未按权责发生制原则确认的收入；②按权益法核算长期股权投资对初始投资成本调整确认收益；③按权益法核算的长期股权投资持有期间的投资损益；④特殊重组；⑤一般重组；⑥公允价值变动净收益；⑦确认为递延收益的政府补助；⑧境外应税所得；⑨不征税收入；⑩免税收入；⑪减计收入；⑫减、免税项目所得；⑬抵扣应纳税所得额；⑭其他。

(2)扣除类调整项目。

①视同销售成本；②工资薪金支出；③职工福利支出；④职工教育经费支出；⑤工会经费支出；⑥广告费和业务宣传费支出；⑦利息支出；⑧各类基本社会保障性缴款；⑨补充养老保险、补充医疗保险；⑩与未实现融资收益相关在当期确认的财务费用；⑪加计扣除；⑫其他。

(3)资产类调整项目。

①财产损失；②固定资产折旧；③生产性生物资产折旧；④长期待摊费用的摊销；⑤无形资产摊销；⑥投资转让、处置所得；⑦油气勘探投资；⑧油气开发投资、⑨其他。

(4)准备金调整项目。

(5)房地产企业预售收入计算的预计利润。

(6)其他。

3. 对上述相关账户记录核对相符，并追查至相关原始凭证。

4. 检查上述项目的披露是否恰当。

【本章小结】

本章主要介绍企业所得税稽查。学习本章时，最重要的是掌握企业所得税稽查路径的选择，稽查目标的主要关注点，以及相关的稽查程序。

【关键术语】

企业所得税稽查　所得税费用　递延所得税负债　递延所得税资产

【思考题】

1. 对企业所得税的税务稽查涉及哪些“倾向性”的认定？
2. 企业所得税稽查过程中会运用哪些稽查“效率路径”？
3. 企业所得税稽查与增值税稽查有哪些异同？

第十三章　各行业大税种税务稽查习作

我国目前税种有18个之多，企业按照行业分类也颇多①。各行各业的会计制度也有不同程度的差异，比如农业与工业、商业、金融业是存在显著差异的，因此我们在"求同"的时候也要"存异"。下面列举部分行业企业的增值税、企业所得税进行税务稽查。

第一节　农业企业所得税②稽查

一、引言

农业企业是指通过种植、养殖、采集、渔猎等生产经营而取得产品的盈利性经济组织。农业企业生产的最终成果之一是生物资产。③ 所谓"生物资产"，是指有生命的动物和植物，比如：生长中的大田作物、蔬菜、用材林以及存栏待售的牲畜等；经济林、薪炭林、产畜和役畜等；防风固沙林、水土保持林和水源涵养林等。而生物资产涉及的企业会计准则由2006年我国出台的《企业会计准则第5号——生物资产》④规范。

生物资产的分类。该分类大体上根据"持有"目的区分，其中：(1)为了出售而持有的、或在将来收获为农产品的，被称为"消耗性"生物资产；(2)为产出农产品、提供劳务或出租等目的而持有的，被称为"生产性"生物资产；(3)以防护、环境保护为主要目的，被称为"公益性"生物资产。这3类中，容易理解的是第3类，比如防风固沙林、水土保持林和水源涵养林等。而第1类和第2类在某些情况下容易混淆，比如：奶牛，究竟算第1类还是第2类？如果农户(或企业)把母牛养殖成龄而出售，而不是以奶牛产奶为收入来

---

① 其中1个可资借鉴的分类可以借鉴中国统计学界的《投入产出表》，其中有6部门、42部门、139部门。划分为不同数量的部门，意味着行业分类的"粗细"程度不一样，但可以从中知道中国的各行各业的划分状况。

② 我国对"三农"是有很多优惠政策的，原因是多方面的，此处不赘。具体到税收法律法规上，增值税对农产品是优惠的，比如："农业生产者销售的自产农产品"免增值税(见2023年CPA《税法》教材第112~113页)。因此，本书舍弃了"农业企业增值税稽查"内容，专门琢磨"农业企业所得税稽查"，尽管我国对从事农、林、牧、渔业项目的所得，实施免征企业所得税和减征企业所得税的办法(见2023年CPA《税法》教材第213页)。

③ "生物资产"和"存货"是2个相互联系但又不同的概念。以"蔬菜"为例，长在大田里(还未收获)被称为"生物资产"，而从大田里收获的则被称为"存货"。

④ https://www.casc.org.cn/2018/0815/202811.shtml。

源，则属于第1类；如果持有的奶牛以产奶为收入来源，则属于第2类。公猪，如果养殖户以养殖出栏卖肉猪为主要收入，则属于第1类；如果养殖户持有公猪的目的是以种猪为目的的，则属于第2类。

企业集团中的农业企业。现实生活中除了“分工专业化”之外，还存在“纵向一体化”的实践，比如原本以生产动物饲料为主业的企业也会向产业链的“下游”延伸，会有自己的养殖场，于是原先的工业企业会演变成跨工业和农业的企业集团。本文仅仅只考虑企业集团中的农业部分。

二、征免税范围界定

根据2007年的《中华人民共和国企业所得税法》和《中华人民共和国企业所得税法实施条例》之规定，我国对8类(涉农)项目①所得，免征企业所得税；对2类(涉农)项目②所得，减半征收企业所得税。因此，目前对农业企业所得税所涉及的征税范围主要包括：(1)花卉、茶以及其他饮料作物和香料作物的种植；(2)海水养殖、内陆养殖等。

三、农业企业所得税稽查总体目标

农业企业所得税稽查总体目标包括以下方面：

1. 确定影响应纳税所得额增加的项目是否完整，是否存在漏记的情况，具体包括：

(1)营业收入；③

(2)公允价值变动收益(如有的话)；

(3)投资收益；

(4)营业外收入；

(5)纳税调整增加额。

2. 确定影响应纳税所得额减少的项目是否“存在”或“发生”，是否存在多记的情况，具体包括：

(1)营业成本；④

(2)营业税金及附加；

(3)销售费用；

(4)管理费用；

(5)财务费用；

① 分别为：(1)蔬菜、谷物、薯类、油料、豆类、棉花、麻类、糖类、水果、坚果的种植；(2)农作物新品种的选育；(3)中药材的种植；(4)树木的培育和种植；(5)牲畜、家禽的饲养；(6)林产品的采集；(7)灌溉、农产品初加工、兽医、农技推广、农机作业和维修等农、林、牧、渔服务业项目；(8)远洋捕捞。

② 分别为：(1)花卉、茶以及其他饮料作物和香料作物的种植；(2)海水养殖、内陆养殖。

③ 此处的营业收入特指农业企业对外销售农产品后的“(农)产品销售收入”和其他业务收入。

④ 此处的营业成本特指农业企业对外销售农产品后所对应的“(农)产品销售成本”和取得其他业务收入所对应的“其他业务成本”。

(6)资产减值损失；

(7)纳税调整减少额(其中包含：不征税收入、免税收入、减计收入、减(免)税项目所得、加计扣除、抵扣应纳税所得额)。

3. 上述第1、第2项的金额是否准确，即第1类项目是否存在“低估”情况，第2类项目是否存在“高估”情况。

4. 上述第1、第2项的截止是否及时，即第1类项目是否存在“推迟”情况，第2类项目是否存在“提前”情况。

5. 确定影响企业所得税的披露是否恰当。

四、《企业会计准则第5号——生物资产》中涉及与农业企业所得税稽查相关的规定

(一)外购生物资产的成本。包括购买价款、相关税费、运输费、保险费以及可直接归属于购买该资产的其他支出。

(二)自行栽培、营造、繁殖或养殖的消耗性生物资产的成本，应当按照下列规定确定：

(1)自行栽培的大田作物和蔬菜的成本，包括在收获前耗用的种子、肥料、农药等材料费、人工费和应分摊的间接费用等必要支出。

(2)自行营造的林木类消耗性生物资产的成本，包括郁闭①前发生的造林费、抚育费、营林设施费、良种试验费、调查设计费和应分摊的间接费用等必要支出。

(3)自行繁殖的育肥畜的成本，包括出售前发生的饲料费、人工费和应分摊的间接费用等必要支出。

(4)水产养殖的动物和植物的成本，包括在出售或入库前耗用的苗种、饲料、肥料等材料费、人工费和应分摊的间接费用等必要支出。

(三)自行营造或繁殖的生产性生物资产的成本，应当按照下列规定确定：

(1)自行营造的林木类生产性生物资产的成本，包括达到预定生产经营目的前发生的造林费、抚育费、营林设施费、良种试验费、调查设计费和应分摊的间接费用等必要支出。

(2)自行繁殖的产畜和役畜的成本，包括达到预定生产经营目的(成龄)前发生的饲料费、人工费和应分摊的间接费用等必要支出。

达到预定生产经营目的，是指生产性生物资产进入正常生产期，可以多年连续稳定产出农产品、提供劳务或出租。

(四)自行营造的公益性生物资产的成本，应当按照郁闭前发生的造林费、抚育费、森林保护费、营林设施费、良种试验费、调查设计费和应分摊的间接费用等必要支出

① 郁闭通常指林木类消耗性生物资产的郁闭度达0.20以上(含0.20)。郁闭度是指森林中乔木树冠遮盖地面的程度，是反映林分密度的指标，以林地树冠垂直投影面积与林地面积之比表示，完全覆盖地面为1。

确定。

（五）应计入生物资产成本的借款费用，按照《企业会计准则第 17 号——借款费用》处理。消耗性林木类生物资产发生的借款费用，应当在郁闭时停止资本化。

（六）因择伐、间伐或抚育更新性质采伐而补植林木类生物资产发生的后续支出，应当计入林木类生物资产的成本。

生物资产在郁闭或达到预定生产经营目的后发生的管护、饲养费用等后续支出，应当计入当期损益。

（七）生产性生物资产的折旧。企业对达到预定生产经营目的的生产性生物资产，应当按期计提折旧，并根据用途分别计入相关资产的成本或当期损益。可选用的折旧方法包括年限平均法、工作量法、产量法等。

（八）消耗性生物资产和生产性生物资产的跌价准备或减值准备。企业至少应当于每年年度终了对消耗性生物资产和生产性生物资产进行检查，有确凿证据表明由于遭受自然灾害、病虫害、动物疫病侵袭或市场需求变化等原因，使消耗性生物资产的可变现净值或生产性生物资产的可收回金额低于其账面价值的，应当按照可变现净值或可收回金额低于账面价值的差额，计提生物资产跌价准备或减值准备，并计入当期损益。

第二节　煤炭企业所得税稽查

一、引言

我国的能源生产结构和消费结构与发达国家不同，仍然严重依赖于煤炭。因此，对煤炭企业实施企业所得税稽查意义重大。

二、煤炭企业与其他企业在收入上的不同

煤炭企业和其他企业（尤其是加工企业）之间有相似性，但也有不同。煤炭企业主要是通过技术手段将煤矿中的煤炭开采出来，并对外销售。其收入结构如下：（1）主营业务收入。煤炭企业的主营业务收入是煤炭销售收入。（2）非煤产品收入。煤炭企业的非煤产品有机械产品、开发产品、电力产品、火工产品、建材产品、其他产品等。① （3）其他收入。主要包括：材料销售收入、技术转让收入、包装物出租收入、固定资产出租收入、无形资产出租收入、商品出租收入、运输业务收入、转供电收入、附属生产产品销售收入、物业管理收入等。

三、煤炭企业所得税稽查总体目标

煤炭企业所得税稽查总体目标包括以下方面：

---

① 吴志刚、张锦河、朱学义等：《新会计准则应用研究——〈煤炭企业会计核算办法〉设计》，中国矿业大学出版社 2009 年版，第 355 页。

1. 确定影响应纳税所得额增加的项目是否完整，是否存在漏记的情况，具体包括：

(1)营业收入；①

(2)公允价值变动收益(如有的话)；

(3)投资收益；

(4)营业外收入；

(5)纳税调整增加额；

2. 确定影响应纳税所得额减少的项目是否“存在”或“发生”，是否存在多记的情况，具体包括：

(1)营业成本；②

(2)营业税金及附加；

(3)销售费用；

(4)管理费用；

(5)财务费用；

(6)资产减值损失；

(7)纳税调整减少额(其中包含：不征税收入、免税收入、减计收入、减(免)税项目所得、加计扣除、抵扣应纳税所得额)；

3. 上述第1项、第2项的金额是否准确，即第1类项目是否存在“低估”情况，第2类项目是否存在“高估”情况；

4. 上述第1项、第2项的截止是否及时，即第1类项目是否存在“推迟”情况，第2类项目是否存在“提前”情况；

5. 确定影响企业所得税的披露是否恰当。

第三节　工业企业增值税稽查

一、引言

工业，从历史演化的视角看，蕴含了太多的意义。“工业化”对于中国人来说，只是百多年来的历史。晚清时期，中国人上下求索，找到中国与世界列强的差距在于“工业化”。在“工业化”时代之前，中国社会属于农业社会，税源主要靠农田和(劳动)人口。但在“工业化”之后，税源逐渐依赖于工业企业提供的工业产品以及在工厂就业的劳动人口。

中国在“营改增”之前，增值税的制度设计基本上是围绕工业企业展开的。从会计制度的设置看，有专门针对工业企业的会计制度，会计专业也有专门的《工业企业会计》课

---

① 此处“营业收入”指“主营业务收入”“其他业务收入”等。

② 此处的营业成本特指煤炭企业对外销售煤炭产品后所对应的“(煤炭)产品销售成本”和取得其他业务收入所对应的“其他业务成本”。

程，甚至其他行业会计有以《工业企业会计》为“蓝本”或“原型(prototype)”的倾向性。在注册会计师《审计》教材中，也有以“工业企业”为“蓝本”或“原型(prototype)”的倾向性，比如：《审计》中的“业务循环切块审计”中就是以“工业企业”作为“蓝本”的，其他行业的审计活动比照对工业企业的审计。总之，对工业企业的“会计”“审计”以及“税务稽查”都是绕不开的。

二、工业企业增值税稽查总体目标

工业企业增值税稽查应注意以下总体目标：

1. 确定应税收入记录是否完整，是否存在漏记应税收入的情况(“完整性”)；
2. 确定视同销售的记录是否完整，是否存在漏记的情况(“完整性”)；
3. 确定采购记录是否存在或发生，是否存在虚构采购的情况(“存在”或“发生”)；
4. 确定进项税额转出的记录是否完整，是否存在漏记进项税额转出的情况(“完整性”)；
5. 确定记录的销售退回、销售折扣与折让交易是否存在或发生，是否存在虚构销售退回、销售折扣与折让交易的情况(“存在”或“发生”)；
6. 确定销售交易的数量、金额已经正确地记入明细账，并经正确汇总，是否存在低估销售数量或/和金额的情况(计价和分摊)；
7. 确定记录的采购交易的数量、金额确实正确，是否存在高估采购数量或/和金额的情况(计价和分摊)；
8. 确定销售交易的分类是否恰当，所用的税率是否错误(分类)；
9. 确定采购交易的分类是否恰当，所用的税率是否错误(分类)；
10. 确定应税收入是否已记录于正确的会计期间，是否存在推迟入账的情况(截止)；
11. 确定采购是否已记录于正确的会计期间，是否存在提前入账的情况(截止)；
12. 确定应税收入、采购的披露是否恰当。

三、工业企业各项目的稽查应税销售及销项税额稽查

1. 应税销售及销项税额

此部分可以比照“第十章 增值税稽查”的“第二节”内容。

2. 视同销售及销项税额

此部分可以比照“第十章 增值税稽查”的“第三节”内容。

3. 采购及进项税额

此部分可以比照“第十章 增值税稽查”的“第四节”内容。

4. 进项税额转出

此部分可以比照“第十章 增值税稽查”的“第五节”内容。

5. 销货退回、折让、折扣

此部分可以比照“第十章 增值税稽查”的“第六节”内容。

第四节 工业企业所得税稽查

一、“工业企业所得税”知识最能体现会计、税法、(税务)稽查的基本功

工业企业会计是其他行业会计的“蓝本”或“原型”，工业企业所得税同样最能体现会计、税法、(税务)稽查的基本功。理由是：无论是与工业企业增值税相比，还是与其他行业企业所得税相比，工业企业所得税还要涉及《成本会计》的知识。需要考察的业务循环是全方位的(销售业务、采购业务、生产业务、投融资业务等)，而国家通过“产业政策”调节不同产业发展上，多采用“工业企业所得税”的税收优惠方式，比如当下对芯片产业的税收优惠政策。

二、工业企业所得税稽查总体目标

工业企业所得税稽查总体目标包括以下方面：

1. 确定影响应纳税所得额增加的项目是否完整，是否存在漏记的情况，具体包括：

(1)产品销售收入；

(2)公允价值变动收益；

(3)投资收益；

(4)营业外收入；

(5)纳税调整增加额。

2. 确定影响应纳税所得额减少的项目是否“存在”或“发生”，是否存在多记的情况，具体包括：

(1)产品销售成本；

(2)营业税金及附加；

(3)销售费用；

(4)管理费用；

(5)财务费用；

(6)资产减值损失；

(7)纳税调整减少额(其中包含：不征税收入、免税收入、减计收入、减(免)税项目所得、加计扣除、抵扣应纳税所得额)。

3. 上述第 1 项、第 2 项的金额是否准确，即第 1 类项目是否存在“低估”情况，第 2 类项目是否存在“高估”情况。

4. 上述第 1 项、第 2 项的截止是否及时，即第 1 类项目是否存在“推迟”情况，第 2 类项目是否存在“提前”情况。

5. 确定影响企业所得税的披露是否恰当。

三、“成本会计”中涉及工业企业所得税稽查的规定

(1)在应纳税所得额中可以扣除的成本一般指“产品销售成本”。在成本会计核算中，成本是多种多样的。比如，采购有采购成本、加工有生产成本、产品销售有产品销售成本等。可是并非所有的成本在计算企业所得税“税基”时都可以纳入，对于工业企业而言，只有产品销售成本可以纳入。

(2)从原材料采购——车间进行生产加工——产成品入库——产成品被销售“全阶段”看，各个阶段的成本核算的准确性都是至关重要的。这有点类似于长江的上游、中游、下游之间的关系。如果长江上游的水被污染，中游和下游的水质迟早会受到影响。同理，如果原材料采购成本核算偏高(高估)，那么下一环节的生产加工成本和产成品入库成本同样偏高(高估)。因此在核算工业企业所得税的税基时，产品销售成本的准确性就会牵涉到产成品入库的以前环节，甚至需要追溯到原材料采购环节的成本核算。

(3)要搞清楚工业企业所得税税基中的“产品销售成本”项目，要涉及整本教材《成本会计》。关于《成本会计》的教材非常多，但原理相同，此处不赘述。

第五节 建筑企业增值税①稽查

一、引言

建筑业指国民经济中从事建筑安装工程的勘察、设计、施工以及对原有建筑物进行维修活动的物质生产部门，它的生产结果是建筑物或构筑物。建筑服务，包括工程服务、安装服务、修缮服务、装饰服务和其他建筑服务。纳税人发生下列服务时的征税范围界定：①工程服务包括与建筑物相连的各种设备或者支柱、操作平台的安装或者装设工程作业，以及各种窑炉和金属结构工程作业。②安装服务包括与被安装设备相连的工作台、梯子、栏杆的装设工程作业，以及被安装设备的绝缘、防腐、保温、油漆等工程作业。③固定电话、有线电视、宽带、水、电、燃气、暖气等经营者向用户收取的安装费、初装费、开户费、扩容费以及类似收费，按照“安装服务”缴纳增值税。④物业服务企业为业主提供的装修服务，按照“建筑服务”缴纳增值税。⑤其他建筑服务是指上列工程作业之外的各种工程作业服务，如钻井(打井)、拆除建筑物或者构筑物、平整土地、园林绿化、疏浚(不包括航道疏浚)、建筑物平移、搭脚手架、爆破、矿山穿孔、表面附着物(包括岩层、土层、沙层等)剥离和清理等工程作业。⑥纳税人将建筑施工设备出租给他人使用并配备操作人员的，按照“建筑服务”缴纳增值税。② 建筑企业建造行为的会计核算由 2006 年我国出台的《企业会计准则第 15 号——建造合同》③规范。

---

① 关于建筑公司增值税的会计核算，可参阅禹奎主编的《税务会计》(中国人民大学出版社 2021 年版，第 41~44 页)。

② 见 2023 年 CPA《税法》教材第 37~38 页。

③ https://www.casc.org.cn/2018/0815/202797.shtml。

二、建筑企业增值税稽查总体目标

建筑企业增值税①稽查应注意以下总体目标：

1. 确定应税收入②记录是否完整，是否存在漏记应税收入的情况（“完整性”）；

2. 确定采购③记录是否存在或发生，是否存在虚构采购的情况（“存在”或“发生”）；

3. 确定进项税额转出的记录是否完整，是否存在漏记进项税额转出的情况（“完整性”）；

4. 确定记录的销售退回、销售折扣与折让交易是否存在或发生，是否存在虚构销售退回、销售折扣与折让交易的情况（“存在”或“发生”）；

5. 确定销售交易的数量、金额已经正确地记入明细账，并经正确汇总，是否存在低估销售数量或/和金额的情况（计价和分摊）；

6. 确定记录的采购交易的数量、金额确实正确，是否存在高估采购数量或/和金额的情况（计价和分摊）；

7. 确定销售交易的分类④是否恰当，所用的税率是否错误（分类）；

8. 确定采购交易的分类是否恰当，所用的税率是否错误（分类）；

9. 确定应税收入是否已记录于正确的会计期间，是否存在推迟入账的情况（截止）；

10. 确定采购是否已记录于正确的会计期间，是否存在提前入账的情况（截止）；

11. 确定应税收入、采购的披露是否恰当。

三、建筑企业增值税规定与一般企业不同之处

建筑企业跨县（市、区）提供建筑服务，在缴纳增值税问题上比一般企业的情况要稍微复杂一些⑤。其中重要的原因是涉及我国财政体制⑥问题。因为建筑企业跨县（市、区）提供建筑服务，其中所缴纳的增值税会在中央政府、省级政府、跨县（市、区）政府之间如何分配的问题。其详细规定见中国注册会计师协会 2023 年版《税法》教材的第 106～108 页。

---

① 建筑企业增值税业务的例子可参见黄雅平、张秀杰主编的《建筑企业会计》（北京理工大学出版社 2017 年版，第 184～185 页）。

② 根据《企业会计准则第 15 号——建造合同》第 18 条规定，在资产负债表日，建造合同的结果能够可靠估计的，应当根据完工百分比确认合同收入和合同费用。

③ 建筑企业的采购业务包括（不限于）：购入（建筑）材料、购入建筑用设备（比如：搅拌机）等。

④ “纳税人销售活动板房、机器设备、钢结构件等自产货物的同时提供建筑、安装服务，不属于‘营改增通知’规定的混合销售，应分别核算货物和建筑服务的销售额，分别适用不同的税率或者征税率”（见 2023 年 CPA《税法》教材第 53 页）。

⑤ “纳税人跨县（市、区）提供建筑服务增值税计征方法”属于《（增值税）税法》中的“特定应税行为的增值税计征方法”（见 2023 年 CPA《税法》教材第 106～108 页）。

⑥ “财政体制”是财政学专业的专有名词，特指一个国家的多级政府背景下各级政府的财政收入、财政支出如何规定的问题。

第六节　房地产企业增值税[①]稽查

一、引言

房地产企业是指从事房地产开发、经营、管理和服务活动，并以营利为目的进行自主经营、独立核算的经济组织。房地产是指土地、建筑物及固着在土地、建筑物上不可分离的部分及其附带的各种权益。房地产由于其自己的特点即位置的固定性和不可移动性，在经济学上又被称为不动产。

房地产企业与建筑公司、房屋租赁公司在经营业务上容易弄混淆。在“会计准则委员会”发布的会计准则中有《企业会计准则第 3 号——投资性房地产》《企业会计准则第 15 号——建造合同》《企业会计准则第 21 号——租赁》等，分别侧重于规范上述三者的行为。

二、房地产企业增值税[②]稽查总体目标

房地产企业增值税[③]稽查应注意以下总体目标：

1. 确定应税收入[④]记录是否完整，是否存在漏记应税收入的情况(“完整性”)；

2. 确定采购记录是否存在或发生，是否存在虚构采购的情况(“存在”或“发生”)；

3. 确定进项税额转出的记录是否完整，是否存在漏记进项税额转出的情况(“完整性”)；

4. 确定记录的销售退回、销售折扣与折让交易是否存在或发生，是否存在虚构销售退回、销售折扣与折让交易的情况(“存在”或“发生”)；

5. 确定销售交易的数量、金额已经正确地记入明细账，并经正确汇总，是否存在低估销售数量或/和金额的情况(计价和分摊)；

6. 确定记录的采购交易的数量、金额确实正确，是否存在高估采购数量或/和金额的情况(计价和分摊)；

7. 确定销售交易的分类是否恰当，所用的税率是否错误(分类)；

8. 确定采购交易的分类是否恰当，所用的税率是否错误(分类)；

9. 确定应税收入是否已记录于正确的会计期间，是否存在推迟入账的情况(截止)；

---

①　关于房地产企业增值税的会计核算，可参阅禹奎主编《税务会计》(中国人民大学出版社 2021 年版，第 48~50 页)。

②　对房地产开发企业(一般纳税人)销售自行开发房地产项目增值税计征方法，我国在增值税规定中被归入“特定应税行为”的增值税计征方法(见 2023 年 CPA《税法》教材第 110~111 页)。

③　房地产企业增值税业务的例子可参见李爱华、白蕾主编的《房地产企业会计》(北京理工大学出版社 2021 年版，第 198~203 页)。

④　房地产开发企业中的一般纳税人销售其开发的房地产项目(选择简易计税方法的房地产老项目除外)，以取得的全部价款和价外费用，扣除受让土地时向政府部门支付的土地价款后的余额为销售额(见 2023 年 CPA《税法》教材第 59 页)。

10. 确定采购是否已记录于正确的会计期间，是否存在提前入账的情况(截止)；

11. 确定应税收入、采购的披露是否恰当。

三、房地产企业增值税规定与一般企业不同之处

“房地产企业(一般纳税人)销售自行开发房地产项目增值税计征方法”属于我国《(增值税)税法》中“特定应税行为的增值税计征方法”①。不同之处在于：(1)销售额的确定要考虑到“当期允许扣除的土地价款”；(2)预缴税款。由于房地产开发企业一般采取预收款方式销售自行开发的房地产项目，因此国家规定：税款也应该“预缴”；(3)“不得抵扣的进项税额”。如果房地产开发企业存在多方计税方式(一般计税方法、简易计税方法、免征增值税的项目)的同时无法划分不得抵扣的进项税额的，应计算“不得抵扣的进项税额”。

第七节　商业银行增值税稽查

一、引言

商业银行是指依法设立的吸收公众存款、发放贷款、办理结算等业务的企业法人。与商业银行相关的会计准则较多，比如 2017 年修订的《企业会计准则第 22 号——金融工具确认和计量》②、《企业会计准则第 23 号——金融资产转移》③、《企业会计准则第 24 号——套期会计》④规范。商业银行的主营业务收入来自于发放贷款、办理结算等。其中，商业银行发放贷款的销售收入额为以全部利息及利息性质的收入。银行提供贷款服务按期计收利息的，结息日⑤当日计收的全部利息收入，均应计入结息日所属期的销售额，按照现行规定计算缴纳增值税。但是，商业银行从单位和个人那里吸收存款，所支付的计息(从理论上说应作为采购额，其中应该包括增值税的进项税额)是不允许抵扣增值税进项税额的。理由是：一般单位和个人(暗含着不是商业银行等金融机构)将资金存入银行所获得的利息收入是不缴纳增值税的⑥。商业银行的经营业务主要有：(1)存款业务，(2)贷款业务，(3)中间业务，(4)系统内资金汇划，(5)金融机构往来业务，(6)外汇业务，(7)投资业务等⑦。

---

① 见 2023 年 CPA《税法》教材第 110~111 页。

② https：//www.casc.org.cn/2018/0815/202788.shtml。

③ https：//www.casc.org.cn/2018/0815/202786.shtml。

④ https：//www.casc.org.cn/2018/0815/202784.shtml。

⑤ 结息日一般为每月/季(末月)的 20 日。

⑥ 见 CPA《税法》2023 年版第 40 页。

⑦ 商业银行的会计核算可参见王海霞、范淑芳主编的《商业银行会计》(机械工业出版社 2021 年版)，赵珍珠主编的《金融企业会计学——商业银行会计(第 4 版)》(立信会计出版社 2022 年版)。

二、商业银行增值税稽查要注意不同于一般企业的地方

商业银行增值税稽查(应注意与一般企业不一样的地方)：

1. 确定应税收入①记录是否完整，是否存在漏记应税收入②的情况(“完整性”)；

2. 确定商业银行增值税进项税额③可以抵扣的情况，是否存在虚构增值税进项税额的情况(“存在”或“发生”)；

3. 确定利息收入(支出)的计算是否准确(金额准确性)；

---

① 银行业务收入主要包括利息收入和手续费及佣金收入2部分。其中利息收入包括：(1)存放同业；(2)存放中央银行；(3)拆出资金；(4)发放贷款及垫资；(5)买入返售金融资产；(6)其他。但要注意增值税法律条文中的优惠政策，比如：“金融同业往来利息收入，包括金融机构与人民银行所发生的资金往来业务、银行联行往来业务、和金融机构间的资金往来业务、同业存款、同业借款、同业代付、买断式买入返售金融商品、持有金融债券和同业存单产生的利息收入”免增值税(见2023年CPA《税法》第115页)。

② (1)“贷款服务的销售额。贷款服务，以提供贷款服务取得的全部利息及利息性质的收入为销售额。银行提供贷款服务按期计收利息的，结息日当日计收的全部利息收入，均应计入结息日所属期的销售额，按照现行规定计算缴纳增值税。……发放贷款后，自结息日起90天内发生的应收未收利息按现行规定缴纳增值税，自结息日起90天后发生的应收未收利息暂不缴纳增值税，待实际收到利息时按规定缴纳增值税。自2018年1月1日起，资管产品管理人运营资管产品提供的贷款服务以2018年1月1日起产生的利息及利息性质的收入为销售额(见2023年CPA《税法》第56页)”。(2)“直接收费金融服务的销售额。直接收费金融服务，以提供直接收费金融服务收取的手续费、佣金、酬金、管理费、服务费、经手费、开户费、过户费、结算费、转托管费等各类费用为销售额(见2023年CPA《税法》第56页)”。(3)“发卡机构、清算机构和收单机构提供银行卡跨机构资金清算服务，按照以下规定执行：①发卡机构以其向收单机构收取的发卡行服务费为销售额，并按照此销售额向清算机构开具增值税发票。②清算机构以其向发卡机构、收单机构收取的网络服务费为销售额，并按照发卡机构支付的网络服务费向发卡机构开具增值税发票，按照收单机构支付的网络服务费向收单机构开具增值税发票。清算机构从发卡机构取得的增值税发票上记载的发卡行服务费，一并计入清算机构的销售额，并由清算机构按照此销售额向收单机构开具增值税发票。③收单机构以向商户收取的收单服务费为销售额，并按照此销售额向商户开具增值税发票(见2023年CPA《税法》第56~57页)”。

③ 一般地理解，商业银行“采购”不同于一般工业企业的“采购”，特指银行的利息支出和手续费及佣金支出。其中利息支出包括：(1)同业存放；(2)向中央银行借款；(3)拆入资金；(4)吸收存款；(5)卖出回购金融资产；(6)发行债券；(7)其他。但同样需要考虑增值税法律条文中的优惠政策，同上。另外，特别值得注意的是，“存款利息不征收增值税(见2023年CPA《税法》第43页)”。这对于银行而言似乎造就了“不对等性”：银行贷款利息是要课征增值税的，而储户(包含个人、单位)在银行里存款所得到的利息是“免增值税”项目，因此造成银行在这一块的“进项”不需要抵扣。与此同时，对银行等金融机构之外的个人(或单位)也造就了“对称性”：“借钱”给银行后所获得的利息收入免增值税，从银行那里“借钱”所支付的利息所含增值税不得抵扣，“按照增值税法律法规的规定，下列项目的进项税额不得从销项税额中抵扣：……6. 购进的贷款服务……7. 纳税人接受贷款服务向贷款方支付的与该笔贷款直接相关的投融资顾问费、手续费、咨询费等费用，其进项税额不得从销项税额中抵扣(见2023年CPA《税法》第63~64页)”。文字很复杂，简而言之，一般企业或个人(非金融机构)与银行往来时，无论是存款(给银行)还是(从银行)贷款，不用考虑增值税；而银行放贷款需要考虑增值税，银行吸收存款(一般企业或个人)这不用考虑增值税。

4. 确定利息收入(支出)是否已记录于正确的会计期间，是否存在利息收入推迟(利息支出提前)入账的情况(截止)；

5. 确定利息收入(支出)的披露是否恰当(表达与披露)。

第八节　商业银行所得税稽查

一、商业银行所得税稽查总体目标

商业银行所得税稽查总体目标包括以下方面：

1. 确定影响应纳税所得额增加的项目是否完整，是否存在漏记的情况，具体包括：

(1)利息收入和手续费及佣金收入①记录是否完整；

(2)公允价值变动收益；

(3)投资收益；

(4)汇兑收益；

(5)其他业务收入；

(6)纳税调整增加额；

2. 确定影响应纳税所得额减少的项目是否“存在”或“发生”，是否存在多记的情况，具体包括：

(1)银行利息支出、银行手续费及佣金支出；②

(2)营业税金及附加；

(3)业务及管理费用；

(4)资产减值损失；

(5)其他业务成本；

(6)纳税调整减少额(其中包含：不征税收入、免税收入、减计收入、减(免)税项目所得、加计扣除、抵扣应纳税所得额)；

3. 上述第1项、第2项的金额是否准确，即第1类项目是否存在“低估”情况，第2类项目是否存在“高估”情况；

4. 上述第1项、第2项的截止是否及时，即第1类项目是否存在“推迟”情况，第2类项目是否存在“提前”情况；

5. 确定影响企业所得税的披露是否恰当。

---

① 商业银行业务收入主要包括利息收入和手续费及佣金收入2部分。其中利息收入包括：(1)存放同业；(2)存放中央银行；(3)拆出资金；(4)发放贷款及垫资；(5)买入返售金融资产；(6)其他。商业银行手续费及佣金收入包括：(1)结算与清算手续费；(2)代理业务手续费；(3)信用承诺手续费及佣金；(4)银行卡手续费；(5)顾问和咨询费；(6)托管及其他受托业务佣金；(7)其他。

② 商业银行营业支出主要包括银行利息支出和银行手续费及佣金支出。其中利息支出包括：(1)同业存放；(2)向中央银行借款；(3)拆入资金；(4)吸收存款；(5)卖出回购金融资产；(6)发行债券；(7)其他。商业银行手续费及佣金支出包括：(1)手续费支出；(2)佣金支出；(3)其他。

二、商业银行所得税稽查要注意不同于一般企业的地方

一般企业的业务循环包括“销售、生产、采购、投(融)资”，涉及商品(或劳务、服务、无形资产、不动产等)与货币资金之间的“交易”，其定价信息可以在不同部门(材料库、车间、产成品库等)之间相互“比对”。而商业银行的业务主要是存贷款和中间服务等，更多的是“从钱到钱”，其“定价信息”多依赖于银行与外界之间的“合约”(有的甚至是“关联方”之间的“合约”)。因此，要辨别商业银行存贷款的“定价”信息，可能是重(难)点。

第九节　证券公司增值税稽查

一、引言

证券公司是指依照我国《公司法》和《证券法》设立的经营证券业务的有限责任公司或者股份有限公司。证券公司是证券市场上重要的中介机构，在证券市场的运作中发挥着重要作用：一方面，证券公司是证券市场上投、融资服务的提供者，为证券发行人和投资者提供专业化的中介服务；另一方面，证券公司也是证券市场上重要的机构投资者。证券公司也被称为“商人银行”或“投资银行”,① 主要围绕公司(尤其是上市公司或准备上市的公司)的资金余缺进行服务的专业化机构。证券公司所经营业务包括：经纪业务、自营业务、承销业务、回购业务、资产管理业务、资金拆借业务、融资融券业务等。②

二、证券公司增值税稽查总体目标

证券公司增值税稽查应注意以下总体目标：

1. 确定应税收入③记录是否完整，是否存在漏记应税收入的情况(“完整性”)；
2. 确定采购④记录是否存在或发生，是否存在虚构采购的情况(“存在”或“发生”)；
3. 确定进项税额转出的记录是否完整，是否存在漏记进项税额转出的情况(“完整性”)；
4. 确定记录的销售退回、销售折扣与折让交易是否存在或发生，是否存在虚构销售

---

① 由此看来，一般的“商业银行”主要充当众多的资金量较小的储户和需要资金量小的企业之间的“中介”；而证券公司则主要充当资金量较大的储户和需要资金量大的企业之间的“中介”。因此，“商业银行”与“证券公司”有共性：在资金有剩余和资金有缺口的二者之间充当“中介”；“商业银行”与“证券公司”有差异：前者服务于“小 vs. 小”，后者服务于“大 vs. 大”。

② 证券公司经营业务的会计核算参见刘莹、廖声华：《证券公司会计》，上海财经大学出版社 2012 年版。

③ 证券业务收入包括：(1)证券业务手续费及佣金收入，具体分为：证券承销业务、证券经纪业务、受托客户资产管理业务、代理兑付证券、代理保管证券、其他。(2)其他证券业务收入。

④ 此处证券公司“采购”不同于一般工业企业的“采购”，特指证券公司从其他市场主体中购买到有关证券发行相关的开支，分为：(1)证券业务手续费及佣金支出。(2)其他证券业务支出。

退回、销售折扣与折让交易的情况(“存在”或“发生”)；

5. 确定销售交易的数量、金额已经正确地记入明细账，并经正确汇总，是否存在低估销售数量或/和金额的情况(计价和分摊)；

6. 确定记录的采购交易的数量、金额确实正确，是否存在高估采购数量或/和金额的情况(计价和分摊)；

7. 确定销售交易的分类是否恰当，所用的税率是否错误(分类)；

8. 确定采购交易的分类是否恰当，所用的税率是否错误(分类)；

9. 确定应税收入是否已记录于正确的会计期间，是否存在推迟入账的情况(截止)；

10. 确定采购是否已记录于正确的会计期间，是否存在提前入账的情况(截止)；

11. 确定应税收入、采购的披露是否恰当。

第十节　证券公司所得税稽查

一、证券公司所得税稽查总体目标

证券公司所得税稽查总体目标包括以下几个方面：

1. 确定影响应纳税所得额增加的项目是否完整，是否存在漏记的情况，具体包括：

(1)证券业务手续费及佣金收入、其他证券业务收入记录是否完整；

(2)公允价值变动收益；

(3)投资收益；

(4)营业外收入；

(5)纳税调整增加额；

2. 确定影响应纳税所得额减少的项目是否“存在”或“发生”，是否存在多记的情况，具体包括：

(1)证券业务手续费及佣金支出、其他证券业务支出；

(2)营业税金及附加；

(3)销售费用；

(4)管理费用；

(5)财务费用；

(6)资产减值损失；

(7)纳税调整减少额(其中包含：不征税收入、免税收入、减计收入、减(免)税项目所得、加计扣除、抵扣应纳税所得额)；

3. 上述第1项、第2项的金额是否准确，即第1类项目是否存在“低估”情况，第2类项目是否存在“高估”情况；

4. 上述第1项、第2项的截止是否及时，即第1类项目是否存在“推迟”情况，第2类项目是否存在“提前”情况；

5. 确定影响企业所得税的披露是否恰当。

二、证券公司所得税稽查要注意不同于一般企业的地方

证券公司是资本市场上调节资金余缺的中介机构，一方面连接着“缺乏资金”的(上市)公司，一方面连接着“剩余资金”的投资者(个人或机构)。其业务活动可以“自营”、可以受托、可以代理。其“定价(服务收费)”大多与资金量大小和时间长短以及风险大小等因素有关，甚至会有复杂的交易行为。因此，对于证券公司所得税稽查，重难点可能在“定价”的合理性方面。

第十一节　保险公司增值税稽查

一、引言

保险公司是指经中国保险监督管理机构批准设立，并依法登记注册的商业保险公司。保险公司是销售保险合约、提供风险保障的公司。保险公司(Insurance Company)，是采用公司组织形式的保险人，经营保险业务。保险关系中的保险人，享有收取保险费、建立保险费基金的权利。同时，当保险事故发生时，有义务赔偿被保险人的经济损失。保险公司的业务分为两类：(1) 人身保险业务①，包括人寿保险、健康保险、意外伤害保险等保险业务。(2) 财产保险业务，包括财产损失保险、责任保险、信用保险、保证保险等保险业务。我国的保险公司一般不得兼营人身保险业务和财产保险业务。

二、财产保险公司增值税稽查总体目标

保险公司增值税稽查应注意以下总体目标：

1. 确定应税收入②记录是否完整，是否存在漏记应税收入的情况(“完整性”)；

2. 确定采购③记录是否存在或发生，是否存在虚构采购的情况(“存在”或“发生”)；

3. 确定进项税额转出的记录是否完整，是否存在漏记进项税额转出的情况(“完整性”)；

4. 确定记录的销售退回、销售折扣与折让交易是否存在或发生，是否存在虚构销售

---

① “保险公司开办的一年期以上人身保险产品取得的保费收入”是免增值税的(见 2023 年 CPA《税法》第 114 页)。这里“一年期以上人身保险是指保险期间为一年期以上返还本利的人寿保险、养老年金保险，以及保险期间为一年期及以上的健康保险”(见 2023 年 CPA《税法》第 114 页)。

② 保险公司应税收入主要指“已赚保费”，“已赚保费”为“保险业务收入”-“分出保费”-“提取未到期责任准备金”。

③ 此处的“采购”如何理解？根据增值税相关规定，“提供保险服务的纳税人以实物赔付方式承担机动车辆保险责任的，自行向车辆修理劳务提供方购进的车辆修理劳务，其进项税额可以按规定从保险公司销项税额中抵扣。纳税人提供的其他财产保险服务，比照上述规定执行”(见 2023 年 CPA《税法》第 63 页)。“提供保险服务的纳税人以现金赔付方式承担机动车辆保险责任的，将应付给被保险人的赔偿金直接支付给车辆修理劳务提供方，不属于保险公司购进车辆修理劳务，其进项税额不得从保险公司销项税额中抵扣。纳税人提供的其他财务保险服务，比照上述规定执行”(见 2023 年 CPA《税法》第 64 页)。

退回、销售折扣与折让交易的情况("存在"或"发生");

5. 确定销售交易的数量、金额已经正确地记入明细账，并经正确汇总，是否存在低估销售数量或/和金额的情况(计价和分摊);

6. 确定记录的采购交易的数量、金额确实正确，是否存在高估采购数量或/和金额的情况(计价和分摊);

7. 确定销售交易的分类是否恰当，所用的税率是否错误(分类);

8. 确定采购交易的分类是否恰当，所用的税率是否错误(分类);

9. 确定应税收入是否已记录于正确的会计期间，是否存在推迟入账的情况(截止);

10. 确定采购是否已记录于正确的会计期间，是否存在提前入账的情况(截止);

11. 确定应税收入、采购的披露是否恰当。

三、财产保险公司应税销售及销项税额相关知识点①

财产保险公司目前增值税应税销售及销项税额主要包括以下内容。

①承保业务。主要指保费收入。对于非寿险业务的保费收入按照6%的税率征收增值税，对于目前免征营业税的保险业务，比如寿险业务、1年期及以上返还本利的人身保险(包括除养老年金以外的其他年金保险)、农牧保险业务(包括种植业、养殖业、牧业种植、动植物饲养)、开办的个人投资分红保险业务、为出口货物提供保险产品(包括出口货物保险和出口信用保险)、注册在上海的保险公司从事航运的保险业务可以继续享受免税政策。

②贷款业务。主要指贷款利息收入(包括保单质押贷款利息、买入返售金融资产利息)，按照6%的税率征收增值税，但存款利息、同业拆借利息收入、持有国债、政府债券、政策性金融债券的利息收入、质押式买入返售金融商品的利息收入免征增值税。

按照财政部和国家税务总局2016年6月30日发布的财税〔2016〕70号文件，金融机构同业往来利息收入免税范围扩大为同业存款、同业借款、同业代付、买断式买入返售金融商品、持有金融债券和同业存单等所取得的利息收入。

③金融商品交易。主要指金融商品买卖价差收入。对于金融商品转让，根据卖出价扣除买入价后的销售额按照6%的税率征收增值税。其中买入价以股票、债券的购入价减去股票、债券持有期间取得的股票、债券红利收入的余额确定。如果卖出价和买入价相抵后出现负差，可结转下一纳税期与下期转让金融商品销售额相抵，但年末时仍出现负差的不得转入下一会计年度。金融商品转让不得开具增值税专用发票。

④销售不动产。主要指销售建筑物及其他土地附着物所有权收入。销售不动产适用税率9%，但对于2016年4月30日之前取得的也可以选择征收率为5%的简易计税方法。

⑤租赁业务。对提供不动产租赁服务适用税率9%，但对于2016年4月30日之前取得的也可以选择征收率为5%的简易计税方法；提供有形资产租赁服务，适用税率13%。

⑥转让土地使用权。转让土地使用权适用税率9%。

---

① 此部分内容见侯旭华：《保险公司会计》，复旦大学出版社2021年版，第69~71页。部分地方有改动。

⑦再保险收入。2016年6月18日财政部和国家税务总局颁布的财税〔2016〕第68号文件规定，纳税人提供再保险服务(境内保险公司向境外保险公司提供的再保险服务除外)，实行与原保险服务一致的增值税政策。再保险合同对应多个原保险合同的，所有原保险合同均适用免征增值税政策时，该再保险合同适用免征增值税政策。否则，该再保险合同应按规定缴纳增值税。但对分出业务摊回赔付支出和摊回分保费用是否缴纳增值税尚未作出规定，保险实务界目前存在2种观点。一种观点是摊回赔付支出和摊回分保费用可视为一项独立的交易，实行与原保险服务一致的增值税政策，如果原保险合同赔付支出与手续费支出进行了进项税额抵扣，那么向再保险接受人摊回部分应计算销项税额或作进项税额转出处理；还有一种观点是摊回赔付支出和摊回分保费用不应作为独立的交易缴纳增值税。在实务中，有些公司采取变通的办法，摊回赔付支出和摊回分保费不作增值税会计处理，都在协议中规定，只摊回净价就可以了。

⑧其他应税劳务收入。对于手续费收入、咨询服务收入、代勘查收入、代理收入等其他业务收入适用税率6%。对于出售使用过的固定资产，购买时已抵扣进项税额的，适用税率13%；购买时未抵扣进项税额的，按照简易办法依照3%征收率减按2%征收增值税。出售低值易耗品适用税率13%。出售损余物资视同出售旧货或使用过的固定资产，按照简易办法依照3%征收率减按2%征收增值税。其他收入比照《税收新规》进行处理。

对于确认销项税额的时点，按照增值税条例的有关规定，增值税纳税时点以收款、确认收入和开具发票孰先为原则。由于保险业普遍存在开票与确认收入时点不一致的问题，如果严格按照上述规定纳税，需建立台账管理已收款未开票、已开票未收款、已开票已收款和未开票未收款的情况，对系统改造、内部管理等要求很高，大大增加税务管理成本；对税务机关而言，要对上述差异进行稽查和复核难度也很大，因此，建议按会计确认收入的时间作为增值税纳税义务发生时间。

保险公司销项税额的会计处理为：

借：银行存款(或应收保费等)

　贷：保费收入(或投资收益、其他业务收入、营业外收入、固定资产清理等)

　　　应交税费——应交增值税(销项税额)

一般纳税人适用简易计税方法计算的增值税应通过“应交税费——简易计税”科目进行核算。

四、财产保险公司视同销售及销项税额相关知识点①

纳税人将自产、委托加工或购买的货物用于非应税项目、集体福利或个人消费、作为投资、分配给股东或投资者、无偿赠送他人(比如无偿赠送宣传品)、向其他单位或者个人无偿提供服务(比如保单、客户增值服务、俱乐部费用)、无偿转让无形资产或者不动产，应视同销售行为，需要交纳增值税，但用于公益事业或者以社会公众为对象的除外。其会计处理为：

① 此部分内容见侯旭华：《保险公司会计》，复旦大学出版社2021年版，第74页。部分地方有改动。

借：业务及管理费(或营业外支出、应付职工薪酬等)

　贷：保费收入(或其他业务收入、营业外收入、固定资产清理等)

　　应交税费——应交增值税(销项税额)

五、财产保险公司采购及进项税额相关知识点①

进项数额是指纳税人购进货物、加工修理修配劳务、服务、无形资产或者不动产，支付或者负担的增值税额。

保险公司目前涉及增值税进项税额的项目主要包括如下。

①赔付支出。对于赔付支出实务中存在两种观点：一种观点是凭账抵扣，考虑到无法取得合法有效的增值税专用发票可能无法作为进项抵扣，将赔付支出视同进项税额抵扣。另一种观点是凭票抵扣，即凭取得的增值税专用发票上注明的增值税额(抵扣联)进行抵扣。《税收新规》要求凭票抵扣，目前以现金为主要赔付方式下很难取得增值税专用发票，因此相关进项税额不可抵扣。按照2019年税收新规，保险公司以实物赔付方式承担机动车辆保险责任的，自行向车辆修理劳务提供方购进的车辆修理劳务，其进项税额可以按规定从保险公司销项税额中抵扣。保险公司以现金赔付方式承担机动车辆保险责任的，将应付给被保险人的赔偿金直接支付给车辆修理劳务提供方，不属于保险公司购进车辆修理劳务，其进项税额不得从保险公司销项税额中抵扣。实物赔付和现金赔付的区别主要是看合同，保险合同约定将投保车辆修理至恢复原状，就是“实物赔付”，保险合同约定向投保人支付赔偿金，即使直接支付修理费给车辆修理劳务提供方，并取得增值税专用发票，也只能是“现金赔付”。保险公司提供的其他财产保险服务，比照上述规定执行。

②业务及管理费。对于业务及管理费，进项税额(在从供应商处取得增值税专用发票的支持下)可用于抵扣销项税额。但用于免税项目、集体福利或者个人消费，购进的贷款服务、餐饮服务、居民日常服务和娱乐服务等不得进行进项税额抵扣。

纳税人购进国内旅客运输服务，其进项税额允许从销项税额中抵扣。纳税人未取得增值税专用发票的，按照以下规定确定进项税额：

第一，取得增值税电子普通发票的，为发票上注明的税额；

第二，取得注明旅客身份信息的航空运输电子客票行程单的，为按照下列公式计算进项税额：

航空旅客运输进项税额=(票价+燃油附加费)÷(1+9%)×9%

第三，取得注明旅客身份信息的铁路车票的，为按照下列公式计算的进项税额：

铁路旅客运输进项税额=票面金额÷(1+9%)×9%

第四，取得注明旅客身份信息的公路、水路等其他客票的，按照下列公式计算进项税额：

---

① 此部分内容见侯旭华：《保险公司会计》，复旦大学出版社2021年版，第71~73页。部分地方有改动。

公路、水路等其他旅客运输进项税额=票面金额÷(1+3%)×3%

值得注意的是，取得未注明旅客身份信息的非增值税电子普通发票(比如城市出租车发票、手撕定额发票及铁路客运越站补票票据等)、用于集体福利或个人消费的旅客运输服务、购进的国际旅客运输服务是不能计算进项税额抵扣的。

③手续费支出。对于向机构支付的手续费从机构处取得增值税专用发票用于抵扣。对于向个人保险代理人支付的佣金，可代个人保险代理人统一向主管国税机关申请汇总代开增值税普通发票或增值税专用发票，增值税专用发票注明的进项税额可以抵扣。另外，目前保险公司与保险代理机构合作开展的一些总对总业务，实行总对总的结算和开具发票，但保费收入体现在具体开展业务的分支机构。“营改增”后，总部由于业务较少，其销项税额也较小，但总对总的手续费支出对应的进项税额对应在总部，可能会造成总部进项税额无税可抵的情况，增加资金占用成本。因此，保险公司将会要求保险代理机构将手续费增值税专用发票直接开给分支机构，由分支机构列支手续费支出进行进项税额抵扣。

④资产类采购或取得。对于资产类采购或取得，进项税额(在从供应商处取得增值税专用发票的支持下)可用于抵扣销项税额。但是否区分免税项目与非免税项目《税收新规》尚未作出明确规定。在实务中，对于非流动资产，如果全部用于免税项目，其进项税额不得抵扣；如果全部用于应税项目或者既用于应税项目又用于免税项目，其进项税额可以抵扣。对于流动资产，如果全部用于免税项目，其进项税额不得抵扣；如果全部用于应税项目，其进项税额可以抵扣；如果既用于应税项目又用于免税项目，进项税额应在应税项目和免税项目分配，用于免税项目的不得抵扣。另外，一些保险公司实行总部集中采购、统一付费、获取全额发票，并按照分支机构收益情况分摊相关资产、成本或费用。该模式下，进项税额集中体现在总部，但总部缺乏足够的销项税额抵扣进项税额，因此，“营改增”后需对集中采购模式进行调整，尽量向有实际收益的分支机构开具增值税专用发票，由分支机构列支相关资产、成本或费用，并进行进项税额抵扣。

⑤再保险支出。《税收新规》未作出规定，但实务中和再保险收入一样存在两种观点。一种观点是进项税额不能抵扣，另一种观点是其税务处理和初保业务一致，对于应税产品或服务的分保支出，从分保商处取得增值税专用发票用于抵扣；对于非应税产品或服务的分保支出，进项税额不能抵扣。按照财税(2016)第68号文件，实行的是第二种观点。境内保险公司对于境外保险公司就其应税保险服务提供的再保险服务，应代扣代缴相应的增值税。一般而言，境内保险公司完成代扣代缴手续后，可就扣缴的增值税额进行进项税额抵扣，因此增值税处理并没有对双方的收入产生影响(假设相关的增值税由境内保险公司承担)。

⑥其他支出。对于其他业务支出，在取得增值税专用发票的支持下可用于抵扣销项税额，但利息支出不得进行进项税额抵扣。

保险公司进项税额的会计处理为：

借：赔付支出(或业务及管理费、其他业务成本、手续费及佣金支出、固定资产、无形资产、低值易耗品、分出保费等)

应交税费——应交增值税(进项税额)

贷：银行存款(或应付赔付款、应付手续费及佣金、其他应付款、长期应付款等)

六、财产保险公司进项税额转出相关知识点①

进项税额转出是指纳税人不应从销项税额中抵扣，按规定转出的进项税额。它主要包括：①用于简易计税方法计税项目、免征增值税项目、集体福利或者个人消费的购进货物、加工修理修配劳务、服务、无形资产和不动产；②非正常损失的购进货物以及相关的加工修理修配劳务和交通运输服务；③非正常损失的不动产以及该不动产所耗用的购进货物、设计服务和建筑服务；④非正常损失的不动产在建工程所耗用的购进货物、设计服务和建筑服务。

已抵扣进项税额的固定资产、无形资产或者不动产，按照下列公式计算不得抵扣的进项税额：

不得抵扣的进项税额=固定资产、无形资产或者不动产净值×适用税率

固定资产、无形资产或者不动产净值，是指纳税人根据财务会计制度计提折旧或者摊销后的余额。

保险公司进项税额转出会计处理为：

借：待处理财产损益(或在建工程、应付职工薪酬、业务及管理费等)

贷：应交税费——应交增值税(进项税额转出)

第十二节　保险公司所得税稽查

一、保险公司所得税稽查总体目标

保险公司所得税稽查总体目标包括以下几个方面：

1. 确定影响应纳税所得额增加的项目是否完整，是否存在漏记的情况，具体包括：

(1)主营业务收入②记录是否完整；

(2)公允价值变动收益；

(3)投资收益；

(4)营业外收入；

(5)纳税调整增加额；

2. 确定影响应纳税所得额减少的项目是否“存在”或“发生”，是否存在多记的情况，

① 此部分内容见侯旭华：《保险公司会计》，复旦大学出版社2021年版，第73页。部分地方有改动。

② 保险公司的收入来源是多种的，主要包括保费收入、利息收入、投资收益、公允价值变动收益、汇兑损益、其他业务收入、资产处置收益、营业外收入等。

具体包括：

(1)保险合同获取成本；

(2)营业税金及附加；

(3)销售费用；

(4)管理费用；

(5)财务费用；

(6)资产减值损失；

(7)纳税调整减少额(其中包含：不征税收入、免税收入、减计收入、减(免)税项目所得、加计扣除、抵扣应纳税所得额)；

3. 上述第1、第2项的金额是否准确，即第1类项目是否存在“低估”情况，第2类项目是否存在“高估”情况；

4. 上述第1、第2项的截止是否及时，即第1类项目是否存在“推迟”情况，第2类项目是否存在“提前”情况；

5. 确定影响企业所得税的披露是否恰当。

二、一些与保险公司所得税稽查相关的规定

(一)纳税调整增加额主要包括如下内容：①

(1)税法规定的允许扣除项目中保险公司已计入当期费用但超过税法规定扣除标准的金额，主要包括：

①超过税法规定标准的业务招待费(按实际发生额的60%扣除，但最高不得超过当年营业收入的5‰)。

②公益救济性捐赠中超过年度利润总额12%的部分。

③广告费和业务宣传费中超过当年营业收入15%的部分。

④超过规定计算限额的手续费及佣金支出。保险公司发生与其经营活动有关的手续费及佣金支出，不超过当年全部保费收入扣除退保金等后余额的18%(含本数)的部分，在计算应纳税所得额时准予扣除；超过部分，允许结转以后年度扣除。

⑤超过税法规定标准的提取保险保障基金，其中，非投资型财产保险业务，不得超过保费收入的0.8%；投资型财产保险业务，有保证收益的，不得超过业务收入的0.08%；无保证收益的，不得超过业务收入的0.05%。有保证收益的人寿保险业务，不得超过业务收入的0.15%；无保证收益的人寿保险业务，不得超过业务收入的0.05%。短期健康保险业务，不得超过保费收入的0.8%；长期健康保险业务，不得超过保费收入的0.15%。非投资型意外伤害保险业务，不得超过保费收入的0.8%；投资型意外伤害保险业务，有保证收益的，不得超过业务收入的0.08%；无保证收益的，不得超过业务收入

① 此部分内容见侯旭华编著：《保险公司会计》，复旦大学出版社2021年版，第260~261页。部分地方有改动。

的0.05%。财产保险公司的保险保障基金余额达到公司总资产6%的和人身保险公司的保险保障基金余额达到公司总资产1%的，超过部分应作为纳税调整增加额。

⑥超过税法标准的提取责任准备金，其中，未到期责任准备金、寿险责任准备金、长期健康险责任准备金依据精算师或出具专项审计报告的中介机构确定的金额提取，未决赔款准备金中已发生已报案未决赔款准备金，按最高不超过当期已经提出的保险赔款或者给付金额的100%提取；已发生未报案未决赔款准备金按不超过当年实际赔款支出额的8%提取。

⑦超过税法标准的折旧费。固定资产按直线法计算折旧的允许扣除各类固定资产的最低折旧年限为：房屋、建筑物为20年；飞机、火车、轮船、机器、机械和其他生产设备为10年；与生产经营活动有关的器具、工具、家具为5年；运输设备为4年；电子设备为3年。

⑧超过税法标准的无形资产和长期待摊费用摊销(无形资产按直线法计算摊销费用允许扣除，但摊销年限不得低于10年，长期待摊费用摊销年限不得低于3年)。

⑨职工福利费、工会经费、职工教育经费分别超过工资薪金总额14%、2%、2.5%的部分。

⑩超过税法标准的农险大灾风险准备金。对农险大灾风险准备金的税前扣除规定是当年按照规定提取的大灾准备金在超过上年度累计计提的大灾准备金余额部分才允许扣除。计算公式为：本年度扣除的大灾准备金=本年度自留保费 规定比例−上年度已在税前扣除的大灾保费准备金结存余额。按上述公式计算的数额如为负数，应调增当年应纳税所得额。

(2)会计准则规定列入费用或损失但税法规定不允许扣除项目的金额，如税收滞纳金；罚金、罚款和被没收财物的损失；非公益救济性捐赠支出；赞助支出；未经核定的准备金支出；与取得收入无关的其他支出等。

(3)会计准则规定不确认收入但税法规定要作为应税收入的项目，如关联企业之间采用不合理定价减少应纳税所得额，税法规定税务机关有权进行特别调整，调增应纳税所得额；视同销售收入，会计上可以不作为销售收入，税法上要求作为应税收入；接受捐赠收入等。

(二)纳税调整减少额主要包括如下内容:①

①按税法规定允许弥补的亏损(前5年内的未弥补亏损)。亏损结转制度是一种税收优惠制度。公司纳税年度发生的亏损准予向以后年度结转，用以后年度的所得弥补，但结转年限最长不得超过5年。公司在汇总计算缴纳所得税时，境外营业机构的亏损不得抵减境内营业机构的盈利。

②会计准则规定应确认收入、收益，但税法规定不作为应纳税所得额的准予免税的项目，如公司购买财政部发行的国家公债所取得的利息收入，符合条件的居民企业之间的股

① 此部分内容见侯旭华编著:《保险公司会计》，复旦大学出版社2021年版，第261页。部分地方有改动。

息、红利等权益性投资收益。

③会计准则规定不确认为费用或损失，但税法规定应作为费用或损失扣除，如税法规定公司安置残疾人员的，在按照支付给残疾职工工资据实扣除的基础上，按照支付给残疾职工工资的100%加计扣除；公司开展研发活动中实际发生的研发费用，未形成无形资产计入当期损益的，在按规定据实扣除的基础上，在2018年1月1日至2020年12月31日期间，再按照实际发生额的75%在税前加计扣除；形成无形资产的，在上述期间按照无形资产成本的175%在税前摊销。研发费用包括人员人工费用、直接投入费用、折旧费用、无形资产摊销、新产品设计费、新工艺规程制定费和其他相关费用。

【本章小结】

本章主要介绍各个行业企业(比如农业企业、煤炭开采业企业、工业企业、建筑公司、房地产公司、商业银行、证券公司、保险公司等)的增值税稽查、企业所得税稽查。

【关键术语】

各个行业企业　增值税稽查　企业所得税稽查

【思考题】

1. 对各个不同行业企业的增值税稽查有何异同?
2. 对各个不同行业企业的所得税稽查有何异同?

附录一：税务稽查案件办理程序规定

《税务稽查案件办理程序规定》，已经2021年6月18日国家税务总局2021年度第2次局务会议审议通过，现予公布，自2021年8月11日起施行。

国家税务总局局长：王军

2021年7月12日

第一节　总　　则[①]

第一条　为了贯彻落实中共中央办公厅、国务院办公厅印发的《关于进一步深化税收征管改革的意见》，保障税收法律、行政法规的贯彻实施，规范税务稽查案件办理程序，强化监督制约机制，保护纳税人、扣缴义务人和其他涉税当事人合法权益，根据《中华人民共和国税收征收管理法》(以下简称税收征管法)、《中华人民共和国税收征收管理法实施细则》(以下简称税收征管法实施细则)等法律、行政法规，制定本规定。

第二条　稽查局办理税务稽查案件适用本规定。

第三条　办理税务稽查案件应当以事实为根据，以法律为准绳，坚持公平、公正、公开、效率的原则。

第四条　税务稽查由稽查局依法实施。稽查局主要职责是依法对纳税人、扣缴义务人和其他涉税当事人履行纳税义务、扣缴义务情况及涉税事项进行检查处理，以及围绕检查处理开展的其他相关工作。稽查局具体职责由国家税务总局依照税收征管法、税收征管法实施细则和国家有关规定确定。

第五条　稽查局办理税务稽查案件时，实行选案、检查、审理、执行分工制约原则。

第六条　稽查局应当在税务局向社会公告的范围内实施税务稽查。上级税务机关可以根据案件办理的需要指定管辖。

税收法律、行政法规和国家税务总局规章对税务稽查管辖另有规定的，从其规定。

第七条　税务稽查管辖有争议的，由争议各方本着有利于案件办理的原则逐级协商解决；不能协商一致的，报请共同的上级税务机关决定。

第八条　税务稽查人员具有税收征管法实施细则规定回避情形的，应当回避。

---

① 原《税务稽查工作规程》是按“章”来编排，本书为了编排体例的统一，改为按“节”来编排。下同。

被查对象申请税务稽查人员回避或者税务稽查人员自行申请回避的，由稽查局局长依法决定是否回避。稽查局局长发现税务稽查人员具有规定回避情形的，应当要求其回避。稽查局局长的回避，由税务局局长依法审查决定。

第九条 税务稽查人员对实施税务稽查过程中知悉的国家秘密、商业秘密或者个人隐私、个人信息，应当依法予以保密。

纳税人、扣缴义务人和其他涉税当事人的税收违法行为不属于保密范围。

第十条 税务稽查人员应当遵守工作纪律，恪守职业道德，不得有下列行为：

(一)违反法定程序、超越权限行使职权；

(二)利用职权为自己或者他人牟取利益；

(三)玩忽职守，不履行法定义务；

(四)泄露国家秘密、工作秘密，向被查对象通风报信、泄露案情；

(五)弄虚作假，故意夸大或者隐瞒案情；

(六)接受被查对象的请客送礼等影响公正执行公务的行为；

(七)其他违法违纪行为。

税务稽查人员在执法办案中滥用职权、玩忽职守、徇私舞弊的，依照有关规定严肃处理；涉嫌犯罪的，依法移送司法机关处理。

第十一条 税务稽查案件办理应当通过文字、音像等形式，对案件办理的启动、调查取证、审核、决定、送达、执行等进行全过程记录。

第二节　选　案

第十二条 稽查局应当加强稽查案源管理，全面收集整理案源信息，合理、准确地选择待查对象。案源管理依照国家税务总局有关规定执行。

第十三条 待查对象确定后，经稽查局局长批准实施立案检查。

必要时，依照法律法规的规定，稽查局可以在立案前进行检查。

第十四条 稽查局应当统筹安排检查工作，严格控制对纳税人、扣缴义务人的检查次数。

第三节　检　查

第十五条 检查前，稽查局应当告知被查对象检查时间、需要准备的资料等，但预先通知有碍检查的除外。

检查应当由两名以上具有执法资格的检查人员共同实施，并向被查对象出示税务检查证件、出示或者送达税务检查通知书，告知其权利和义务。

第十六条 检查应当依照法定权限和程序，采取实地检查、调取账簿资料、询问、查询存款账户或者储蓄存款、异地协查等方法。

对采用电子信息系统进行管理和核算的被查对象，检查人员可以要求其打开该电子信息系统，或者提供与原始电子数据、电子信息系统技术资料一致的复制件。被查对象拒不打开或者拒不提供的，经稽查局局长批准，可以采用适当的技术手段对该电子信息系统进行直接检查，或者提取、复制电子数据进行检查，但所采用的技术手段不得破坏该电子信息系统原始电子数据，或者影响该电子信息系统正常运行。

第十七条 检查应当依照法定权限和程序收集证据材料。收集的证据必须经查证属实，并与证明事项相关联。

不得以下列方式收集、获取证据材料：

(一)严重违反法定程序收集；

(二)以违反法律强制性规定的手段获取且侵害他人合法权益；

(三)以利诱、欺诈、胁迫、暴力等手段获取。

第十八条 调取账簿、记账凭证、报表和其他有关资料时，应当向被查对象出具调取账簿资料通知书，并填写调取账簿资料清单交其核对后签章确认。

调取纳税人、扣缴义务人以前会计年度的账簿、记账凭证、报表和其他有关资料的，应当经县以上税务局局长批准，并在3个月内完整退还；调取纳税人、扣缴义务人当年的账簿、记账凭证、报表和其他有关资料的，应当经设区的市、自治州以上税务局局长批准，并在30日内退还。

退还账簿资料时，应当由被查对象核对调取账簿资料清单，并签章确认。

第十九条 需要提取证据材料原件的，应当向当事人出具提取证据专用收据，由当事人核对后签章确认。对需要退还的证据材料原件，检查结束后应当及时退还，并履行相关签收手续。需要将已开具的纸质发票调出查验时，应当向被查验的单位或者个人开具发票换票证；需要将空白纸质发票调出查验时，应当向被查验的单位或者个人开具调验空白发票收据。经查无问题的，应当及时退还，并履行相关签收手续。

提取证据材料复制件的，应当由当事人或者原件保存单位(个人)在复制件上注明“与原件核对无误”及原件存放地点，并签章。

第二十条 询问应当由两名以上检查人员实施。除在被查对象生产、经营、办公场所询问外，应当向被询问人送达询问通知书。

询问时应当告知被询问人有关权利义务。询问笔录应当交被询问人核对或者向其宣读；询问笔录有修改的，应当由被询问人在改动处捺指印；核对无误后，由被询问人在尾页结束处写明“以上笔录我看过(或者向我宣读过)，与我说的相符”，并逐页签章、捺指印。被询问人拒绝在询问笔录上签章、捺指印的，检查人员应当在笔录上注明。

第二十一条 当事人、证人可以采取书面或者口头方式陈述或者提供证言。当事人、证人口头陈述或者提供证言的，检查人员应当以笔录、录音、录像等形式进行记录。笔录可以手写或者使用计算机记录并打印，由当事人或者证人逐页签章、捺指印。

当事人、证人口头提出变更陈述或者证言的，检查人员应当就变更部分重新制作笔录，注明原因，由当事人或者证人逐页签章、捺指印。当事人、证人变更书面陈述或者证言的，变更前的笔录不予退回。

第二十二条 制作录音、录像等视听资料的，应当注明制作方法、制作时间、制作人和证明对象等内容。

调取视听资料时，应当调取有关资料的原始载体；难以调取原始载体的，可以调取复制件，但应当说明复制方法、人员、时间和原件存放处等事项。

对声音资料，应当附有该声音内容的文字记录；对图像资料，应当附有必要的文字说明。

第二十三条 以电子数据的内容证明案件事实的，检查人员可以要求当事人将电子数据打印成纸质资料，在纸质资料上注明数据出处、打印场所、打印时间或者提供时间，注明“与电子数据核对无误”，并由当事人签章。

需要以有形载体形式固定电子数据的，检查人员应当与提供电子数据的个人、单位的法定代表人或者财务负责人或者经单位授权的其他人员一起将电子数据复制到存储介质上并封存，同时在封存包装物上注明制作方法、制作时间、制作人、文件格式及大小等，注明“与原始载体记载的电子数据核对无误”，并由电子数据提供人签章。

收集、提取电子数据，检查人员应当制作现场笔录，注明电子数据的来源、事由、证明目的或者对象，提取时间、地点、方法、过程，原始存储介质的存放地点以及对电子数据存储介质的签封情况等。进行数据压缩的，应当在笔录中注明压缩方法和完整性校验值。

第二十四条 检查人员实地调查取证时，可以制作现场笔录、勘验笔录，对实地调查取证情况予以记录。

制作现场笔录、勘验笔录，应当载明时间、地点和事件等内容，并由检查人员签名和当事人签章。

当事人经通知不到场或者拒绝在现场笔录、勘验笔录上签章的，检查人员应当在笔录上注明原因；如有其他人员在场，可以由其签章证明。

第二十五条 检查人员异地调查取证的，当地税务机关应当予以协助；发函委托相关稽查局调查取证的，必要时可以派人参与受托地稽查局的调查取证，受托地稽查局应当根据协查请求，依照法定权限和程序调查。

需要取得境外资料的，稽查局可以提请国际税收管理部门依照有关规定程序获取。

第二十六条 查询从事生产、经营的纳税人、扣缴义务人存款账户，应当经县以上税务局局长批准，凭检查存款账户许可证明向相关银行或者其他金融机构查询。

查询案件涉嫌人员储蓄存款的，应当经设区的市、自治州以上税务局局长批准，凭检查存款账户许可证明向相关银行或者其他金融机构查询。

第二十七条 被查对象有下列情形之一的，依照税收征管法和税收征管法实施细则有关逃避、拒绝或者以其他方式阻挠税务检查的规定处理：

（一）提供虚假资料，不如实反映情况，或者拒绝提供有关资料的；

（二）拒绝或者阻止税务机关记录、录音、录像、照相和复制与案件有关的情况和资料的；

（三）在检查期间转移、隐匿、销毁有关资料的；

（四）有不依法接受税务检查的其他情形的。

第二十八条 税务机关有根据认为从事生产、经营的纳税人有逃避纳税义务行为，可以在规定的纳税期之前，责令限期缴纳应纳税款；在限期内发现纳税人有明显的转移、隐匿其应纳税的商品、货物以及其他财产或者应纳税收入迹象的，可以责成纳税人提供纳税担保。如果纳税人不能提供纳税担保，经县以上税务局局长批准，可以依法采取税收强制措施。

检查从事生产、经营的纳税人以前纳税期的纳税情况时，发现纳税人有逃避纳税义务行为，并有明显的转移、隐匿其应纳税的商品、货物以及其他财产或者应纳税收入迹象的，经县以上税务局局长批准，可以依法采取税收强制措施。

第二十九条 稽查局采取税收强制措施时，应当向纳税人、扣缴义务人、纳税担保人交付税收强制措施决定书，告知其采取税收强制措施的内容、理由、依据以及依法享有的权利、救济途径，并履行法律、法规规定的其他程序。

采取冻结纳税人在开户银行或者其他金融机构的存款措施时，应当向纳税人开户银行或者其他金融机构交付冻结存款通知书，冻结其相当于应纳税款的存款；并于作出冻结决定之日起 3 个工作日内，向纳税人交付冻结决定书。

采取查封、扣押商品、货物或者其他财产措施时，应当向纳税人、扣缴义务人、纳税担保人当场交付查封、扣押决定书，填写查封商品、货物或者其他财产清单或者出具扣押商品、货物或者其他财产专用收据，由当事人核对后签章。查封清单、扣押收据一式二份，由当事人和稽查局分别保存。

采取查封、扣押有产权证件的动产或者不动产措施时，应当依法向有关单位送达税务协助执行通知书，通知其在查封、扣押期间不再办理该动产或者不动产的过户手续。

第三十条 按照本规定第二十八条第二款采取查封、扣押措施的，期限一般不得超过 6 个月；重大案件有下列情形之一，需要延长期限的，应当报国家税务总局批准：

(一)案情复杂，在查封、扣押期限内确实难以查明案件事实的；

(二)被查对象转移、隐匿、销毁账簿、记账凭证或者其他证据材料的；

(三)被查对象拒不提供相关情况或者以其他方式拒绝、阻挠检查的；

(四)解除查封、扣押措施可能使纳税人转移、隐匿、损毁或者违法处置财产，从而导致税款无法追缴的。

除前款规定情形外采取查封、扣押、冻结措施的，期限不得超过 30 日；情况复杂的，经县以上税务局局长批准，可以延长，但是延长期限不得超过 30 日。

第三十一条 有下列情形之一的，应当依法及时解除税收强制措施：

(一)纳税人已按履行期限缴纳税款、扣缴义务人已按履行期限解缴税款、纳税担保人已按履行期限缴纳所担保税款的；

(二)税收强制措施被复议机关决定撤销的；

(三)税收强制措施被人民法院判决撤销的；

(四)其他法定应当解除税收强制措施的。

第三十二条 解除税收强制措施时，应当向纳税人、扣缴义务人、纳税担保人送达解除税收强制措施决定书，告知其解除税收强制措施的时间、内容和依据，并通知其在规定时间内办理解除税收强制措施的有关事宜：

(一)采取冻结存款措施的，应当向冻结存款的纳税人开户银行或者其他金融机构送达解除冻结存款通知书，解除冻结；

(二)采取查封商品、货物或者其他财产措施的，应当解除查封并收回查封商品、货物或者其他财产清单；

（三）采取扣押商品、货物或者其他财产措施的，应当予以返还并收回扣押商品、货物或者其他财产专用收据。

税收强制措施涉及协助执行单位的，应当向协助执行单位送达税务协助执行通知书，通知解除税收强制措施相关事项。

第三十三条 有下列情形之一，致使检查暂时无法进行的，经稽查局局长批准后，中止检查：

（一）当事人被有关机关依法限制人身自由的；

（二）账簿、记账凭证及有关资料被其他国家机关依法调取且尚未归还的；

（三）与税收违法行为直接相关的事实需要人民法院或者其他国家机关确认的；

（四）法律、行政法规或者国家税务总局规定的其他可以中止检查的。

中止检查的情形消失，经稽查局局长批准后，恢复检查。

第三十四条 有下列情形之一，致使检查确实无法进行的，经稽查局局长批准后，终结检查：

（一）被查对象死亡或者被依法宣告死亡或者依法注销，且有证据表明无财产可抵缴税款或者无法定税收义务承担主体的；

（二）被查对象税收违法行为均已超过法定追究期限的；

（三）法律、行政法规或者国家税务总局规定的其他可以终结检查的。

第三十五条 检查结束前，检查人员可以将发现的税收违法事实和依据告知被查对象。

被查对象对违法事实和依据有异议的，应当在限期内提供说明及证据材料。被查对象口头说明的，检查人员应当制作笔录，由当事人签章。

第四节 审　　理

第三十六条 检查结束后，稽查局应当对案件进行审理。符合重大税务案件标准的，稽查局审理后提请税务局重大税务案件审理委员会审理。

重大税务案件审理依照国家税务总局有关规定执行。

第三十七条 案件审理应当着重审核以下内容：

（一）执法主体是否正确；

（二）被查对象是否准确；

（三）税收违法事实是否清楚，证据是否充分，数据是否准确，资料是否齐全；

（四）适用法律、行政法规、规章及其他规范性文件是否适当，定性是否正确；

（五）是否符合法定程序；

（六）是否超越或者滥用职权；

（七）税务处理、处罚建议是否适当；

（八）其他应当审核确认的事项或者问题。

第三十八条 有下列情形之一的，应当补正或者补充调查：

（一）被查对象认定错误的；

（二）税收违法事实不清、证据不足的；

（三）不符合法定程序的；

（四）税务文书不规范、不完整的；

（五）其他需要补正或者补充调查的。

第三十九条　拟对被查对象或者其他涉税当事人作出税务行政处罚的，应当向其送达税务行政处罚事项告知书，告知其依法享有陈述、申辩及要求听证的权利。税务行政处罚事项告知书应当包括以下内容：

（一）被查对象或者其他涉税当事人姓名或者名称、有效身份证件号码或者统一社会信用代码、地址。没有统一社会信用代码的，以税务机关赋予的纳税人识别号代替；

（二）认定的税收违法事实和性质；

（三）适用的法律、行政法规、规章及其他规范性文件；

（四）拟作出的税务行政处罚；

（五）当事人依法享有的权利；

（六）告知书的文号、制作日期、税务机关名称及印章；

（七）其他相关事项。

第四十条　被查对象或者其他涉税当事人可以书面或者口头提出陈述、申辩意见。对当事人口头提出陈述、申辩意见，应当制作陈述申辩笔录，如实记录，由陈述人、申辩人签章。

应当充分听取当事人的陈述、申辩意见；经复核，当事人提出的事实、理由或者证据成立的，应当采纳。

第四十一条　被查对象或者其他涉税当事人按照法律、法规、规章要求听证的，应当依法组织听证。

听证依照国家税务总局有关规定执行。

第四十二条　经审理，区分下列情形分别作出处理：

（一）有税收违法行为，应当作出税务处理决定的，制作税务处理决定书；

（二）有税收违法行为，应当作出税务行政处罚决定的，制作税务行政处罚决定书；

（三）税收违法行为轻微，依法可以不予税务行政处罚的，制作不予税务行政处罚决定书；

（四）没有税收违法行为的，制作税务稽查结论。

税务处理决定书、税务行政处罚决定书、不予税务行政处罚决定书、税务稽查结论引用的法律、行政法规、规章及其他规范性文件，应当注明文件全称、文号和有关条款。

第四十三条　税务处理决定书应当包括以下主要内容：

（一）被查对象姓名或者名称、有效身份证件号码或者统一社会信用代码、地址。没有统一社会信用代码的，以税务机关赋予的纳税人识别号代替；

（二）检查范围和内容；

（三）税收违法事实及所属期间；

（四）处理决定及依据；

（五）税款金额、缴纳期限及地点；

（六）税款滞纳时间、滞纳金计算方法、缴纳期限及地点；

（七）被查对象不按期履行处理决定应当承担的责任；

（八）申请行政复议或者提起行政诉讼的途径和期限；

（九）处理决定书的文号、制作日期、税务机关名称及印章。

第四十四条 税务行政处罚决定书应当包括以下主要内容：

（一）被查对象或者其他涉税当事人姓名或者名称、有效身份证件号码或者统一社会信用代码、地址。没有统一社会信用代码的，以税务机关赋予的纳税人识别号代替；

（二）检查范围和内容；

（三）税收违法事实、证据及所属期间；

（四）行政处罚种类和依据；

（五）行政处罚履行方式、期限和地点；

（六）当事人不按期履行行政处罚决定应当承担的责任；

（七）申请行政复议或者提起行政诉讼的途径和期限；

（八）行政处罚决定书的文号、制作日期、税务机关名称及印章。

税务行政处罚决定应当依法公开。公开的行政处罚决定被依法变更、撤销、确认违法或者确认无效的，应当在3个工作日内撤回原行政处罚决定信息并公开说明理由。

第四十五条 不予税务行政处罚决定书应当包括以下主要内容：

（一）被查对象或者其他涉税当事人姓名或者名称、有效身份证件号码或者统一社会信用代码、地址。没有统一社会信用代码的，以税务机关赋予的纳税人识别号代替；

（二）检查范围和内容；

（三）税收违法事实及所属期间；

（四）不予税务行政处罚的理由及依据；

（五）申请行政复议或者提起行政诉讼的途径和期限；

（六）不予行政处罚决定书的文号、制作日期、税务机关名称及印章。

第四十六条 税务稽查结论应当包括以下主要内容：

（一）被查对象姓名或者名称、有效身份证件号码或者统一社会信用代码、地址。没有统一社会信用代码的，以税务机关赋予的纳税人识别号代替；

（二）检查范围和内容；

（三）检查时间和检查所属期间；

（四）检查结论；

（五）结论的文号、制作日期、税务机关名称及印章。

第四十七条 稽查局应当自立案之日起90日内作出行政处理、处罚决定或者无税收违法行为结论。案情复杂需要延期的，经税务局局长批准，可以延长不超过90日；特殊情况或者发生不可抗力需要继续延期的，应当经上一级税务局分管副局长批准，并确定合理的延长期限。但下列时间不计算在内：

（一）中止检查的时间；

（二）请示上级机关或者征求有权机关意见的时间；

（三）提请重大税务案件审理的时间；

（四）因其他方式无法送达，公告送达文书的时间；

（五）组织听证的时间；

（六）纳税人、扣缴义务人超期提供资料的时间；

（七）移送司法机关后，税务机关需根据司法文书决定是否处罚的案件，从司法机关接受移送到司法文书生效的时间。

第四十八条 税收违法行为涉嫌犯罪的，填制涉嫌犯罪案件移送书，经税务局局长批准后，依法移送公安机关，并附送以下资料：

（一）涉嫌犯罪案件情况的调查报告；

（二）涉嫌犯罪的主要证据材料复制件；

（三）其他有关涉嫌犯罪的材料。

第五节 执　　行

第四十九条 稽查局应当依法及时送达税务处理决定书、税务行政处罚决定书、不予税务行政处罚决定书、税务稽查结论等税务文书。

第五十条 具有下列情形之一的，经县以上税务局局长批准，稽查局可以依法强制执行，或者依法申请人民法院强制执行：

（一）纳税人、扣缴义务人未按照规定的期限缴纳或者解缴税款、滞纳金，责令限期缴纳逾期仍未缴纳的；

（二）经稽查局确认的纳税担保人未按照规定的期限缴纳所担保的税款、滞纳金，责令限期缴纳逾期仍未缴纳的；

（三）当事人对处罚决定逾期不申请行政复议也不向人民法院起诉、又不履行的；

（四）其他可以依法强制执行的。

第五十一条 当事人确有经济困难，需要延期或者分期缴纳罚款的，可向稽查局提出申请，经税务局局长批准后，可以暂缓或者分期缴纳。

第五十二条 作出强制执行决定前，应当制作并送达催告文书，催告当事人履行义务，听取当事人陈述、申辩意见。经催告，当事人逾期仍不履行行政决定，且无正当理由的，经县以上税务局局长批准，实施强制执行。

实施强制执行时，应当向被执行人送达强制执行决定书，告知其实施强制执行的内容、理由及依据，并告知其享有依法申请行政复议或者提起行政诉讼的权利。

催告期间，对有证据证明有转移或者隐匿财物迹象的，可以作出立即强制执行决定。

第五十三条 稽查局采取从被执行人开户银行或者其他金融机构的存款中扣缴税款、滞纳金、罚款措施时，应当向被执行人开户银行或者其他金融机构送达扣缴税收款项通知书，依法扣缴税款、滞纳金、罚款，并及时将有关凭证送达被执行人。

第五十四条 拍卖、变卖被执行人商品、货物或者其他财产，以拍卖、变卖所得抵缴税款、滞纳金、罚款的，在拍卖、变卖前应当依法进行查封、扣押。

稽查局拍卖、变卖被执行人商品、货物或者其他财产前，应当制作拍卖/变卖抵税财物决定书，经县以上税务局局长批准后送达被执行人，予以拍卖或者变卖。

拍卖或者变卖实现后，应当在结算并收取价款后3个工作日内，办理税款、滞纳金、罚款的入库手续，并制作拍卖/变卖结果通知书，附拍卖/变卖查封、扣押的商品、货物或者其他财产清单，经稽查局局长审核后，送达被执行人。

以拍卖或者变卖所得抵缴税款、滞纳金、罚款和拍卖、变卖等费用后，尚有剩余的财产或者无法进行拍卖、变卖的财产的，应当制作返还商品、货物或者其他财产通知书，附返还商品、货物或者其他财产清单，送达被执行人，并自办理税款、滞纳金、罚款入库手续之日起3个工作日内退还被执行人。

第五十五条 执行过程中发现涉嫌犯罪的，依照本规定第四十八条处理。

第五十六条 执行过程中发现有下列情形之一的，经稽查局局长批准后，中止执行：

（一）当事人死亡或者被依法宣告死亡，尚未确定可执行财产的；

（二）当事人进入破产清算程序尚未终结的；

（三）可执行财产被司法机关或者其他国家机关依法查封、扣押、冻结，致使执行暂时无法进行的；

（四）可供执行的标的物需要人民法院或者仲裁机构确定权属的；

（五）法律、行政法规和国家税务总局规定其他可以中止执行的。

中止执行情形消失后，经稽查局局长批准，恢复执行。

第五十七条 当事人确无财产可供抵缴税款、滞纳金、罚款或者依照破产清算程序确实无法清缴税款、滞纳金、罚款，或者有其他法定终结执行情形的，经税务局局长批准后，终结执行。

第五十八条 税务处理决定书、税务行政处罚决定书等决定性文书送达后，有下列情形之一的，稽查局可以依法重新作出：

（一）决定性文书被人民法院判决撤销的；

（二）决定性文书被行政复议机关决定撤销的；

（三）税务机关认为需要变更或者撤销原决定性文书的；

（四）其他依法需要变更或者撤销原决定性文书的。

第六节　附　　则

第五十九条 本规定相关税务文书的式样，由国家税务总局规定。

第六十条 本规定所称签章，区分以下情况确定：

（一）属于法人或者其他组织的，由相关人员签名，加盖单位印章并注明日期；

（二）属于个人的，由个人签名并注明日期。

本规定所称“以上”“日内”，均含本数。

第六十一条 本规定自2021年8月11日起施行。《税务稽查工作规程》（国税发〔2009〕157号印发，国家税务总局公告2018年第31号修改）同时废止。

附录二：会计资料式样(部分)

会计知识尽管在当今已经“专门化”地由“会计学院(或会计系)”等组织机构和相关人员在负责教学和科研，但是财税专业人士应提高对会计知识的学习和掌握。理由至少有以下几个方面：(1)从中国历史上看，我国的财政管理活动从“三代(夏、商、西周)”开始就已经有对“会计制度”的监管①。(2)负责会计行业规范及其监管的部门——“会计准则委员会”隶属于中国财政部。(3)中国现代社会的财源(或税源)结构已然不同于传统农业社会，传统社会的财源(或税源)主要依赖于田赋、人头税(徭役或力役)以及一般消费品税(比如：盐税)；而现代社会的财源(或税源)则更多地靠“企业(或公司)”，比如增值税、企业所得税等都更多依赖于“企业端”。而现代意义上的企业是工业化之后的产物，企业的会计制度是一套复杂且专业化的制度体系，因此需要财税专业人士花费大量精力懂得会计知识。以下摘录一些会计资料式样，以飨读者。

资 产 负 债 表　　　　会企 01 表

编制单位：　　　　年　　月　　日　　　　单位：元

资产	期末余额	上年年末余额	负债和所有者权益(或股东权益)	期末余额	上年年末余额
流动资产：			流动负债：		
货币资金			短期借款		
交易性金融资产			交易性金融负债		
衍生金融资产			衍生金融负债		
应收票据			应付票据		
应收账款			应付账款		
应收款项融资			预收款项		
预付款项			合同负债		

① 例如上海财经大学原财税系主任黄天华在《中国财政制度史》(2017 年版，上海人民出版社、格致出版社)(第一卷)第 106 页的部分文字：“西周时期国家十分重视会计、考核和上计工作。当时，会计机构与会计核算均有所发展，天官系统设置了会计官员，由司会主管会计、审核和出纳工作。司会作为国家总会计，负责岁入岁出，按旬、月、岁记账复审，并依据冢宰制定的财税制度和法规，‘掌国之官府、郊、野、县、都之百物财用，凡在书契、版图者之贰，以逆群吏之治，而听其会计，以参互考日成，以月要考月成，以岁会考岁成，以周知四国之治，以诏王及冢宰废置’”。

续表

资产	期末余额	上年年末余额	负债和所有者权益（或股东权益）	期末余额	上年年末余额
其他应收款			应付职工薪酬		
存货			应交税费		
合同资产			其他应付款		
持有待售资产			持有待售负债		
一年内到期的非流动资产			一年内到期的非流动负债		
其他流动资产			其他流动负债		
流动资产合计			流动负债合计		
非流动资产：			非流动负债：		
债权投资			长期借款		
其他债权投资			应付债券		
长期应收款			其中：优先股		
长期股权投资			永续债		
其他权益工具投资			租赁负债		
其他非流动金融资产			长期应付款		
投资性房地产			预计负债		
固定资产			递延收益		
在建工程			递延所得税负债		
生产性生物资产			其他非流动负债		
油气资产			非流动负债合计：		
使用权资产			负债合计		
无形资产			所有者权益(或股东权益)：		
开发支出			实收资本(股本)		
商誉			其他权益工具		
长期待摊费用			其中：优先股		
递延所得税资产			永续债		
其他非流动资产			资本公积		
非流动资产合计			减：库存股		
			其他综合收益		
			专项储备		
			盈余公积		

续表

资产	期末余额	上年年末余额	负债和所有者权益(或股东权益)	期末余额	上年年末余额
			未分配利润		
			所有者权益(或股东权益)合计		
资产总计			所有者权益(或股东权益)合计		

利润表

会企02表

编制单位：　　　年　月　　　单位：元

项　目	本期金额	上期金额
一、营业收入		
减：营业成本		
税金及附加		
销售费用		
管理费用		
研发费用		
财务费用		
其中：利息费用		
利息收入		
加：其他收益		
投资收益(损失以“-”号填列)		
其中：对联营企业和合营企业的投资收益		
以摊余成本计量的金融资产终止确认收益(损失以“-”号填列)		
净敞口套期收益(损失以“-”号填列)		
公允价值变动收益(损失以“-”号填列)		
信用减值损失		
资产减值损失		
资产处置收益(损失以“-”号填列)		
二、营业利润(损失以“-”号填列)		
加：营业外收入		
减：营业外支出		
三、利润总额(损失总额以“-”号填列)		

续表

项目	本期金额	上期金额
减：所得税费用		
四、净利润(净损失以“-”号填列)		
(一)持续经营净利润(净亏损以“-”号填列)		
(二)终止经营净利润(净亏损以“-”号填列)		
五、其他综合收益的税后净额		
(一)不能重分类进损益的其他综合收益		
1. 重新计量设定受益计划变动额		
2. 权益法下不能转损益的其他综合收益		
3. 其他权益工具投资公允价值变动		
4. 企业自身信用风险公允价值变动		
……		
(二)将重分类进损益的其他综合收益		
1. 权益法下可转损益的其他综合收益		
2. 其他债权投资公允价值变动		
3. 金融资产重分类计入其他综合收益的金额		
4. 其他债权投资信用减值准备		
5. 现金流量套期储备		
6. 外币财务报表折算差额		
……		
六、综合收益总额		
七、每股收益		
(一)基本每股收益		
(二)稀释每股收益		

现金日记账

第　　页

年		凭证号码		对方科目	摘要	收入	付出	结余
月	日	现收	现付					

现金收入日记账

第　　页

年		收款凭证		摘要	贷方科目				收入合计	支出合计	余额
月	日	字	号								

记 账 凭 证

2009 年 10 月 1 日　　　　　　凭证编号 1

摘要	借方科目		贷方科目		金额										记账
	总账科目	明细科目	总账科目	明细科目	千	百	十	万	千	百	十	元	角	分	
销货	应收账款	福州阳春百货公司	其他应收款	阳春百货			1	7	5	5	0	0	0	0	✓
			银行存款						4	5	0	0	0	0	✓
合计						¥	1	8	0	0	0	0	0	0	

附单据 4　张

会计主管：葛亮　　　复核：关雨　　　出纳：孙诚　　　制单：王武

主营业务收入　　明细分类账

第34页

户名：××企业

2009年		凭证号	摘要	借方									贷方									借或贷	金额								
月	日			百	十	万	千	百	十	元	角	分	百	十	万	千	百	十	元	角	分		百	十	万	千	百	十	元	角	分
11	7	19	销售												7	5	0	0	0	0	0	贷			7	5	0	0	0	0	0
12	25	278	销售			7	5	0	0	0	0	0										平									

材料采购 明细分类账

第 4 页

户名：脂肪醇

2009 年		凭证号	摘要	借方									贷方									借或贷	金额								
月	日			百	十	万	千	百	十	元	角	分	百	十	万	千	百	十	元	角	分		百	十	万	千	百	十	元	角	分
10	2	6	购料		7	5	0	0	0	0	0	0																			
10	2	7	入库											7	5	0	0	0	0	0	0	平									
11	4	6	购料		3	9	0	0	0	0	0	0																			
11	4	7	入库											3	9	0	0	0	0	0	0	平									
11	4	6	购料		3	9	0	0	0	0	0	0																			
11	4	7	入库											3	9	0	0	0	0	0	0	平									
12	4	14	购料		8	5	0	0	0	0	0	0																			
12	4	15	入库											8	5	0	0	0	0	0	0	平									

应收账款　　明细分类账

第27页

户名：福州阳春百货公司

2009年		凭证号	摘要	借方									贷方									借或贷	金额								
月	日			百	十	万	千	百	十	元	角	分	百	十	万	千	百	十	元	角	分		百	十	万	千	百	十	元	角	分
10	1	1	销货		1	8	0	0	0	0	0	0																			
10	28	256	回款											1	8	0	0	0	0	0	0	平									

其他业务收入　　明细分类账

第34页

户名：专利A

2009年		凭证号	摘要	借方									贷方									借或贷	金额								
月	日			百	十	万	千	百	十	元	角	分	百	十	万	千	百	十	元	角	分		百	十	万	千	百	十	元	角	分
11	7	19	转让专利												7	5	0	0	0	0	0	贷			7	5	0	0	0	0	0
12	25	278	转利			7	5	0	0	0	0	0										平									

委邮　中国工商银行托收承付结算凭证(回单联) 1 第 169 号

托收号码：08746756

委托日期：2009 年 10 月 1 日

收款人	全称	东方化妆品有限公司			付款人	全称	福州阳春百货公司					
	账号	457493-2				账号或地址	福州市动大街 15 号					
	开户银行	工商行江平办	行号	0193		开户银行	工商行福州东大办					
托收金额	人民币(大写)壹拾捌万元整				千	百	十	万	千	百	十	元	角	分
						¥	1	8	0	0	0	0	0	
附　件		商品发运情况 已发			合同名称号码							
附寄单证张数或册数	4				0876547							
备注：		款项收妥日期 10. 28 收到			收款人开户行盖章　10 月 1 日							

单位主管：张飞　　会计：葛亮　　复核：关雨　　记账：王武

320022170　××增值税专用发票　No 23166576

此联不作报销、扣税凭证使用　　开票日期：2009 年 10 月 1 日

购货单位	名称：福州阳春百货公司 纳税人识别号：230103450607221 地址、电话：福州市东大街 15 号 开户行及账号：工商行东大办 675496-7				密码区	略	
货物或应税劳务名称	规格型号	单位	数量	单价	金额	税率	税额
波丝洗发水	BS100	箱	10	15 000	150 000. 00	17%	25 500. 00
价税合计(大写)	壹拾柒万伍仟伍佰元整				(小写)¥175 500. 00		
销货单位	名称：东方化妆品有限公司 纳税人识别号：110112200297001 地址、电话：江平东吴中路 10 号 开户行及账号：工商银行江平办 457493-2				备注		

收款人：孙诚　　复核：关雨　　开票人：王虎　　销货单位：(章)

第四联：记账联　　销货方记账凭证

某市工商业统一发票　　No 3324458

开票日期：2009 年 11 月 5 日　　湘国税（2009）A

购货单位	名　称	三湘江南百货公司	销货单位	名　称	东方化妆品有限公司
	税务登记号	110102200491203		税务登记号	110102200297001

编号	货物或应税劳务	计量单位	数量	单价	金额								
					千	十	万	千	百	十	元	角	分
	波丝洗发水	箱	10	15 000		1	7	5	5	0	0	0	0
合计（大写）	壹拾柒万伍仟零佰零拾零元零角零分				¥	1	7	5	5	0	0	0	0

第三联：记账联

收款：孙诚　　经办：王芳　　收款单位：（盖章）

产品出库单

2009 年 11 月 20 日

品名	发出		单价	金额								
	单位	数量		百	十	万	千	百	十	元	角	分
波丝洗发水	箱	8	7 500			6	0	0	0	0	0	0

仓库保管员：张三　　领取人：王勇

第三联：收据

中国工商银行转账支票存根

支票号码：ⅣⅣ3035169

科　　目：

对方科目：

签发日期：2009 年 10 月 1 日

收款单位名称：三湘西站货运处 金额：¥4 500.00 元 用途或预算科目：代垫运费
备注：

单位主管：张飞　　会计：葛亮　　复核：关雨　　记账：王武

原材料　验收入库单

类别：1　　编号：101　　2009年10月2日　　第297号

名称	规格	计量单位	数量	单价	总价							
脂肪醇	一级	千克	200	3 000	6	0	0	0	0	0	0	0

负责人	张飞	仓库负责人	李云	入库负责人	张伟	记账	刘梅	备注	

第三联：财会

工　作　通　知　单

编号：156

生产车间：机工　姓名：赵飞　　设备名称：铣床

生产小组：2　工号：126　　2009年2月6日　　设备编号：212

产品型号或定单号	零件名称	零件编号	工序名称	工序编号	工作等级	计量单位	单位定额工时(分)	生产任务	
								数量	定额工时
5658	齿轮	99	铣	18	5	只	25	14	5：50

任务完成情况									交验结果								
开工时间				完工时间				实用工时	交验数量	合格品数量	定额工时	返修数量	工废数量	料废数量	短缺数量	检验员	通知单号
月	日	时	分	月	日	时	分										
2	6	8	0	2	6	13	50	5:20	14	12	5:00	1		1		黄仁	21

计件工资				备注：
计件单价	合格品工薪	废品工薪	工薪合计	
1. 50	18. 00	1. 50	19. 50	

工薪结算汇总表

2009 年 1 月 31 日

车间或部门	职工类别	应发计时工薪	计件工薪	工薪性津贴和补贴		奖金	应发工薪	非工薪性津贴		代扣款项		实发工薪
				中夜班津贴	食品补贴			车贴	房贴	宿舍租金	储蓄	
基本生产车间	生产工人	21 000.00	31 500.00	1 500.00	6 000.00	11 500.00	71 500.00	2 500.00	366.00	200.00	1 250.00	72 916.00
	管理人员	2 400.00			250.00	460.00	3 110.00	110.00	14.00	20.00	60.00	3 154.00
修理车间	全部人员	2 800.00			300.00	560.00	3 660.00	140.00	17.00	30.00	80.00	3 707.00
销售部门	销售人员	1 800.00			200.00	350.00	2 350.00	90.00	11.00	10.00	50.00	2 391.00
行政管理部门	管理人员	4 850.00			450.00	990.00	6 290.00	270.00	36.00	50.00	150.00	6 396.00
医务部门	医务人员	920.00			100.00	180.00	1 200.00	40.00	6.00		20.00	1 226.00
合计		33 770.00	31 500.00	1 500.00	7 300.00	14 040.00	88 110.00	3 150.00	450.00	310.00	1 610.00	89 790.00

工薪费用分配表

2009 年 1 月 31 日

应借账户		成本或费用项目	直接计入工薪费用	间接计入工薪费用			工薪费用合计
				生产工时	分配率	分配金额	
基本生产成本	A 产品	工薪及福利费	18 000.00	7 500	3.2	24 000.00	42 000.00
	B 产品	工薪及福利费	13 500.00	5 000	3.2	16 000.00	29 500.00
	小计		12 500			40 000.00	71 500.00
辅助生产成本	修理车间	工薪及福利费	3 660.00				3 660.00
制造费用		工薪	3 110.00				3 110.00
产品销售费用		销售机构经费	2 350.00				2 350.00
管理费用		公司经费	6 290.00				6 290.00
应付福利费			1 200.00				1 200.00
合计			48 110.00			40 000.00	88 110.00

材料费用分配汇总表(按实际成本计价)

2009 年 1 月 31 日　　　　金额单位:元

应借账户		成本(费用)项目	直接计入	分配计入			合计
				定额消耗量	分配率	分配金额	
基本生产成本	A 产品	原材料	56 448	18 000	2.842	51 156	107 604
	B 产品	原材料	31 458	9 000	2.842	25 578	57 036
	小计		87 906	27 000		76 734	164 640
辅助生产成本	供电车间	原材料	5 488				5 488
	供水车间	原材料	3 430				3 430
	小计		8 918				8 918
制造费用		机物料消耗	5 151				5 151
产品销售费用		销售机构经费	1 717				1 717
管理费用		公司经费	2 929				2 929
合计			106 621			76 734	183 355

领 料 单

车间别：基本生产一车间　　2009 年 10 月 11 日　　原字　第　201 号

贷方科目	原材料		借方科目		生产成本	
用途	生产		明细科目		波丝洗发水	
材料名称	规格	计量单位	明细数量	实发数量	计划单价	金额
脂肪醇	一级	千克	150	150	3 000	450 000 元

厂长：张飞　财务：葛亮　发料单位负责人：李达　发料人：于水　领料单位负责人：辛炎　领料人：韩卫

第二联：财会

制造费用分配表

车间：基本生产车间　　2009 年 1 月份　　单位：元

应借账户	生产工人工时	分配率	分配金额
基本生产成本—A 产品	5 540	3.50	19 390
基本生产成本—B 产品	2 860	3.50	10 010
合计	8 400	3.50	29 400

产品成本计算表

产品名称：A 产品　　2009 年 1 月 31 日　　产量：300 件

成本项目	月初在产品成本	本月生产费用	生产费用合计	费用分配率	完工产品成本		月末在产品成本	
					定额	实际成本	定额	实际成本
（1）	（2）	（3）	（4）=（2）+（3）	（5）= $\frac{(4)}{(6)+(8)}$	（6）	（7）=（6）×（5）	（8）	（9）=（8）×（5）
原材料	17 250.00	68 600.00	85 850.00	1.01	51 000	51 510.00	34 000	34 340.00
燃料及动力	2 062.00	5 270.00	7 332.00	0.78	6 600	5 148.00	2 800	2 184.00
工薪及福利费	20 298.00	48 040.00	68 338.00	7.27	6 600	47 982.00	2 800	20 356.00
制造费用	8 820.00	21 072.00	29 892.00	3.18	6 600	20 988.00	2 800	8 904.00
废品损失		3 300.00	3 300.00			3 300.00		
合计	48 430.00	146 282.00	194 712.00	—	—	128 928.00	—	65 784.00

产品成本计算表

产品名称:B 产品　　2009 年 1 月 31 日　　产量:400 件

成本项目	月初在产品成本	本月生产费用	生产费用合计	费用分配率	完工产品成本		月末在产品成本	
					定额	实际成本	定额	实际成本
(1)	(2)	(3)	(4)=(2)+(3)	(5)=$\frac{(4)}{(6)+(8)}$	(6)	(7)=(6)×(5)	(8)	(9)=(8)×(5)
原材料	11 280.00	51 600.00	62 880.00	104.80	400	41 920.00	200	20 960.00
燃料及动力	664.00	3 600.00	4 264.00	8.20	400	3 280.00	120	984.00
工薪及福利费	5 960.00	328 320.00	38 792.00	74.60	400	29 840.00	120	8 952.00
制造费用	2 604.00	14 400.00	17 004.00	32.70	400	13 080.00	120	3 924.00
废品损失	—	320.00	320.00	0.80	400	320.00	—	—
合计	20 508.00	102 752.00	123 260.00	—	—	88 440.00	—	34 820.00

产品单位成本计算表

产品名称	产量	成本	原材料	燃料及动力	工薪及福利费	制造费用	废品损失	合计
A 产品	300 件	总成本	51 510.00	5 148.00	47 982.00	20 988.00	3 300.00	128 928.00
		单位成本	171.70	17.16	159.94	69.96	11.00	429.76
B 产品	400 件	总成本	41 920.00	3 280.00	29 840.00	13 080.00	320.00	88 440.00
		单位成本	104.80	8.20	74.60	32.70	0.80	221.10

坏账损失申请单

2009 年 10 月 20 日　　　　No **20021**

总账科目	往来户名称	金额	欠账期限	报损原因
应收账款	太湖百货公司	75 000 元	10 年	1)欠账时间过长 2)由于发洪水 单位下落不明
主管部门批示同意核销			单位领导批示同意核销　张飞	

会计主管：葛亮　　　　复核：关雨　　　　制单：王武

中国工商银行进账单（收账通知）　3

2009 年 11 月 3 日　　　　第　265 号

付款人			收款人		
	全称	三湘东关商场		全称	东方化妆品有限公司
	账号	634592-7		账号或地址	457493-2
	开户银行	工商行东关办		开户银行	工商银行江平办

人民币（大写）	千	百	十	万	千	百	十	元	角	分
壹拾柒万伍仟伍佰元整		¥	1	7	5	5	0	0	0	0

票据种类	转账支票	收款人开户行盖章
票据张数	1	
单位主管：张飞 会计：葛亮 复核：关雨　记账：王武		

此联是收款人开户银行交给收款人的收账通知

中国工商银行信汇凭证（收账通知） 4

第　　号

应汇编号码：

委托日期：2009 年 10 月 7 日

<table>
<tr><td rowspan="3">收款人</td><td>全称</td><td colspan="3">东方化妆品有限公司</td><td rowspan="3">付款人</td><td colspan="2">全　称</td><td colspan="2">杭州日化二厂</td></tr>
<tr><td>账号</td><td colspan="3">457493-2</td><td colspan="2">账号或地址</td><td colspan="2">海河路 5 号 647682-9</td></tr>
<tr><td>汇入地点</td><td>省三湘市县</td><td>汇入行名称</td><td>工商行江平办</td><td>汇出地点</td><td>杭州市县</td><td>汇出行名称</td><td>工商行海河办</td></tr>
</table>

托收金额	人民币（大写）柒万伍仟元整	千	百	十	万	千	百	十	元	角	分
				¥	7	5	0	0	0	0	

汇款用途：购专利技术	留行待取预留收款人印鉴

上列款项已代进账，如有错误，请持此联来行面洽。 汇入行盖章 2009 年 11 月 7 日	上列款项已照收无误。 收款人盖章 年　月　日	科目（付） 对方科目（收） 汇入行解汇日期 年　月　日 复核　出纳　记账

此联是给收款人的收账通知或代取款收据

委邮　委托银行收款　结算凭证（回单联） 1 第 968 号

委托号码：9802467

委托日期：2009 年 12 月 2 日

<table>
<tr><td rowspan="3">收款人</td><td>全称</td><td colspan="3">东方化妆品有限公司</td><td rowspan="3">付款人</td><td>全称</td><td>上海同里商厦</td></tr>
<tr><td>账号</td><td colspan="3">457493-2</td><td>账号或地址</td><td>674235-1</td></tr>
<tr><td>开户银行</td><td>工商行江平办</td><td>行号</td><td>0193</td><td>开户银行</td><td>工商行沪同里办</td></tr>
</table>

委托金额	人民币（大写）捌拾捌万零伍佰元整	千	百	十	万	千	百	十	元	角	分
			¥	8	8	0	5	0	0	0	

款项内容	销货款，代垫运费	委托收款凭据名称	销货发票，运费单	附寄单证张数	3

备注：	款项收妥日期	收款人开户行盖章　12 月 2 日

单位主管：张飞　会计：葛亮　复核：关雨　记账：王武

此联是收款单位开户银行给收款单位的回单

中华人民共和国

税收缴款书　地（2002）苏地税缴 646514 号

隶属关系：地方　经济类型：国有　填发日期：2009 年 12 月 30 日　征收机关：三湘市地税局

缴款单位	代码	8314	预算	款	工商税收
	全称	东方化妆品有限公司	科	项	企业所得税
	开户银行	工商银行江平办	目	级次	市级
	账号	457493-2	收缴国库		市国库
税款所属时期 2008 年度　月　日			税款限缴日期 2009 年 4 月 30 日		

品目名称	课税数量	计税金额或销售收入	税率或单位税额	已缴或扣除额	实缴税额									
					千	百	十	万	千	百	十	元	角	分
企业所得税		188 088	2‰				1	8	8	0	8	8	0	0
加收滞纳金							1	2	0	0	0	0	0	0
金额合计	（大写）⊕叁拾万捌仟零佰捌拾捌元					￥	3	0	8	0	8	8	0	0

缴款单位(人) (盖章) 经办人(章)	税务机关 (盖章) 填票人(章)	上列款项已收妥并划转收款单位账户 国库(银行)盖章 年　月　日	备注：

无银行收讫章无效

第一联(收据)国库(经收处)收款盖章后退缴款单位(人)作完税凭证

缴款单位所属行业　化工

某银行现金收入传票

(贷)________________　　年　月　日　　总字第　号

(借)库存现金__________　　字第　号

户名或账号	摘要	金额										
		亿	千	百	十	万	千	百	十	元	角	分
合　计												

会计　　出纳　　复核　　记账

某银行现金付出传票

(借)____________　　　　年　月　日　　　　总字第　　号

(贷)库存现金____________　　　　　　　　　字第　　号

户名或账号	摘要	金额										
		亿	千	百	十	万	千	百	十	元	角	分
合　计												

会计　　　　出纳　　　　复核　　　　记账

某银行转账借方传票

总字第　号

字第　号

科目(借)	年月日	对方科目					(贷)					
户名或账号	摘要	金额										
		亿	千	百	十	万	千	百	十	元	角	分

会计　　　　复核　　　　记账

某银行转账贷方传票

总字第　号

字第　号

科目(贷)	年月日	对方科目					(借)					
户名或账号	摘要	金额										
		亿	千	百	十	万	千	百	十	元	角	分

会计　　　　复核　　　　记账

某银行特种转账借方传票

年　　月　　日　　　　　　　　总字第　　号

字第　　号

<table>
<tr><td rowspan="3">付款人</td><td>全称</td><td colspan="3"></td><td rowspan="3">收款人</td><td colspan="4">全称</td><td colspan="5"></td></tr>
<tr><td>账号</td><td colspan="3"></td><td colspan="4">账号或地址</td><td colspan="5"></td></tr>
<tr><td>开户银行</td><td></td><td>行号</td><td></td><td colspan="4">开户银行</td><td colspan="2"></td><td colspan="2">行号</td><td></td></tr>
<tr><td colspan="2" rowspan="2">金额</td><td colspan="3" rowspan="2">人民币(大写)</td><td>千</td><td>百</td><td>十</td><td>万</td><td>千</td><td>百</td><td>十</td><td>元</td><td>角</td><td>分</td></tr>
<tr><td></td><td></td><td></td><td></td><td></td><td></td><td></td><td></td><td></td><td></td></tr>
<tr><td colspan="2">原凭证金额</td><td></td><td>赔偿金</td><td></td><td colspan="10" rowspan="3">科目(借)
对方科目(贷)

会计　　　　复核　　　　记账</td></tr>
<tr><td colspan="2">原凭证名称</td><td></td><td>号码</td><td></td></tr>
<tr><td>转账原因</td><td colspan="2">银行盖章</td><td colspan="2"></td></tr>
</table>

某银行特种转账贷方传票

年　　月　　日　　　　　　　　总字第　　号

字第　　号

<table>
<tr><td rowspan="3">付款人</td><td>全称</td><td colspan="3"></td><td rowspan="3">收款人</td><td colspan="4">全称</td><td colspan="5"></td></tr>
<tr><td>账号</td><td colspan="3"></td><td colspan="4">账号或地址</td><td colspan="5"></td></tr>
<tr><td>开户银行</td><td></td><td>行号</td><td></td><td colspan="4">开户银行</td><td colspan="2"></td><td colspan="2">行号</td><td></td></tr>
<tr><td colspan="2" rowspan="2">金额</td><td colspan="3" rowspan="2">人民币(大写)</td><td>千</td><td>百</td><td>十</td><td>万</td><td>千</td><td>百</td><td>十</td><td>元</td><td>角</td><td>分</td></tr>
<tr><td></td><td></td><td></td><td></td><td></td><td></td><td></td><td></td><td></td><td></td></tr>
<tr><td colspan="2">原凭证金额</td><td></td><td>赔偿金</td><td></td><td colspan="10" rowspan="3">科目(借)
对方科目(贷)

会计　　　　复核　　　　记账</td></tr>
<tr><td colspan="2">原凭证名称</td><td></td><td>号码</td><td></td></tr>
<tr><td>转账原因</td><td colspan="2">银行盖章</td><td colspan="2"></td></tr>
</table>

某银行外汇买卖借方传票

年　　月　　日　　　　　　　　　　总字第　号

(借)外汇买卖　　　　　　　　　　　　　字第　号

外币金额													牌价	人民币金额												
百	十	亿	千	百	十	万	千	百	十	元	角	分		百	十	亿	千	百	十	万	千	百	十	元	角	分
摘要														会计 复核 记账 制票												

某银行外汇买卖贷方传票

年　　月　　日　　　　　　　　　　总字第　号

(贷)外汇买卖　　　　　　　　　　　　　字第　号

外币金额													牌价	人民币金额												
百	十	亿	千	百	十	万	千	百	十	元	角	分		百	十	亿	千	百	十	万	千	百	十	元	角	分
摘要														会计 复核 记账 制票												

某银行表外科目付出转票

年　　月　　日　　　　　　　　　　总字第　号

字第　号

户名	摘要	表外科目代号	金　额										
			亿	千	百	十	万	千	百	十	元	角	分

会计　　　　日记账　　　　复核　　　　记账　　　　保管　　　　经手

某银行表外科目收入转票

年　　月　　日　　　　　　　　总字第　号

科目__________　　　　　　　　字第　号

户名	摘要	表外科目代号	金额										
			亿	千	百	十	万	千	百	十	元	角	分

会计　　　日记账　　　复核　　　记账　　　保管　　　经手

附录三：纳税申报资料式样(部分)

纳税人纳税申报资料是非常多的，理由有多方面：(1)我国有18个税种，尽管不是所有纳税人在所有纳税期间都会涉及18个税种，但是对于一般的纳税人而言，增值税、企业所得税是非常常见的。因为所有的营利性组织都要靠在市场经济中“卖”商品(劳务、服务、不动产等)、“买”商品(劳务、服务、不动产等)而生存，这样就会涉及增值税和企业所得税(有的甚至还有其他的税费)。(2)我国在2021年修订的“《中华人民共和国企业所得税年度纳税申报表(A类，2017年版)》部分表单及填报说明”①的文字资料几乎相当于1本书，字数达到近14万字，各种表格有37个左右(尽管并非每个企业都会涉及其中的37个表格)。因此，笔者挑选了比较重要的纳税申报资料式样，以飨读者。

一、增值税及附加税费申报表系列

(一)(一般纳税人适用)

1. 主表

根据国家税收法律法规及增值税相关规定制定本表。纳税人不论有无销售额，均应按税务机关核定的纳税期限填写本表，并向税务机关填报。

---

① 2017年版的《中华人民共和国企业所得税年度纳税申报表(A类)》表单及填报说明(2021年修订)的资料的内容庞杂，从Microsoft的Word统计出来的字数达到接近14万字。可以从网上下载的链接可能会很多，笔者下载的网址为：https://view.officeapps.live.com/op/view.aspx? src=https%3A%2F%2Fhainan.chinatax.gov.cn%2Fu%2Fcms%2Fwww%2F202203%2F04101306ydk9.doc&wdOrigin=BROWSELINK。

税款所属时间：自　　年　　月　　日至　　年　　月　　日　填表日期：　　年　　月　　日　金额单位：元(列至角分)

纳税人识别号(统一社会信用代码)□□□□□□□□□□□□□□□□□□□□　所属行业：

<table>
<tr><td colspan="2">纳税人名称</td><td>法定代表人姓名</td><td></td><td>注册地址</td><td></td><td>生产经营地址</td><td></td></tr>
<tr><td colspan="2">开户银行及账号</td><td></td><td>登记注册类型</td><td></td><td></td><td>电话号码</td><td></td></tr>
<tr><td colspan="2" rowspan="2">项　目</td><td rowspan="2">栏次</td><td colspan="2">一般项目</td><td colspan="2">即征即退项目</td></tr>
<tr><td>本月数</td><td>本年累计</td><td>本月数</td><td>本年累计</td></tr>
<tr><td rowspan="10">销售额</td><td>(一)按适用税率征税货物及劳务销售额</td><td>1</td><td></td><td></td><td></td><td></td></tr>
<tr><td>其中：应税货物销售额</td><td>2</td><td></td><td></td><td></td><td></td></tr>
<tr><td>应税劳务销售额</td><td>3</td><td></td><td></td><td></td><td></td></tr>
<tr><td>纳税检查调整的销售额</td><td>4</td><td></td><td></td><td></td><td></td></tr>
<tr><td>(二)按简易征收办法征税货物销售额</td><td>5</td><td></td><td></td><td></td><td></td></tr>
<tr><td>其中：纳税检查调整的销售额</td><td>6</td><td></td><td></td><td></td><td></td></tr>
<tr><td>(三)免、抵、退办法出口货物销售额</td><td>7</td><td></td><td></td><td>—</td><td>—</td></tr>
<tr><td>(四)免税销售额</td><td>8</td><td></td><td></td><td>—</td><td>—</td></tr>
<tr><td>其中：免税货物销售额</td><td>9</td><td></td><td></td><td>—</td><td>—</td></tr>
<tr><td>免税劳务销售额</td><td>10</td><td></td><td></td><td>—</td><td>—</td></tr>
<tr><td rowspan="4">税款计算</td><td>销项税额</td><td>11</td><td></td><td></td><td></td><td></td></tr>
<tr><td>进项税额</td><td>12</td><td></td><td></td><td></td><td></td></tr>
<tr><td>上期留抵税额</td><td>13</td><td></td><td>—</td><td></td><td>—</td></tr>
<tr><td>进项税额转出</td><td>14</td><td></td><td></td><td></td><td></td></tr>
</table>

续表

税款计算	免、抵、退应退税额	15			—	—
	按适用税率计算的纳税检查应补缴税额	16			—	—
	应抵扣税额合计	17=12+13-14-15+16		—		—
	实际抵扣税额	18(如 17<11，则为 17，否则为 11)				
	应纳税额	19=11-18				
	期末留抵税额	20=17-18		—		—
	简易征收办法计算的应纳税额	21				
	按简易征收办法计算的纳税检查应补缴税额	22			—	—
	应纳税额减征额	23				
	应纳税额合计	24=19+21-23				
税款缴纳	期初未缴税额(多缴为负数)	25				
	实收出口开具专用缴款书退税额	26			—	—
	本期已缴税额	27=28+29+30+31				
	①分次预缴税额	28		—		—
	②出口开具专用缴款书预缴税额	29		—	—	—
	③本期缴纳上期应纳税额	30				
	④本期缴纳欠缴税额	31				

续表

税款缴纳	期末未缴税额(多缴为负数)	32＝24+25+26−27				
	其中：欠缴税额(≥0)	33＝25+26−27		—		—
	本期应补(退)税额	34＝24−28−29		—		—
	即征即退实际退税额	35	—	—		
	期初未缴查补税额	36			—	—
	本期入库查补税额	37			—	—
	期末未缴查补税额	38＝16+22+36−37			—	—
附加税费	城市维护建设税本期应补(退)税额	39			—	—
	教育费附加本期应补(退)税额	40			—	—
	地方教育附加本期应补(退)税额	41			—	—

声明：此表是根据国家税收法律法规及相关规定填写的，本人(单位)对填报内容(及附带资料)的真实性、可靠性、完整性负责。

纳税人(签章)：　　年　月　日

经办人： 经办人身份证号： 代理机构签章： 代理机构统一社会信用代码：	受理人： 受理税务机关(章)：　受理日期：　年　月　日

2. 附列资料一(本期销售情况明细)

税款所属时间：自　　年　　月　　日至　　年　　月　　日

纳税人名称：(公章)　　　　　　　　　　　　　　　　金额单位：元(列至角分)

项目及栏次				开具增值税专用发票		开具其他发票		未开具发票		纳税检查调整		合计			服务、不动产和无形资产扣除项目本期实际扣除金额	扣除后	
				销售额	销项(应纳)税额	销售额	销项(应纳)税额	销售额	销项(应纳)税额	销售额	销项(应纳)税额	销售额	销项(应纳)税额	价税合计		含税(免税)销售额	销项(应纳)税额
				1	2	3	4	5	6	7	8	9=1+3+5+7	10=2+4+6+8	11=9+10	12	13=11-12	14=13÷(100%+税率或征收率)×税率或征收率
一、一般计税方法计税	全部征税项目	13%税率的货物及加工修理修配劳务	1											—	—	—	—
		13%税率的服务、不动产额无形资产	2														
		9%税率的货物及加工修理修配劳务	3											—	—	—	—

一、一般计税方法计税	全部征税项目	9%税率的服务、不动产额无形资产	4														
		6%税率	5														
	其中：即征即退项目	即征即退货物及加工修理修配劳务	6	—	—	—	—	—	—	—	—			—	—	—	—
		即征即退服务、不动产额无形资产	7	—	—	—	—	—	—	—	—						
二、简易计税方法计税	全部征税项目	6%征收率	8							—	—			—	—	—	—
		5%征收率的货物及加工修理修配劳务	9a							—	—			—	—	—	—
		5%征收率的服务、不动产额无形资产	9b							—	—						
		4%征收率	10							—	—			—	—	—	—

二、简易计税方法计税	全部征税项目	3%征收率的货物及加工修理修配劳务	11							—	—			—	—	—	—
		3%征收率的服务、不动产和无形资产	12							—	—						
		预征率%	13a							—	—						
		预征率%	13b							—	—						
		预征率%	13c							—	—						
	其中：即征即退项目	即征即退货物及加工修理修配劳务	14	—	—	—	—	—	—	—	—			—	—	—	—
		即征即退服务、不动产和无形资产	15	—	—	—	—	—	—	—	—						
三、免抵退税	货物及加工修理修配劳务		16	—	—		—		—	—	—		—	—	—	—	—
	服务、不动产和无形资产		17	—	—		—		—	—	—		—				—
四、免税	货物及加工修理修配劳务		18				—		—	—	—		—	—	—	—	—
	服务、不动产和无形资产		19	—	—		—		—	—	—		—				—

3. 附列资料二(本期进项税额明细)

税款所属时间：自　　年　　月　　日至　　年　　月　　日

纳税人名称：(公章)　　　　金额单位：　元(列至角分)

一、申报抵扣的进项税额

项目	栏次	份数	金额	税额
(一)认证相符的增值税专用发票	1=2+3			
其中：本期认证相符且本期申报抵扣	2			
前期认证相符且本期申报抵扣	3			
(二)其他扣税凭证	4=5+6+7+8a+8b			
其中：海关进口增值税专用缴款书	5			
农产品收购发票或者销售发票	6			
代扣代缴税收缴款凭证	7		—	
加计扣除农产品进项税额	8a	—	—	
其他	8b			
(三)本期用于购建不动产的扣税凭证	9			
(四)本期用于抵扣的旅客运输服务扣税凭证	10			
(五)外贸企业进项税额抵扣证明	11	—	—	
当期申报抵扣进项税额合计	12=1+4+11			

二、进项税转出额

项目	栏次	税额
本期进项税额转出额	13=14至23之和	
其中：免税项目用	14	
集体福利、个人消费	15	

项目	栏次	税额
非正常损失	16	
简易计税方法征税项目用	17	
免抵退税办法不得抵扣的进项税额	18	
纳税检查调减进项税额	19	
红字专用发票信息表注明的进项税额	20	
上期留抵税额抵减欠税	21	
上期留抵税额退税	22	
异常凭证转出进项税额	23a	
其他应作进项税额转出的情形	23b	

三、待抵扣进项税额

项目	栏次	份数	金额	税额
(一)认证相符的增值税专用发票	24	—	—	—
期初已认证相符但未申报抵扣	25			
本期认证相符且本期未申报抵扣	26			
期末已认证相符但未申报抵扣	27			
其中：按照税法规定不允许抵扣	28			
(二)其他扣税凭证	29＝30至33之和			
其中：海关进口增值税专用缴款书	31			
农产品收购发票或者销售发票	32		—	
其他	33			
	34			

四、其他

项目	栏次	份数	金额	税额
本期认证相符的增值税专用发票	35			
代扣代缴税额	36	—	—	

4. 附列资料三(服务、不动产和无形资产扣除项目明细)

税款所属时间：自　　年　　月　　日至　　年　　月　　日

纳税人名称：(公章)　　　　金额单位：　元(列至角分)

项目及栏次		本期服务、不动产和无形资产价税合计额(免税销售额)	服务、不动产和无形资产扣除项目				
			期初余额	本期发生额	本期应扣除金额	本期实际扣除金额	期末余额
		1	2	3	4=2+3	5(5≤1且5≤4)	6=4+5
13%税率的项目	1						
9%税率的项目	2						
6%税率的项目(不含金融商品转让)	3						
6%税率的金融商品转让项目	4						
5%征收率的项目	5						
3%征收率的项目	6						
免抵退税的项目	7						
免税的项目	8						

5. 附列资料四(税额抵减情况表)

税款所属时间：自　　年　　月　　日至　　年　　月　　日

纳税人名称：(公章)　　　　金额单位：元(列至角分)

一、税额抵减情况

序号	抵减项目	期初余额	本期发生额	本期应抵减税额	本期实际抵减税额	期末余额
		1	2	3	4≤3	5=3−4
1	增值税税控系统专用设备费及技术维护费					
2	分支机构预征缴纳税款					
3	建筑服务预征缴纳税款					
4	销售不动产预征缴纳税款					
5	出租预征缴纳税款					

二、加计抵减情况

序号	加计抵减项目	期初余额	本期发生额	本期调减额	本期可抵减额	本期实际抵减额	期末余额
		1	2	3	4=1+2−3	5	6=4−5
6	一般项目加计抵减额计算						
7	即征即退项目加计抵减额计算						
8	合计						

6. 附列资料五(附加税费情况表)

税款所属时间：自　　年　　月　　日至　　年　　月　　日

纳税人名称：(公章)　　　　　　　　　　　　金额单位：元(列至角分)

税(费)种		计税(费)依据			税(费)率(%)	本期应纳税(费)额	本期减免税(费)额		试点建设培育产教融合型企业		本期已缴税(费)额	本期应补(退)税(费)额
		增值税税额	增值税免抵税额	留抵退税本期扣除额			减免性质代码	减免税(费)额	减免性质代码	本期抵免金额		
		1	2	3	4	5=(1+2-3)×4	6	7	8	9	10	11=5-7-9-10
城市维护建设税	1								—	—		
教育费附加	2											
地方教育附加	3											
合计	4	—	—	—	—		—		—			
本期是否适用试点建设培育产教融合型企业抵免政策					□是□否	当期新增投资额				5		
						上期留抵可抵免金额				6		
						结转下期可抵免金额				7		
可用于扣除的增值税留抵退税额使用情况						当期新增可用于扣除的留抵退税额				8		
						上期结存可用于扣除的留抵退税额				9		
						结转下期可用于扣除的留抵退税额				10		

7.（增值税减免税申报明细表）

税款所属时间：自　　年　　月　　日至　　年　　月　　日

纳税人名称：（公章）　　　　金额单位：元(列至角分)

一、减税项目

减税性质代码及名称	栏次	期初余额	本期发生额	本期应抵减税额	本期实际抵减税额	期末余额
		1	2	3＝1+2	4≤3	5＝3−4
合计	1					
	2					
	3					
	4					
	5					
	6					

二、免税项目

免税性质代码及名称	栏次	免征增值税项目销售额	免税销售额扣除项目本期实际扣除金额	扣除后免税销售额	免税销售额对应的进项税额	免税额
		1	2	3＝1−2	4	5
合计	7					
出口免税	8		—	—	—	
其中：跨境服务	9		—	—	—	
	10				—	
	11				—	
	12				—	
	13				—	
	14				—	
	15				—	
	16				—	

(二)(小规模纳税人适用)

1. 主表

纳税人识别号(统一社会信用代码)□□□□□□□□□□□□□□□□□□□□ 所属行业：

纳税人名称： 金额单位：元(列至角分)

税款所属时间：自 年 月 日至 年 月 日 填表日期： 年 月 日

	项目	栏次	本期数		本年累计	
			货物及劳务	服务、不动产和无形资产	货物及劳务	服务、不动产和无形资产
一、计税依据	(一)应征增值税不含税销售额(3%征收率)	1				
	增值税专用发票不含税销售额	2				
	其他增值税发票不含税销售额	3				
	(二)应征增值税不含税销售额(5%征收率)	4	—		—	
	增值税专用发票不含税销售额	5	—		—	
	其他增值税发票不含税销售额	6	—		—	
	(三)销售使用过的固定资产不含税销售额	7(7≥8)		—		—
	其中：其他增值税发票不含税销售额	8		—		—
	(四)免税销售额	9=10+11+12				
	其中：小微企业免税销售额	10				
	未达起征点销售额	11				
	其他免税销售额	12				
	(五)出口免税销售额	13(13≥14)				
	其中：其他增值税发票不含税销售额	14				

二、税款计算	本期应纳税额	15				
	本期应纳税额减征额	16				
	本期免税额	17				
	其中：小微企业免税额	18				
	未达起征点免税额	19				
	应纳税额合计	20=15-16				
	本期预缴税额	21			—	—
	本期应补(退)税额	22=20-21			—	—
三、附加税额	城市维护建设税本期应补(退)税额	23				
	教育费附加本期应补(退)税额	24				
	地方教育附加本期应补(退)税额	25				

声明：此表是根据国家税收法律法规及相关规定填写的，本人(单位)对填报内容(及附带资料)的真实性、可靠性、完整性负责。

纳税人(签章)：　　　　年　月　日

经办人： 经办人身份证号： 代理机构签章： 代理机构统一社会信用代码：	受理人： 受理税务机关(章)：　受理日期：　年　月　日

2.（小规模纳税人适用）附列资料一（服务、不动产和无形资产扣除项目明细）

税款所属时间：自　　年　　月　　日至　　年　　月　　日　　　　填表日期：　年　月　日

纳税人名称：（公章）　　　　金额单位：元（列至角分）

应税行为（3%征收率）扣除额计算

期初余额	本期发生额	本期扣除额	期末余额
1	2	3（3≤1+2 之和，且 3≤5）	4=1+2−3

应税行为（3%征收率）计税销售额计算

全部含税收入（适用 3%征收率）	本期扣除额	含税销售额	不含税销售额
5	6=3	7=5−6	8=7÷1.03①

应税行为（5%征收率）扣除额计算

期初余额	本期发生额	本期扣除额	期末余额
9	10	11（11≤9+10 之和，且 11≤13）	12=9+10−11

应税行为（5%征收率）计税销售额计算

全部含税收入（适用 5%征收率）	本期扣除额	含税销售额	不含税销售额
13	14=11	15=13−14	16=15÷1.05②

① 读者请注意，这里的等式的意思是第 8 列=第 7 列÷1.03。

② 读者请注意，这里的等式的意思是第 16 列=第 15 列÷1.05。

3.（小规模纳税人适用）附列资料二(附加税费情况表)

税款所属时间：自　　年　　月　　日至　　年　　月　　日　　　　填表日期：　年　月　日

纳税人名称：(公章)　　　　　　　　　　　　　　　　　　　　　金额单位：元(列至角分)

税(费)种	计税(费)依据	税(费)率(%)	本期应纳税(费)额	本期减免税(费)额		增值税小规模纳税人“6税2费”减征政策		本期已缴税(费)额	本期应补(退)税(费)额
	增值税税额			减免性质代码	减免税(费)额	减征比例(%)	减征额		
	1	2	3=1×2	4	5	6	7=(3-5)×6	8	9=3-5-7-8
城市维护建设税									
教育费附加									
地方教育附加									
合计	—	—		—		—			

二、企业所得税年度纳税申报表(A类，2017年版)系列

企业所得税年度纳税申报表填报表单

表单编号	表单名称	是否填报
A000000	企业所得税年度纳税申报基础信息表	√
A100000	中华人民共和国企业所得税年度纳税申报表(A类)	√
A101010	一般企业收入明细表	□
A101020	金融企业收入明细表	□

续表

表单编号	表单名称	是否填报
A102010	一般企业成本支出明细表	□
A102020	金融企业支出明细表	□
A103000	事业单位、民间非营利组织收入、支出明细表	□
A104000	期间费用明细表	□
A105000	纳税调整项目明细表	□
A105010	视同销售和房地产开发企业特定业务纳税调整明细表	□
A105020	未按权责发生制确认收入纳税调整明细表	□
A105030	投资收益纳税调整明细表	□
A105040	专项用途财政性资金纳税调整明细表	□
A105050	职工薪酬支出及纳税调整明细表	□
A105060	广告费和业务宣传费等跨年度纳税调整明细表	□
A105070	捐赠支出及纳税调整明细表	□
A105080	资产折旧、摊销及纳税调整明细表	□
A105090	资产损失税前扣除及纳税调整明细表	□
A105100	企业重组及递延纳税事项纳税调整明细表	□
A105110	政策性搬迁纳税调整明细表	□
A105120	贷款损失准备金及纳税调整明细表	□
A106000	企业所得税弥补亏损明细表	□
A107010	免税、减计收入及加计扣除优惠明细表	□
A107011	符合条件的居民企业之间的股息、红利等权益性投资收益优惠明细表	□
A107012	研发费用加计扣除优惠明细表	□
A107020	所得减免优惠明细表	□

续表

表单编号	表单名称	是否填报
A107030	抵扣应纳税所得额明细表	□
A107040	减免所得税优惠明细表	□
A107041	高新技术企业优惠情况及明细表	□
A107042	软件、集成电路企业优惠情况及明细表	□
A107050	税额抵免优惠明细表	□
A108000	境外所得税收抵免明细表	□
A108010	境外所得纳税调整后所得明细表	□
A108020	境外分支机构弥补亏损明细表	□
A108030	跨年度结转抵免境外所得税明细表	□
A109000	跨地区经营汇总纳税企业年度分摊企业所得税明细表	□
A109010	企业所得税汇总纳税分支机构所得税分配表	□
说明：企业应当根据实际情况选择需要填报的表单。		

A000000 企业所得税年度纳税申报基础信息表

基本经营情况(必填项目)			
101 纳税申报企业类型(填写代码)		102 分支机构就地纳税比例(%)	
103 资产总额(填写平均值，单位：万元)		104 从业人数(填写平均值，单位：人)	
105 所属国民经济行业(填写代码)		106 从事国家限制或禁止行业	□是□否
107 适用会计准则或会计制度(填写代码)		108 采用一般企业财务报表格式(2019 年版)	□是□否
109 小型微利企业	□是□否	110 上市公司	是(□境内□境外)□否

有关涉税事项情况(存在或者发生下列事项时必填)			
201 从事股权投资业务	□是	202 存在境外关联交易	□是
203 境外所得信息	203-1 选择采用的境外所得抵免方式	□分国(地区)不分项　□不分国(地区)不分项	
	203-2 新增境外直接投资信息	□是(产业类别：□旅游业□现代服务业□高新技术产业)	
204 有限合伙制创业投资企业的法人合伙人	□是	205 创业投资企业	□是
206 技术先进型服务企业类型(填写代码)		207 非营利组织	□是
208 软件、集成电路企业类型(填写代码)		209 集成电路生产项目类型	□130 纳米□65 纳米□28 纳米
210 科技型中小企业	210-1_ 年(申报所属期年度)入库编号 1		210-2 入库时间 1
	210-3_ 年(所属期下一年度)入库编号 2		210-4 入库时间 2
211 高新技术企业申报所属期年度有效的高新技术企业证书	211-1 证书编号 1		211-2 发证时间 1
	211-3 证书编号 2		211-4 发证时间 2
212 重组事项税务处理方式	□一般性□特殊性	213 重组交易类型(填写代码)	
214 重组当事方类型(填写代码)		215 政策性搬迁开始时间	_ 年_ 月
216 发生政策性搬迁且停止生产经营无所得年度	□是	217 政策性搬迁损失分期扣除年度	□是
218 发生非货币性资产对外投资递延纳税事项	□是	219 非货币性资产对外投资转让所得递延纳税年度	□是
220 发生技术成果投资入股递延纳税事项	□是	221 技术成果投资入股递延纳税年度	□是
222 发生资产(股权)划转特殊性税务处理事项	□是	223 债务重组所得递延纳税年度	□是
224 研发支出辅助账样式	□2015 版　□2021 版　□自行设计		

主要股东及分工情况(必填项目)					
股东名称	证件种类	证件号码	投资比例(%)	当年(决议日)分配的股息、红利等权益性投资收益金额	国籍(注册地址)
其余股东合计	—	—			—

A100000 中华人民共和国企业所得税年度纳税申报表(A类)

行次	类别	项 目	金 额
1	利润总额计算	一、营业收入(填写A101010\101020\103000)	
2		减：营业成本(填写A102010\102020\103000)	
3		减：税金及附加	
4		减：销售费用(填写A104000)	
5		减：管理费用(填写A104000)	
6		减：财务费用(填写A104000)	
7		减：资产减值损失	
8		加：公允价值变动收益	
9		加：投资收益	

续表

行次	类别	项 目	金 额
10	利润总额计算	二、营业利润(1-2-3-4-5-6-7+8+9)	
11		加：营业外收入(填写 A101010\101020\103000)	
12		减：营业外支出(填写 A102010\102020\103000)	
13		三、利润总额(10+11-12)	
14	应纳税所得额计算	减：境外所得(填写 A108010)	
15		加：纳税调整增加额(填写 A105000)	
16		减：纳税调整减少额(填写 A105000)	
17		减：免税、减计收入及加计扣除(填写 A107010)	
18		加：境外应税所得抵减境内亏损(填写 A108000)	
19		四、纳税调整后所得(13-14+15-16-17+18)	
20		减：所得减免(填写 A107020)	
21		减：弥补以前年度亏损(填写 A106000)	
22		减：抵扣应纳税所得额(填写 A107030)	
23		五、应纳税所得额(19-20-21-22)	
24	应纳税额计算	税率(25%)	
25		六、应纳所得税额(23×24)	
26		减：减免所得税额(填写 A107040)	
27		减：抵免所得税额(填写 A107050)	
28		七、应纳税额(25-26-27)	
29		加：境外所得应纳所得税额(填写 A108000)	
30		减：境外所得抵免所得税额(填写 A108000)	

续表

行次	类别	项 目	金 额
31	应纳税额计算	八、实际应纳所得税额(28+29-30)	
32		减：本年累计实际已缴纳的所得税额	
33		九、本年应补(退)所得税额(31-32)	
34		其中：总机构分摊本年应补(退)所得税额(填写 A109000)	
35		财政集中分配本年应补(退)所得税额(填写 A109000)	
36		总机构主体生产经营部门分摊本年应补(退)所得税额(填写 A109000)	
37	实际应纳税额计算	减：民族自治地区企业所得税地方分享部分：(□ 免征 □ 减征：减征幅度__ %)	
38		十、本年实际应补(退)所得税额(33-37)	

A105000 纳税调整项目明细表

行次	项 目	账载金额	税收金额①	调增金额	调减金额
		1	2	3	4
1	一、收入类调整项目(2+3+……8+10+11)	*	*		
2	(一)视同销售收入(填写 A105010)	*			*
3	(二)未按权责发生制原则确认的收入(填写 A105020)				
4	(三)投资收益(填写 A105030)				
5	(四)按权益法核算长期股权投资对初始投资成本调整确认收益	*	*	*	

① 《中华人民共和国企业所得税年度纳税申报表(A类，2017年版)》部分表单及填报说明(2021年修订)文件中的“税收金额”可能用词不准，作者认为应为“计税基础”。

续表

行次	项　　目	账载金额	税收金额	调增金额	调减金额
6	(五)交易性金融资产初始投资调整	*	*		*
7	(六)公允价值变动净损益		*		
8	(七)不征税收入	*	*		
9	其中：专项用途财政性资金(填写 A105040)	*	*		
10	(八)销售折扣、折让和退回				
11	(九)其他				
12	二、扣除类调整项目(13+14+……24+26+27+28+29+30)	*	*		
13	(一)视同销售成本(填写 A105010)	*		*	
14	(二)职工薪酬(填写 A105050)				
15	(三)业务招待费支出				*
16	(四)广告费和业务宣传费支出(填写 A105060)	*	*		
17	(五)捐赠支出(填写 A105070)				
18	(六)利息支出				
19	(七)罚金、罚款和被没收财物的损失		*		*
20	(八)税收滞纳金、加收利息		*		*
21	(九)赞助支出		*		*
22	(十)与未实现融资收益相关在当期确认的财务费用				

续表

行次	项　　目	账载金额	税收金额	调增金额	调减金额
23	（十一）佣金和手续费支出（保险企业填写 A105060）				
24	（十二）不征税收入用于支出所形成的费用	*	*		*
25	其中：专项用途财政性资金用于支出所形成的费用（填写 A105040）	*	*		*
26	（十三）跨期扣除项目				
27	（十四）与取得收入无关的支出		*		*
28	（十五）境外所得分摊的共同支出	*	*		*
29	（十六）党组织工作经费				
30	（十七）其他				
31	三、资产类调整项目（32+33+34+35）	*	*		
32	（一）资产折旧、摊销（填写 A105080）				
33	（二）资产减值准备金		*		
34	（三）资产损失（填写 A105090）	*	*		
35	（四）其他				
36	四、特殊事项调整项目（37+38+……43）	*	*		
37	（一）企业重组及递延纳税事项（填写 A105010）				
38	（二）政策性变迁（填写 A105110）	*	*		
39	（三）特殊行业准备金（39.1+39.2+39.4+39.5+39.6+39.7）	*	*		

续表

行次	项　目	账载金额	税收金额	调增金额	调减金额
39.1	1. 保险公司保险保障基金				
39.2	2. 保险公司准备金				
39.3	其中：已发生未报案未决赔款准备金				
39.4	3. 证券行业准备金				
39.5	4. 期货行业准备金				
39.6	5. 中小企业融资(信用)担保机构准备金				
39.7	6. 金融企业、小额贷款公司准备金(填写 A105120)	*	*		
40	(四)房地产开发企业特定业务计算的纳税调整额(填写 A105010)	*			
41	(五)合伙企业法人合伙人应分得的应纳税所得额				
42	(六)发行永续债利息支出				
43	(七)其他	*	*		
44	五、特别纳税调整应税所得	*	*		
45	六、其他	*	*		
46	合计(1+12+31+36+44+45)	*	*		

附录四　常见审计、税务稽查术语

一、审计部分

审计(中国式)——财务报表审计的目标是注册会计师通过执行审计工作，对财务报表的下列方面发表审计意见：(一)财务报表是否按照适用的会计准则和相关会计制度的规定编制；(二)财务报表是否在所有重大方面公允反映被审计单位的财务状况、经营成果和现金流量。

财务报表——依据某一财务报告编制基础对被审计单位历史财务信息作出的结构性表述，包括相关附注，旨在反映某一时点的经济资源或义务或者某一时期经济资源或义务的变化。相关附注通常包括重要会计政策概要和其他解释性信息。财务报表通常是指整套财务报表，有时也指单一财务报表。整套财务报表的构成应当根据适用的财务报告编制基础的规定确定。

财务报表审计——注册会计师对财务报表是否不存在重大错报提供合理保证，以积极方式提出意见，增强除管理层之外的预期使用者对财务报表信赖的程度。

审计准则——衡量注册会计师执行财务报表审计业务的权威性标准，涵盖从接受业务委托到出具审计报告的整个过程，注册会计师在执业过程中应当遵守审计准则的要求。《中华人民共和国注册会计师法》第 21 条规定，注册会计师执行审计业务，必须按照执业准则，规则确定的工作程序出具报告。第 35 条规定，中国注册会计师协会依法拟定注册会计师执业准则、规则，报国务院财政部门批准后施行。

认定——是指管理层在财务报表中作出的明确或隐含的表达，注册会计师将其用于考虑可能发生的不同类型的潜在错报。认定与审计目标密切相关，注册会计师的基本职责就是确定被审计单位管理层对其财务报表的认定是否恰当。注册会计师了解了认定，就很容易确定每个项目的具体审计目标。通过考虑可能发生的不同类型的潜在错报，注册会计师运用认定评估风险，并据此设计审计程序以应对评估的风险。

审计风险——是指当财务报表存在重大错报时，注册会计师发表不恰当审计意见的可能性。审计风险是一个与审计过程相关的技术术语，并不是指注册会计师执行业务的法律后果，如因诉讼、方面宣传或其他与财务报表审计相关的事项而导致损失的可能性。审计风险取决于重大错报风险和检查风险。

重大错报风险——财务报表在审计前存在重大错报的可能性。重大错报风险与被审计单位的风险相关，且独立于财务报表审计而存在。在设计审计程序以确定财务报表整体是否存在重大错报时，注册会计师应当从财务报表层次和各类交易、账户余额和披露认定层次方面考虑重大错报风险。《中国注册会计师审计准则第 1211 号——通过了解被审计单位及其环境识别和评估重大错报风险》对注册会计师如何评估财务报表层次和认定层次的重大错报风险提出了详细的要求。

固有风险——在考虑相关的内部控制之前，某类交易、账户余额或披露的某一认定易于发生错报（该错报单独或连同其他错报可能是重大的）的可能性。

控制风险——某类交易、账户余额或披露的某一认定发生错报，该错报单独或连同其他错报是重大的，但没有被内部控制及时防止或发现并纠正的可能性。控制风险取决于与财务报表编制有关的内部控制的设计和运行的有效性。由于控制的固有局限性，某种程度的控制风险始终存在。

内部控制①——是被审计单位为了合理保证财务报告的可靠性、经营的效率和效果以及对法律法规的遵守，由治理层、管理层和其他人员设计和执行的政策和程序。

检查风险——是指某一鉴证对象信息存在错报，该错报单独或连同其他错报是重大的，但注册会计师未能发现这种错报的可能性。

经营失败——是指企业由于经济或经营条件的变化，如经济衰退、不当的管理决策或出现意料之外的行业竞争等，而无法满足投资者的预期。经营失败的极端情况是申请破产。

审计失败——是指注册会计师由于没有遵守审计准则的要求而发表了错误的审计意见。例如，注册会计师可能指派了不合格的助理人员去执行审计任务，未能发现应当发现的财务报表中存在的重大错报。

重要性——是指鉴证对象信息中存在错报的严重程度。重要性取决于在具体环境下对错报金额和性质的判断。如果一项错报单独或连同其他错报可能影响预期使用者依据鉴证对象信息做出的经济决策，则该项错报是重大的。

过失——是指在一定条件下，缺少应具有的合理的谨慎。评价注册会计师的过失，是以其他合格注册会计师在相同条件下可做到的谨慎为标准的。

欺诈——又称舞弊，是以欺骗或坑害他人为目的的一种故意的错误行为。作案具有不良动机是欺诈的重要特征，也是欺诈与普通过失和重大过失的主要区别之一。

推定欺诈——又称涉嫌欺诈，是指虽无故意欺诈或坑害他人的动机，但却存在极端或异常的过失。

财务报表审计的账户法（account approach）——对报表的每个账户余额单独进行审计。

财务报表审计的循环法（cycle approach）——将财务报表分成几大块进行审计，即把紧密联系的交易种类（含事项）和账户余额归入同一块中。

---

①　2008 年 6 月 28 日，中国财政部会同证监会、审计署、银监会、保监会制定并印发《企业内部控制基本规范》（以下简称《基本规范》）；2010 年 4 月 26 日，财政部、证监会、审计署、银监会及保监会联合发布了《企业内部控制配套指引》（下称《配套指引》），其中包括 18 项《企业内部控制应用指引》（下称《应用指引》）、《企业内部控制评价指引》（下称《评价指引》）和《企业内部控制审计指引》（下称《审计指引》）。基本规范、应用指引、评价和审计指引三个类别构成一个相辅相成的整体，标志着适应我国企业实际情况、融合国际先进经验的中国企业内部控制规范体系基本建成。详细知识点介绍见 CPA 教材《公司战略与风险管理》（2023 年版）第七章“风险管理的流程、体系与方法”的第二节“风险管理体系”的第四部分“内部控制系统”（第 389～398 页）。

风险评估程序——是指注册会计师实施的了解被审计单位及其环境并识别和评估财务报表重大错报风险的程序。风险评估程序是必要程序。

审计证据——是指注册会计师为了得出审计结论、形成审计意见而使用的所有信息，包括财务报表依据的会计记录中含有的信息和其他信息。

审计的总体目标——在执行财务报表审计工作时，注册会计师的总体目标是：(1)对财务报表整体是否不存在由于舞弊或错误导致的重大错报获取合理保证，使得注册会计师能够对财务报表是否存在所有重大方面按照适用的财务报告编制基础编制发表审计意见；(2)按照审计准则的规定，根据审计结果对财务报表出具审计报告，并与管理层和治理层沟通。在任何情况下，如果不能获取合理保证，并且在审计报告中发表保留意见也不足以实现向预期使用者报告的目的，注册会计师应当按照审计准则的规定出具无法表示意见的审计报告，或者在法律法规允许的情况下终止审计业务或解除业务约定。

审计程序——是指注册会计师在审计过程中的某个时间，对将要获取的某类审计证据如何进行收集的详细指令。在涉及审计程序时，注册会计师通常使用规范的措辞或术语，以使审计人员能够准确理解和执行。例如，注册会计师为了验证 Y 公司应收账款 2016 年 12 月 31 日的存在，取得 Y 公司编制的应收账款明细账，对应收账款进行函证。

审计程序的目的——按审计程序的目的可将注册会计师为获取充分、适当的审计证据而实施的审计程序分为风险评估程序、控制测试(必要时或决定测试时)和实质性程序。

实质性程序——指注册会计师针对评估的重大错报风险实施的直接用以发现认定层次重大错报的审计程序，包括对各类交易、账户余额、列报的细节测试以及实质性分析程序。注册会计师实施的实质性程序应当包括下列与财务报表编制完成阶段相关的审计程序：(1)将财务报表与其所依据的会计分录相核对；(2)检查财务报表编制过程中做出的重大会计分录和其他会计调整。注册会计师对会计分录和其他会计调整检查的性质和范围，取决于被审计单位财务报告过程的性质和复杂程度以及由此产生的重大错报风险。注册会计师对重大错报风险的评估是一种判断，可能无法充分识别所有的重大错报风险，并且由于内部控制存在固有局限性，无论对重大错报风险的评估结果如何，注册会计师都应当针对所有重大的各类交易、账户余额、列报实施实质性程序。

细节测试——对各类交易、账户余额、列报的具体细节进行测试，目的在于直接识别财务报表认定是否存在错报。

审计工作底稿——是指注册会计师对制定的审计计划、实施的审计程序、获取的相关审计证据，以及得出的审计结论做出的记录。审计工作底稿是审计证据的载体，是注册会计师在审计过程中形成的审计工作记录和获取的资料。它形成于审计过程，也反映整个审计过程。

穿行测试——追踪交易在财务报告信息系统中的处理过程，即追踪交易从发生到记账的整个过程。

控制测试——指测试控制运行的有效性。只有存在下列情形之一，控制测试才是必要的：(1)在评估认定层次重大错报风险时，预期控制的运行是有效的，注册会计师应当实施控制测试以支持评估结果；(2)仅实施实质性程序不足以提供认定层次充分、适当的审计证据，注册会计师应当实施控制测试，以获取内部控制运行有效性的审计证据。

抽样风险——指注册会计师根据样本得出的结论，和对总体全部项目实施与样本同样的审计程序得出的结论存在差异的可能性。

信赖过度风险——属于控制测试中的一种风险。即推断的控制有效性高于其实际有效性的风险。该风险与审计的效果有关。如果注册会计师评估的控制有效性高于其实际有效性，从而导致评估的重大错报风险水平偏低，注册会计师可能不适当地减少从实质性程序中获取的证据，因此审计的有效性下降。对于注册会计师而言，信赖过度风险更容易导致注册会计师发表不恰当的审计意见，因而更应予以关注。

信赖不足风险——与信赖过度风险相反。信赖不足风险会降低审计效率。

误受风险——属于实施细节测试中的一种风险。即注册会计师推断某一重大错报不存在而实际上存在的风险。如果账面金额实际上存在重大错报而注册会计师认为其不存在重大错报，注册会计师通常会停止对该账面金额继续进行测试，并根据样本结果得出账面金额无重大错报的结论。与信赖过度风险类似，误受风险影响审计效果，容易导致注册会计师发表不恰当的审计意见，因此注册会计师更应予以关注。

误拒风险——与误受风险相反。误拒风险影响审计效率。

二、税务稽查部分

代开发票——指为与自己没有发生直接购销关系的他人开具发票的行为。此行为是严重的违法行为。对代开专用发票的，一律按票面所列货物的适用税率全额征补税款，并按《税收征收管理法》的规定按偷税给予处罚。对纳税人取得的代开增值税专用发票，不得作为增值税合法抵扣凭证抵扣进项税额。代开发票构成犯罪的，按全国人大常委会发布的《关于惩治虚开、伪造和非法出售增值税专用发票犯罪的决定》处以刑罚。

虚开发票——指在没有任何购销事实的前提下，为他人、为自己或让他人为自己或介绍他人开具发票的行为。此行为是严重的违法行为。对虚开专用发票的，一律按票面所列货物的适用税率全额征补税款，并按《税收征收管理法》的规定按偷税给予处罚。对纳税人取得的虚开增值税专用发票，不得作为增值税合法抵扣凭证抵扣进项税额。虚开发票构成犯罪的，按全国人大常委会发布的《关于惩治虚开、伪造和非法出售增值税专用发票犯罪的决定》处以刑罚。

大头小尾发票——出据发票方，在开据手写发票时，所开据的发票的正式发票联数额大，而存根联数额小的一种现象。根据《税收征管法》的规定，纳税人开具大头小尾发票，隐匿经营收入，造成不缴或少缴税款的，属于偷税行为。

主要参考文献

著作(或教材)类

[1]蔡贤浩，宋荣. 形式逻辑[M]. 武汉：华中师范大学出版社，2020.

[2]陈玉琢，叶美萍. 税务检查综合案例与模拟查账[M]. 北京：中国税务出版社，2003.

[3]韩萍. 交通运输企业会计[M]. 北京：北京交通大学出版社，2021.

[4]贺蕊莉. 预算会计教程(第四版)[M]. 北京：中国人民大学出版社，2021.

[5]侯旭华. 保险公司会计(第六版)[M]. 上海：复旦大学出版社，2021.

[6]黄天华. 中国财政制度史(四卷本)[M]. 上海：上海大学出版社、格致出版社，2017.

[7]黄雅萍，张秀杰. 建筑企业会计[M]. 北京：北京理工大学出版社，2017.

[8]会计真账实操训练营. 工业企业会计岗位实操大全(预算+成本+做账+财报)[M]. 北京：中国铁道出版社有限公司，2020.

[9]会计职业教育专业委员会编委会. 物流运输企业会计岗位实训(11月线下部分、12月线下部分)[M]. 福建：厦门大学出版社，2017.

[10]李爱华，白蕾，吕大利. 房地产企业会计[M]. 北京：北京理工大学出版社，2021.

[11]平准. 农业企业会计核算与纳税、财务报表编制实务[M]. 北京：人民邮电出版社，2020.

[12]孙瑞标. 税务稽查审计型检查工作底稿指引[M]. 北京：中国税务出版社，2011.

[13]唐登山. 税务稽查学(第二版)[M]. 武汉：武汉大学出版社，2019.

[14]王刚. 逻辑学[M]. 北京：清华大学出版社，2021.

[15]王海霞，范淑芳. 商业银行会计[M]. 北京：机械工业出版社，2021.

[16]王磊，倪璇. 酒店会计[M]. 成都：西南财经大学出版社，2021.

[17]王清海. 工业企业会计真账实操全图解[M]. 北京：中国铁道出版社有限公司，2018.

[18]吴志刚，张锦河，朱学义，奚祖延，张志成. 新会计准则应用研究——《煤炭企业会计核算办法》设计[M]. 江苏：中国矿业大学出版社，2009.

[19]谢众. 中央银行会计核算理论与实务[M]. 北京：中国金融出版社，2017.

[20]禹奎. 税务会计[M]. 北京：中国人民大学出版社，2021.

[21][美]约翰·马歇尔，维普尔·班塞尔. 金融工程[M]. 宋逢明，朱宝宪，张陶伟，译. 北京：清华大学出版社，1998.

[22]赵珍珠. 金融企业会计学——商业银行会计(第四版)[M]. 上海：立信会计出版社，2022.

[23]张博侃. 模糊数学[M]. 北京：北京大学出版社，2021.

[24]张洪伟. 建筑施工企业会计真账实操全图解[M]. 北京：中国铁道出版社有限公司，2019.
[25]中国注册会计师协会. 会计[M]. 北京：中国财经出版传媒集团、中国财政经济出版社，2022.
[26]中国注册会计师协会. 财务成本管理[M]. 北京：中国财经出版传媒集团、中国财政经济出版社，2022.
[27]中国注册会计师协会. 审计[M]. 北京：中国财经出版传媒集团、中国财政经济出版社，2022.
[28]中国注册会计师协会. 税法[M]. 北京：中国财经出版传媒集团、中国财政经济出版社，2023.
[29]中国注册会计师协会. 公司战略与风险管理[M]. 北京：中国财经出版传媒集团、中国财政经济出版社，2023.

网页类

[30]中华人民共和国企业所得税年度纳税申报表(A类，2017年版)(2021年修订)[EB/OL]. https://view.officeapps.live.com/op/view.aspx?src=https%3A%2F%2Fhainan.chinatax.gov.cn%2Fu%2Fcms%2Fwww%2F202203%2F04101306ydk9.doc&wdOrigin=BROWSELINK.
[31]增值税及附加税费申报表(一般纳税人适用)[EB/OL]. https://12366.chinatax.gov.cn/bzds/009/009.html.
[32]增值税及附加税费申报表(小规模纳税人适用)[EB/OL]. https://12366.chinatax.gov.cn/bzds/003/003.html.
[33]会计准则委员会网站，https://www.casc.org.cn/qykjzz.

后　　记

税务稽查，从实质上讲，属于政府(对纳税人或扣缴义务人等)监督的组成部分。建立强有力的税务稽查队伍，是保障国家税收源源不断“入库”的前提条件。

中国古代就有对财源(或税源)进行监督管理的实践活动。而且中国古代政府财源(或税源)的绝大部分侧重点于土地和人口(或户口)。“田租户调”“租庸调”“一条鞭法”“摊丁入亩”等，基本上是围绕土地和人口(或户口)实施财源监管。19 世纪的“西风东渐”，工业化改变了财源以土地和人口(或户口)为重点的格局，物质财富的生产更多地由企业(尤其是工业企业)生产工业产品或提供服务等来实现。

于是企业这样一种作为物质财富生产的重要单元，便成了税源监管的重点。政府可从企业上征收的税种颇多，增值税、企业所得税是排名靠前的税种，同时还有消费税、城市维护建设税(教育费附加、地方教育附加等)、房产税等。

从税源监管及其税务稽查的难度看，企业所得税应排在首位。尽管增值税是我国长期以来的第一大税种①，但得益于“金税工程”，以及购销双方和税务机关构成的“3 方博弈”，纳税人想成功实现偷逃税款的概率应该是较低的。相对而言，企业所得税，其监管难度则是排名靠前的。理由较多：(1)弄懂企业所得税需要很好的《会计》知识。而《会计》的知识浩繁，需要花费大量心血。(2)国家为了体现政策偏好，往往在企业所得税中“不定期”地出台一些优惠政策，比如加速折旧、高科技企业税收优惠政策。这无疑加大了与企业所得税相关的税务稽查的难度。

本人在 2019 年出版了《税务稽查学》(第二版)，时隔虽不长，但我试图在以下方面进行修订：(1)修订了第二版中的“学生习作精选”，原先的初衷是把各行各业的税务稽查留给学生们查阅资料并进行写作，但由于学生们的时间太少，“套公式(或者，依葫芦画

---

① 但根据中国财政部网站数据，在部分时段，企业所得税收入数字大于国内增值税数字，(1)2022 年 1—5 月累计，国内增值税 16586 亿元、企业所得税 23188 亿元，“2022 年 5 月财政收支情况”(gks.mof.gov.cn/tongjishuju/202206/t20220616_3818568.htm)、(2)2022 年 1—6 月累计，国内增值税 19136 亿元、企业所得税 28388 亿元，“2022 年上半年财政收支情况”(gks.mof.gov.cn/tongjishuju/202207/t20220714_3827010.htm)、(3)2022 年 1—7 月累计，国内增值税 23656 亿元、企业所得税 35047 亿元，“2022 年 7 月财政收支情况”(gks.mof.gov.cn/tongjishuju/202208/t20220817_3834300.htm)、(4)2022 年 1—8 月累计，国内增值税 28282 亿元、企业所得税 35731 亿元，“2022 年 8 月财政收支情况”(gks.mof.gov.cn/tongjishuju/202209/t20220916_3840932.htm)、(5)2022 年 1—9 月累计，国内增值税 33347 亿元、企业所得税 36409 亿元，“2022 年前 3 季度财政收支情况”(gks.mof.gov.cn/tongjishuju/202210/t20221025_3847842.htm)、(6)2022 年 1—10 月累计，国内增值税 39324 亿元、企业所得税 42271 亿元，“2022 年 10 月财政收支情况”(gks.mof.gov.cn/tongjishuju/202211/t20221116_3851724.htm)。

瓢)”的嫌疑比较大，于是决定授课老师亲自干，以减小“误人子弟”的风险。(2)其他专业知识的拓展对本专业形成的“冲击”。(注册会计师)审计和税务稽查在很多情况下是在“审会计”。而我国的会计准则(和会计制度)在不断细化，以满足不同行业在不同场景下的运用。因此有必要参阅一些代表性行业的会计的教材，包括最近出版的《税务会计》《预算会计》《中央银行会计》《商业银行会计》《农业企业会计》等。(3)信息化对税务稽查活动的冲击。比如：税收征管的信息化(“金税工程”)已经提升到4.0版本，中央银行(及其分支机构)对金融行业的日常管理也由于信息化而发生很大的改变。这些都需要我们更多地查阅相关的知识。

要试图对所有行业的企业实施税务稽查，意味着一方面能充当各行各业的涉税会计人员(以理解他们何以如此进行涉税会计处理)，另一方面充当对各行各业涉税会计实施稽查的税务官员，甚至于需要第三种视角(即不同于征税方、纳税方)，其雄心壮志不可谓不小。尽管如此，由于作者眼界有限、知识面有限，书中肯定存在不少漏洞(甚至错误)，希望读者不吝赐教，共同做好税务稽查及其相关工作。

在《税务稽查学》(第3版)的出版过程中，武汉大学出版社的老师们，为本书的立项、文字修改、出版等作了大量的工作，付出了很多心血，在此本人非常感谢！本人还要感谢武汉大学经济与管理学院的领导和财税系的吴俊培教授、龚锋教授、卢盛峰教授以及各位同事长期以来的关爱和帮助。此外，本人还要感谢选修“税务管理”课程时使用《税务稽查学》教材的同学们，在与他们的互动中不断完善着知识体系。

唐登山

2023年10月于武昌珞珈山